beck'sche reihe

Der Irak liegt in einer der ältesten Kulturlandschaften der Menschheit; seine Hauptstadt Bagdad war im Mittelalter das glanzvolle Zentrum der islamischen Welt. Heute scheint der Reichtum des Landes nur noch in seinen immensen Erdölreserven zu bestehen, die seit Beginn des 20. Jahrhunderts die Begehrlichkeiten unterschiedlicher Mächte wecken. Henner Fürtig bietet in diesem Buch einen allgemeinverständlichen Überblick über die Geschichte des modernen Irak, der 1920 nach dem Zusammenbruch des Osmanischen Reiches auf Beschluß des Völkerbundes als britisches Mandatsgebiet gegründet wurde. Er beschreibt, wie das Land nach der unter vielen Opfern erkämpften Unabhängigkeit mit verschiedenen Ideologien und Staatsformen wie der Monarchie und der Republik experimentierte, bis schließlich 1979 Saddam Hussein seine Diktatur aufgebaut und das Land in einer brutalen Unterdrückungspolitik und zwei Kriegen an den Rand des Abgrunds geführt hat. Die große ethnische Vielfalt (Araber, Kurden, Assyrer, Turkmenen) und die religiöse Heterogenität (Sunniten, Schiiten, Christen) stellen das Land auch in Zukunft vor kaum lösbare Probleme. – Ein unentbehrliches Buch für alle, die die Hintergründe des aktuellen Irak-Konflikts besser verstehen wollen.

Henner Fürtig, Dr. phil. habil., geb. 1953, gehört international zu den besten Kennern Iraks. Er ist seit 2002 am Deutschen Orient-Institut in Hamburg tätig und war zuvor Leiter eines Forschungsteams am Zentrum Moderner Orient in Berlin. Zahlreiche Veröffentlichungen zur neuesten Geschichte und Politik des Vorderen Orients.

Henner Fürtig

Kleine Geschichte des Irak

Von der Gründung 1921
bis zur Gegenwart

Verlag C.H. Beck

Mit 2 Karten

1. Auflage. 2003

Originalausgabe

2., aktualisierte Auflage. 2004
© Verlag C. H. Beck oHG, München 2003
Satz: Fotosatz Reinhard Amann, Aichstetten
Druck und Bindung: Druckerei C.H. Beck, Nördlingen
Umschlagabbildungen: Vorderseite: links: Spiral-Minarett in Samarra,
© Charles & Josette Lenars/Corbis; rechts: Monumentales Mosaik
an einer Straße in Bagdad, © dpa; Rückseite:
links: Grab des Unbekannten Soldaten in Bagdad,
© Roger Wood/Corbis; rechts: Kamelherde mit Hütemädchen,
© Karim Sahib/dpa
Umschlagentwurf: +malsy, Bremen
Printed in Germany
ISBN 3 406 49464 1

www.beck.de

Inhalt

Vorwort 7

Einführung: Historische Fundamente des modernen Irak . . . 11

   1. Die altorientalischen Reiche 11
   2. Die arabisch-islamische Blütezeit 12
   3. Die osmanische Herrschaft 13

I. Vom Königreich zur Republik (1920 – 1958) 17

   1. Die Gründung des modernen Irak 17
   2. Unabhängigkeit auf dem Papier 28
   3. Im Zweiten Weltkrieg 36
   4. Ein »Bauer« im Ost-West-Schach 41
   5. Der Thron wird zerstört 54

II. Von der Republik zur Diktatur (1958 – 1979) 58

   1. Das republikanische Experiment 58
   2. Fehlversuch der Ba'thpartei 70
   3. Die fragile Republik 75
   4. Die Ba'thpartei kommt zurück 81
   5. Ein Flirt mit dem »Großen Bruder« 88

III. Von der Diktatur zum Neubeginn (1979 – 2003) 100

   1. Saddam Hussein nimmt sich die Macht 100
   2. Der irakisch-iranische Krieg (1. Golfkrieg) 107
   3. Die Annexion Kuwaits (2. Golfkrieg) 119
   4. Mitgefangen, mitgehangen? 132
   5. Sezierung einer Diktatur 138

IV. Das neue Jahrhundert:
Irak im Visier des Anti-Terror-Kriegs der USA 146

Anmerkungen 153
Literaturhinweise 157
Abkürzungen 162
Zeittafel 163
Register 172

Vorwort

Irak, das Land zwischen den Strömen Euphrat und Tigris, war im 20. Jahrhundert für viele Jahrzehnte zumeist Zaungast der Geschichte. In der Regel wußten nur Spezialisten mit den verwirrenden Namen und Geschehnissen in diesem Land etwas anzufangen. Die einzigen größeren Gruppen, die sich Irak mit dauerhaftem Interesse zuwandten, waren Polit- und Militärstrategen des Kalten Krieges und Geschäftsleute. Selbst als der heutige Staatschef Saddam Hussein kurz nach seiner Machtübernahme 1979 einen achtjährigen blutigen Krieg gegen sein Nachbarland Iran begann, schaute die Welt meist weg. Erst als sich der irakische Diktator 1990 anschickte, mit seiner Annexion Kuwaits die politische Landkarte und die ökonomischen Besitzverhältnisse in der für die Weltwirtschaft lebenswichtigen Golfregion zu verändern, geriet er und mit ihm Irak in die Schlagzeilen der internationalen Medien. 1990/91 sorgten die USA für die umfangreichste logistische Operation seit dem Koreakrieg, stellten sich an die Spitze einer nie zuvor dagewesenen Staatenkoalition und propagierten den Beginn einer »Neuen Weltordnung«. Damit erhielt der 2. Golfkrieg, die internationale Befreiungsaktion Kuwaits, eine wichtige Symbolfunktion: Er manifestierte – historisch eher zufällig – den endgültigen Ausbruch aus dem Prokrustesbett des bipolaren Weltsystems und das Ende des Ost-West-Konflikts.

Kaum waren die letzten Schüsse der Operation »Wüstensturm« verhallt und der Emir Kuwaits erneut auf den Thron gehievt, ließ auch das Interesse an Irak wieder abrupt nach. Darstellungen und Analysen der Diktatur Saddam Husseins und des Leidens des irakischen Volkes durch das internationale Sanktionsregime fanden sich in der Fachliteratur und einschlägigen Bulletins, kaum aber in den Massenmedien; und wenn doch, dann zum spätesten Sendetermin bzw. auf den hinteren Seiten. Zehn Jahre dieser »Funkstille« wurden nach den Terroranschlägen vom 11. September 2001 gegen das World Trade Center und das Pentagon jäh unterbrochen. Teile der US-Administration verdächtigten Irak, in die Anschläge verwickelt zu sein. Obwohl eine überzeugende Beweisführung ausblieb, nahm Präsident George W. Bush Irak am 29. Januar 2002 in sein Konstrukt einer »Achse des Bösen« auf und erklärte das Land damit zum legitimen Ziel im Krieg gegen den Terror. Seitdem ist die Forderung nach einem »Regimewechsel« in Bagdad ein Mantra seiner Reden.

Nur mühsam konnte Bush im Sommer 2002 überzeugt werden, die Lösung der Krise zunächst im Rahmen der UNO zu suchen. Er machte in seiner Rede vor der Vollversammlung am 12. September aber klar, daß er amerikanische Interessen gegenüber Irak notfalls auch ohne UNO-Mandat durchsetzen würde. Damit drohte er einen gefährlichen Präzedenzfall an, weil ausgerechnet die einzige verbliebene Supermacht sich so über grundlegendes kodifiziertes Völkerrecht hinwegsetzen und Nachahmer einladen würde. Die Einstimmigkeit, mit der der UNO-Sicherheitsrat seine Resolution Nr. 1441 am 8. November 2002 annahm, täuschte über den grundlegenden internationalen Dissens hinweg. Die Resolution forderte Saddam Hussein im Kern auf, frühere Verpflichtungen gegenüber der internationalen Staatengemeinschaft umgehend zu erfüllen, insbesondere sein Programm von Massenvernichtungswaffen offenzulegen und diese Waffen unter internationaler Kontrolle zu vernichten. Obwohl die Waffeninspekteure unter Führung von Hans Blix und Mohammad El-Baradai am 27. November mit ihren Kontrollen in Irak begannen, konnten ihre Zwischenberichte bis Anfang März 2003 die vorgefaßten Meinungen im Sicherheitsrat nicht ändern.

Die USA und Großbritannien zeigten sich außerstande, ihr substantielles Mißtrauen gegenüber Saddam Hussein abzulegen, und bewerteten seine Kooperation mit der UNO und ihren Waffeninspekteuren als »Spiel auf Zeit« und nicht als strategische Kehrtwende. Die Abrüstung Iraks und – kaum verhüllt – der Sturz Saddam Husseins müßten daher mit militärischen Mitteln erzwungen werden. Vor allem für Washington galt ein Feldzug gegen Irak durchaus als logische Fortsetzung des gegen das Taliban-Regime in Afghanistan begonnenen Krieges gegen den Terror. Zu diesem Zweck stationierten die USA bis Anfang März 2003 ein gewaltiges Militärarsenal und knapp 250000 Soldaten an den Grenzen Iraks, wobei sie von 45000 britischen Soldaten unterstützt wurden. Frankreich, Rußland und China wollten jedoch – im Ausmaß des Engagements in dieser Reihenfolge – einerseits den Waffeninspekteuren die von ihnen geforderte Zeit und andererseits Irak die nötige Gelegenheit geben, seine erklärte Bereitschaft zur vollständigen Erfüllung von Resolution Nr. 1441 und aller relevanten Vorgängerresolutionen unter Beweis zu stellen. Sie setzten auf den Vorrang der Diplomatie und sperrten sich gegen jeden zum Krieg führenden Automatismus. Daß Iraks Regime möglicherweise nur durch den anglo-amerikanischen Druck zum Einlenken bereit war, nahmen sie billigend in Kauf. Der Grunddissens aber blieb: Für zwei Vetomächte des Sicherheitsrats war das Glas halb leer, für die anderen drei halb voll.

Hinter den fünf ständigen Mitgliedern des Sicherheitsrats sammelten sich entsprechende Lager aus nicht-ständigen Mitgliedern und letztlich fast allen UNO-Staaten, die sich zunehmend unversöhnlicher gegenüberstanden. Der Zwist wurde in andere Staatenbündnisse wie die EU und die NATO exportiert, weil sich dort die gleichen Länder, nur in modifizierter Zusammensetzung und in anderem Rahmen, wiederfanden. Das offizielle französisch-amerikanische und das deutsch-amerikanische Verhältnis waren seit dem Zweiten Weltkrieg noch nie so schlecht wie Anfang 2003. In vielen verbündeten Staaten machte die US-Administration als wachsenden Antiamerikanismus aus, was doch eigentlich nur millionenfache Ablehnung eines Militärschlags gegen Irak war. Wohl in seinen hochfliegendsten Träumen wäre es Saddam Hussein nicht eingefallen, daß es ihm ohne eigenes Zutun gelingen könnte, die UNO dramatisch zu spalten, das transatlantische Verhältnis zu zerrütten und den Einigungs- bzw. Erweiterungsprozeß der EU so nachhaltig zu stören. Seit der Wiederaufnahme der Inspektionen schaute die Weltöffentlichkeit gebannt nach New York, Brüssel und Bagdad und wartete in Wochenabständen auf eine Entscheidung: Sie fiel in der Nacht zum 20. März. Nachdem US-Präsident George W. Bush Saddam Hussein am 18. März ultimativ aufgefordert hatte, Irak binnen 48 Stunden zu verlassen, fielen nun die ersten Marschflugkörper auf Bagdad, um den Regimewechsel zu erzwingen. Hier schließt sich der Kreis zu den einleitenden Sätzen: Während Irak aus dem dunklen Bühnenhintergrund ins grelle Rampenlicht der Weltpolitik katapultiert wurde, blieben verläßliche Informationen über das Land weiterhin Mangelware.

Das Buch wendet sich deshalb bewußt an die große Zahl interessierter, aber auch besorgter und betroffener Menschen, die über die Tagesaktualität hinaus nach Informationen über das Land »im Auge des Taifuns« suchen. Die »Kleine Geschichte des Irak« ist kein akademisches Fachbuch oder nüchternes Nachschlagewerk, das Vollständigkeit zum wichtigsten Qualitätsmerkmal erhebt, sondern ein – wiewohl wissenschaftlich fundierter – Abriß der Geschichte des modernen Irak, der dem Leser anhand der wichtigsten historischen Protagonisten und der prägenden historischen Zäsuren heutige Ereignisse und Zusammenhänge verständlicher machen will. Diesem Anliegen fielen längere Exkurse zur Vorgeschichte, zur Außen- oder Wirtschaftspolitik ebenso zum Opfer wie ausführliche Biographien der handelnden Akteure oder in die Tiefe gehende Ideologiestudien. Der rote Faden des Buches wird dagegen von einer Frage bestimmt: Was hat Irak zu dem gemacht, was es heute ist? Wenn der Leser nach dem Umblättern der letzten Seite der Antwort auch nur Schritte nähergekommen ist, sieht der Autor sein Anliegen erreicht.

Hamburg, 20. März 2003   *Henner Fürtig*

Einführung:
Historische Fundamente des modernen Irak

Irak (Mesopotamien) gehört zu den ältesten Kulturlandschaften der Erde. In diesem regenbegünstigten Gebiet des »Fruchtbaren Halbmondes« gingen Jäger und Sammler schon im 10. und 9. Jahrtausend v. Chr. zum Ackerbau über und hielten Vieh. Seit dem 7. Jahrtausend v. Chr. sind dauerbesiedelte Ortschaften im heutigen Nordirak nachgewiesen. In einer vereinfachten Übersicht lassen sich drei Hauptabschnitte der Vorgeschichte des modernen Irak ausmachen.

I. Die altorientalischen Reiche

Ab dem 4. Jahrtausend v. Chr. beschleunigte sich die Entwicklung, als die Mesopotamier das fruchtbare Schwemmland am Unterlauf von Euphrat und Tigris in Besitz nahmen und urbar machten. Zwischen 3200 und 2800 v. Chr. bildete sich hier – nahezu parallel zur ägyptischen – die sumerische Hochkultur heraus. In den blühenden, miteinander in enger, teilweise auch kriegerischer Beziehung stehenden sumerischen Stadtstaaten wie Ur, Uruk, Lagasch oder Umma entstand mit der Keilschrift eine der frühesten Schriften der Menschheit und mit den Zikkuraten eine Bauform, die den Vergleich mit den ägyptischen Pyramiden nicht scheuen muß. Zwischen 2340 und 2284 v. Chr. gelang es Sargon, dem Herrscher von Akkad, Mesopotamien erstmals in einem Reich zu vereinen.

Durch Erschöpfung und Versalzung der Böden verfielen die südmesopotamischen Städte um 2000 v. Chr., gleichzeitig entstand aber weiter nördlich mit Babylon der Mittelpunkt eines weiteren Großreiches. Zu den berühmtesten Herrschern des altbabylonischen Reiches (ca. 2000–1500 v. Chr.) gehört Hammurapi, in dessen Regierungszeit zwischen 1792 und 1750 v. Chr. eine der ersten Rechtssammlungen der Menschheit zusammengestellt wurde. Bevor Nebopolassar 626 v. Chr. das neubabylonische Reich begründete, war Assyrien für mehrere Jahrhunderte die vorherrschende Macht in Mesopotamien. Das neubabylonische Reich zerfiel schließlich 539 v. Chr. unter dem Ansturm der persischen Achämeniden, die mit Ktesiphon eine neue Hauptstadt im Zweistromland errichteten. Alexander der Große begründete mit der Eroberung Babyloniens 331 v. Chr. die hellenistische Ära Mesopotamiens, die vor allem durch die Diadochenlinie der Seleukiden geprägt wurde. Ab 141 v. Chr. beherrschten die Parther das Land, die schließlich 220 durch die Sassaniden abgelöst wurden, die letzte Dynastie, die Mesopotamien vor der arabischen Eroberung von Ktesiphon aus regierte.

2. Die arabisch-islamische Blütezeit

Zwischen 633 und 640 brach das Sassanidenreich unter dem Ansturm der aus der Arabischen Halbinsel herandrängenden islamisierten Araber zusammen. Der 637 bei Qadisiyya errungene Sieg in der Entscheidungsschlacht diente Saddam Hussein noch im 1. Golfkrieg, der Auseinandersetzung mit Iran, als Propagandavehikel für die Begründung der »ewigen« Überlegenheit der Araber über die Perser. Obwohl das Zentrum der ersten islamischen Dynastie, der Umayaden, in Damaskus lag, entstanden in Irak aus Militärlagern Städte wie Basra und Kufa, von denen aus die Islamisierung des Landes rasch voranschritt. Kalif Ali wählte Kufa zu seiner Residenzstadt. Die Auseinandersetzung seiner Söhne Hassan und Hussein mit den Umayaden fand ebenfalls auf irakischem Boden statt und begründete die zentrale Bedeutung des Landes für den schiitischen Islam. Bereits in der umayadischen Spätzeit war in Irak ein Wirtschaftsaufschwung zu beobachten. Das Zentrum der arabisch-islamischen Kultur wurde das Land aber erst unter den Abbasiden, die 750 die Umayaden ablösten und 762 unter Kalif al-Mansur Bagdad gründeten. Unter Harun al-Raschid (Kalif 786–809) und al-Ma'mun (Kalif 813–833) blühten Kunst und Kultur (»Tausendundeine Nacht«), aber auch Handwerk und Handel (Verbindungen bis Südostasien und China) sowie die Landwirtschaft (Ausbau des Bewässerungssystems). 836 schuf Kalif al-Mu'tassim mit Samarra die erste Großstadt »aus der Retorte«, die bis 883 auch Hauptstadt war.

Indem die Unterteilung der Untertanen in Araber und Nichtaraber durch die Unterscheidung zwischen Muslimen und Nicht-

Muslimen ersetzt wurde, öffneten die Abbasiden dem persischen Adel wieder den Zugang zu höheren Ämtern. Nach sassanidischem Vorbild entstand das Amt des Großwesirs neu, wurde die Provinzeinteilung überarbeitet und die Besteuerung nach Bodenkataster eingeführt. Mit den Buyiden (932–1055) übernahmen die Perser auch die reale Macht im Reich und reduzierten den abbasidischen Kalifen auf die Funktion des geistlichen Oberhaupts. Das Zentrum des Buyidenreiches lag in Persien, die erneute Randlage schwächte Irak. 1055 besetzten die sunnitischen Seldschuken Irak und beherrschten es – mit kurzen Unterbrechungen – bis zum Beginn des 12. Jahrhunderts. 1258 besiegelte der Mongolenherrscher Hülägü mit der Eroberung Bagdads das Ende des Abbasidenkalifats. Danach lösten sich verschiedene mongolische Dynastien in Irak ab. Das Land verfiel und wurde 1400 von den Armeen Timurs verwüstet. Die Herrschaft der persischen Safawiden zwischen 1508 und 1534 beendete eine lange historische Epoche der Instabilität und des Niedergangs.

3. Die osmanische Herrschaft

1534 eroberten die Osmanen Bagdad und gliederten das Zweistromland, von der einheimischen arabischen Bevölkerung »Irak« genannt, ihrem Reich bis 1918 ein (abgesehen von einem kurzen persischen Interregnum 1623–1638). Aber auch für die Osmanen lag die neue Provinz Bagdad an der Peripherie des Staates. Ihre Statthalter waren primär an persönlicher Bereicherung interessiert. Irak verarmte, große Teile des lebensnotwendigen Bewässerungssystems versandeten. Unter diesen Bedingungen gelang es auch einzelnen lokalen Herrschern immer wieder, sich der Hohen Pforte gänzlich zu entziehen, so z. B. den »Fürsten von Basra (Afrasiyab)« im 17. Jahrhundert. Seit dem Beginn des 18. Jahrhunderts sorgte allerdings die Statthalterschaft der in administrativen und militärischen Fragen erfahrenen Mamlucken für eine gewisse Stabilität, wobei die autokratischen Herrschaftsformen allerdings Einheimische nur selten an der Macht teilhaben ließen. Die Mamluckenherrschaft fand mit der Bestallung von Dawud Pascha zum Gouverneur von Bagdad, 1817, ihren Höhepunkt und gleichzeitig auch ihr Ende. Dawud Pascha verfolgte – ähnlich wie sein Amtskollege Muhammad Ali in Ägypten – eine von Istanbul unabhängige Politik, die die Modernisierung des kontrollierten Gebietes in den Mittelpunkt stellte. Dawud förderte Handel und Handwerk (Schutz vor ausländischer Konkurrenz), ließ Textilmanufakturen errichten, Straßen bauen und Kanäle (wieder)anlegen und verlegte sich außerdem auf den Aufbau einer 20 000 Mann starken eigenen Armee, die er von französischen Offizieren ausbilden ließ. 1831 beendete Istanbul die Sezessionsbestrebungen mit der Absetzung Dawud Paschas. Irak wurde der Direktverwaltung durch Istanbul unterstellt. Das Land versank wieder in der Bedeutungslosigkeit, zwischen 1831 und 1869 bereicherten sich zwölf osmanische Gouverneure an Irak. Erst Midhat Pascha (1869–1872) verhalf dem Land zu einem neuen – wenn auch kurzen – Aufschwung.

In dessen Zeit als Gouverneur erschien immerhin die erste irakische Zeitung, entstand eine erste, mit Pferden betriebene Eisenbahnstrecke; aber auch Schulen, Krankenhäuser und Manufakturen wurden gebaut. Seine Amtszeit war jedoch zu kurz, um Dauerhaftes hervorzubringen. In den letzten Jahrzehnten des 19. Jahrhunderts veranlaßten die Osmanen eine Verwaltungsreform in Irak, die 1879 die selbständige Provinz Mossul und 1884 die separate Provinz Basra entstehen ließ: gemeinsam mit Bagdad die territorialen Vorläufer des modernen Irak. In der gleichen Zeit traten aber auch die Schwächen des »kranken Mannes am Bosporus«, wie das im Niedergang befindliche Osmanische Reich genannt wurde, immer deutlicher hervor.

Einerseits zerrten starke zentrifugale Strömungen an der Einheit des Staates und veranlaßten türkische Intellektuelle, Politiker, Militärs und Geschäftsleute, die türkische Identität des Reiches wieder stärker hervorzuheben (Jungtürken). Wie in kommunizierenden Röhren entwickelten sich parallel dazu in den Provinzen Bestrebungen der autochthonen Bevölkerung, die osmanische Herrschaft zu beenden. Auch in den Städten und größeren Ortschaften Iraks bildeten sich Zirkel und Geheimgesellschaften (al-Fatat), in denen die Loslösung vom Osmanischen Reich diskutiert wurde. 1913 forderte Talib Pascha in Basra die Unabhängigkeit des »türkischen Arabiens«. Nachhaltigere Wirkung erzielte allerdings der 1914 in Istanbul durch den ägyptischen Offizier Aziz Ali al-Misri gegründete al-ahd al-iraqi (der irakische Bund), dem sich zahlreiche irakische Offiziere des osmanischen Heeres anschlossen. Der Bund breitete sich rasch nach Mossul und Bagdad aus, bei Ausbruch des Ersten Weltkriegs gehörten ihm auch viele zukünftige irakische Politiker wie Nuri al-Saʿid, Djaʾfar al-Askari, Yasin al-Haschimi, Djamil Midfai, Nadji Schaukat, Maulud Mukhlis und Ali Djaudat an. *Al-ahd al-iraqi* verfocht die arabische Loslösung vom Osmanischen Reich, jedoch nicht zwangsläufig die Gründung eines eigenen irakischen Staates.

Andererseits lud die Schwäche der Hohen Pforte die europäischen Großmächte dazu ein, ihren Konkurrenzkampf um die Aufteilung der Welt auch auf Osmanischem Territorium auszutragen. Im Zentrum britischer Interessen stand dabei die Sicherung der Landbrücke zur Kronkolonie Indien. Zu diesem Zweck hatte sich schon zu Beginn des Jahrhunderts ein britischer Resident in Basra niedergelassen. 1860 erwarb die Lynch Company das Monopol für den Schiffsverkehr auf dem Schatt al-Arab, dem Zusammenfluß aus Euphrat und Tigris. Gegen Ende des Jahrhunderts forderte das Deutsche Kaiserreich die Briten aber offen heraus. Es ging ein offizielles Bündnis mit der Hohen Pforte ein und erhielt 1899 die Konzession zum Bau der Bagdadbahn, die Schürfrechte in einem Korridor von jeweils 20 Kilometern links und rechts der Gleise einschloß. Nur weil die deutsche Regierung andere Hauptschauplätze im herannahenden Ersten Weltkrieg ausmachte, ließ sie sich 1911 von London den Verzicht auf den Ausbau der Eisenbahnlinie von Bagdad nach Basra abringen. Nichtsdestotrotz wurde Irak in die Kampfhandlungen des Ersten Weltkriegs einbezogen.

Am 23. November 1914 besetzten britisch-indische Truppen die Hafenstadt Basra und rückten nach Norden vor. Osmanische und verbündete deutsche Truppen leisteten erbitterten Widerstand. Sie konnten die britisch-indischen Verbände unter General Townshend nach fünfmonatiger Belagerung am 29. April 1916 bei Kut al-Amara zur Aufgabe zwingen. Damit war aber lediglich ein taktischer Sieg errungen. London führte frische Kräfte heran, die ausschließlich dem Kriegsministerium an der Themse unterstellt waren. Am 11. März 1917 marschierten britische Truppen als »Freunde der Araber« in Bagdad ein, zum Jahresanfang 1918 fiel Kirkuk in ihre Hände. Die arabischen »Freunde« litten allerdings in erster Linie. Die rückständigen Klein- und Kleinstbetriebe stellten ihre Produktion weitgehend ein, die vorherrschende Naturalwirtschaft brach fast vollständig zusammen. Hunger und Epidemien grassierten, 90 000 Iraker wurden in »Labour-Corps« gepreßt, die übrigen stöhnten unter der hohen Steuer- und Abgabenlast für die kämpfenden Truppen. 1917 kam es zu Hungerrevolten in Nadjaf, Kufa und Abu Zuhair. Als die Hohe Pforte schließlich am 30. Oktober 1918 bei Mudros kapitulierte, war den meisten Irakern deshalb das Ende von vier Jahren Krieg wichtiger als das Ende von vierhundert Jahren Osmanischer Oberhoheit.

I. Vom Königreich zur Republik (1920–1958)

1. Die Gründung des modernen Irak

Die grundlegende Konfrontation des Ersten Weltkriegs zwischen Entente und Mittelmächten verhieß den arabischen Loslösungsbestrebungen vom Osmanischen Reich zumindest die stillschweigende Unterstützung Großbritanniens. Als es britischen Emissären – allen voran Thomas Edward Lawrence (Lawrence von Arabien) – schließlich gelang, die Araber unter Führung des Großscherifen Hussein von Mekka zum Aufstand gegen die Osmanen zu bewegen (Aufstand in der Wüste), wurde das Bündnis offensichtlich. Als Gegenleistung für die arabische Unterstützung sicherte die britische Regierung die Gewährung eines unabhängigen arabischen Staates nach dem Sieg über das Osmanische Reich zu. Die Iraker hatten also 1918 allen Grund, von der Einlösung der britischen Versprechungen auszugehen. Sie konnten nicht wissen, daß sich London schon 1916 mit Paris über die Aufteilung der arabischen Provinzen der Hohen Pforte geeinigt hatte.

Die französischen und britischen Diplomaten Charles François Georges Picot und Sir Mark Sykes hatten dazu »blaue« Gebiete gekennzeichnet, die, zusammen mit einer A-Zone, französischer Kontrolle zu unterstellen waren, und »rote« Territorien, die, gemeinsam mit einer B-Zone, unter britischen Einfluß gelangen sollten (Sykes-Picot-Abkommen). Die Provinzen Basra und Bagdad lagen dabei in der »roten«, Mossul dagegen in der A-Zone. Aus gutem Grund hielten beide Mächte das Abkommen geheim, denn es bedeutete nichts weniger als den Bruch aller Zusagen gegenüber den Arabern. Großbritannien verletzte aber selbst das Geheimabkommen. Im November 1918 besetzten britische Truppen die Provinz Mossul, womit sie sich auch über die Waffenstillstandsbedingungen von Mudros hinwegsetzten. Die vermuteten reichen Erdöllagerstätten der Provinz stellten einen übermächtigen Anreiz dar.

Schon 1912 hatten die anglo-holländische Shell Company, die British National Bank of Turkey, die Deutsche Bank und der Ölmagnat

17

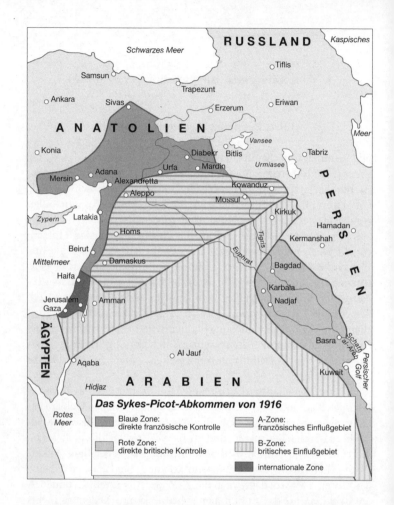

C.S. Gulbenkian die Turkish Petroleum Company (TPC) gegründet, die 1914 von Istanbul eine Bohrkonzession für die Provinzen Bagdad und Mossul erhielt. Im gleichen Jahr vereinigte sich die TPC mit der 1903 gegründeten Anglo-Persian Oil Company (APOC). Wenige Tage vor Kriegsausbruch kaufte die britische Regierung 51 Prozent der APOC-Anteile, womit sie auch das letzte Wort in dem Konglomerat mit der TPC erhielt. Der erste Lord der Admiralität, Winston Churchill, hatte immerhin schon 1913 festgehalten, »daß wir die Eigentümer oder zumindest die Kontrolleure der Menge Erdöl werden müssen, die wir benötigen«.[1] Die Weitsicht zahlte sich aus: Die Überlegenheit der britischen Flotte im Ersten Weltkrieg läßt sich in hohem Maße auch auf die forcierte Umrüstung von Kohle- auf Ölfeuerung zurückführen. Die Anteile der Deutschen Bank an der TPC waren im Ersten Weltkrieg konfisziert worden, Großbritannien übertrug sie jetzt auf Frankreich und trat auch Kilikien ab, das dem Sykes-Picot-Abkommen zufolge eigentlich »rotes« Gebiet war. Damit ließ sich zwar Frankreich »abfinden«, eine Lösung der Konflikte mit der Türkei, dem Nachfolgestaat des Osmanischen Reiches, wurde aber verschleppt. De facto kontrollierte Großbritannien Ende 1918 alle drei irakischen Provinzen.

Bis zum Waffenstillstand von Mudros war London an der Aufrechterhaltung der Fiktion von der britisch-arabischen Waffenbrüderschaft interessiert. Noch im Januar 1918 hatte die britische Regierung, gemeinsam mit der französischen, eine Deklaration über die »Befreiungsmission« verfaßt, die den »von den Türken unterdrückten Völkern« die Souveränität nach dem »Sieg über den gemeinsamen Feind«[2] verhieß. Die Deklaration kann auch als Reaktion auf die im gleichen Monat verkündeten 14 Punkte des US-amerikanischen Präsidenten Woodrow Wilson verstanden werden, der per Saldo ähnliche Forderungen vertrat, die im allgemeinen als Fehdehandschuh eines neuen Mitbewerbers um die Neuordnung der Region mit ihren vermuteten reichen Erdölschätzen und im besonderen als Angriff auf die geheimen Absprachen des Sykes-Picot-Abkommens eingeschätzt wurden. Als die neuen Machthaber in Rußland die Bestimmungen dieses Abkommens nach der Oktoberrevolution 1918 publik machten, wurden die wahren Absichten Großbritanniens auch in Irak offenkundig: die direkte Kontrolle des Landes.

420000 britische Soldaten standen in Irak, in Bagdad residierte ein Hochkommissar, »politische Offiziere« kontrollierten die Provinzhauptstädte. Hochkommissar Sir Arnold Wilson machte kein Hehl aus seiner Ansicht, daß es »der beste Plan wäre, Mesopotamien zum Protektorat zu erklären«.[3] Die Zahl der britischen Verwaltungsbeamten wuchs von 59 im Jahr 1917 auf 1022 im Jahr 1920. Nur vier Prozent der Posten im höheren Verwaltungsdienst wurden von Einheimischen eingenommen.[4] Das Gros der Beamten kam aus der Kronkolonie Indien, und diese setzten in Irak nur fort, was sie in Indien gelernt hatten: die direkte und weitgehend unvermittelte

19

Kontrolle ihres Aufgabengebietes. Vom kleinsten Verwaltungsbeamten vor Ort bis in die Büros der britischen Regierung herrschte die feste Überzeugung vor, daß die einheimische Bevölkerung zur Selbstverwaltung nicht in der Lage *(white man's burden)*, die Idee eines arabischen Staates mithin eine »Schnapsidee« sei.[5] Dabei hatten die Briten in Damaskus gerade ein arabisches Königreich unter Faisal Ibn Hussein, dem Sohn des Großscherifen von Mekka, eingerichtet (8. März 1920), das als Minimalabfindung ihres wichtigsten arabischen Verbündeten gegen die Osmanen gedacht war. Zahlreiche Mitglieder des 1914 gegründeten Irakischen Bundes *(ahd al-iraqi)* gehörten zum engsten Kreis um Faisal und straften damit die britischen Behauptungen Lügen, daß Iraker nicht zur Selbstregierung fähig seien. Allerdings fehlten die irakischen Honoratioren bei der Organisierung des Widerstands im eigenen Land. Und dieser Widerstand formierte sich!

Schon Ende 1918 hatten erste Unruhen das Land erfaßt, im Mai und Juni 1919 gärte es im kurdischen Norden, im August und September vertrieben Beduinen unter Scheich Mahmud die britische Garnison aus Dair al-Sur. In Abwesenheit des *ahd al-iraqi* bildete sich mit den »Hütern der Unabhängigkeit« *(haras al-istiqlal)* eine radikalere Widerstandsbewegung, die bereit war, gegebenenfalls mit Waffengewalt für einen unabhängigen Irak zu kämpfen. Schiiten stellten die Mehrheit der Bewegung, ihre Geistlichen verbreiteten Rechtsgutachten *(fatwa,* Pl. *fatawa)*, wonach der Dienst unter den Briten einen Verstoß gegen die Religion darstelle. Widerstand gegen die Briten wurde für rechtens erklärt. Mitte 1919 formierte sich ein »Aufstandskomitee« *(maktab al-thaura)*. Der Hochkommissar unterschätzte die Bedrohung genauso wie seine Regierung. Mit einer »Bodenreform« sollte zwar 1919 eine probritische Schicht geschaffen werden, die Initiative griff aber zu kurz. Faktisch überführte die »Reform« den bisher stammeseigenen Boden und Gemeindeländereien in den Besitz von Stammesführern, Großgrundbesitzern und reichen städtischen Familien. Etwa 1000 Stammesführer und Großgrundbesitzer erhielten damit mehr als 90 Prozent des Bodens (»Land der 1000 Scheichs«). Damit ließen sich diese Notabeln die Vision von der irakischen Unabhängigkeit »abkaufen«. Sie stellten aber zahlenmäßig nur einen so geringen Teil der irakischen Bevölkerung, daß ihre Haltung das Drängen nach der staatlichen Souveränität nicht unterdrücken konnte.

Allerdings wähnte sich Großbritannien sicher genug, um sich am 25. April 1920 in San Remo vom Völkerbund das Mandat über Irak erteilen zu lassen und damit die arabischen Forderungen endgültig zurückzuweisen. Gleichzeitig wurde in dem italienischen Badeort Großsyrien in »Syrien«, »Libanon« und »Palästina« dreigeteilt. Während Frankreich das Mandat über Syrien und Libanon erhielt, bekam Großbritannien – neben dem irakischen – auch das Mandat über Palästina. Diese Neuaufteilung ist insofern von Bedeutung, als französische Truppen unter General Gouraud nun erwartungsgemäß darangingen, das arabische Königreich in Damaskus zu zerschlagen. Im Juli 1920 unterlag Faisal bei Khan Maisalun und floh ins Exil nach Italien. Die *sharifiyyun*, die irakischen Offiziere Faisals, kehrten mehrheitlich in ihr Heimatland zurück und trugen die Kunde vom Verrat der Großmächte in alle Landesteile. Damit setzten sie das Fanal zum Aufstand.

Im August 1920 befanden sich weite Teile Iraks, bis auf Bagdad und die Provinzhauptstädte Basra und Mossul, nicht mehr unter Kontrolle der Briten. Bemerkenswert war das Zusammenstehen der schiitischen Bevölkerungsmehrheit und der sunnitischen Araber, die unter den Osmanen privilegiert gewesen waren, sich jetzt aber gemeinsam gegen britische Bevormundung auflehnten. Zum Ausdruck kam diese Allianz auch in der gemeinsamen Führung des Aufstands durch die eher schiitisch geprägten »Hüter der Unabhängigkeit« und den sunnitisch dominierten Irakischen Bund. Lediglich die Kurden im Norden des Landes hielten sich zurück, weil sie den Aufstand einerseits als Ausdruck des arabischen Nationalismus ansahen und andererseits auf britische Unterstützung für die Errichtung eines unabhängigen Kurdenstaates aus der Erbmasse des Osmanischen Reiches hofften. Hochkommissar Wilson sah sich jedenfalls im September gezwungen, weitere Truppenkontingente aus Indien anzufordern, um des Aufstands Herr zu werden. Jetzt reagierte das Colonial Office in London. Ohne die Vorbereitungen zum militärischen Gegenschlag abzubrechen, löste es am 1. Oktober 1920 Hochkommissar Wilson durch Percy Cox ab, um mit dessen Person einen »Neuanfang« zu signalisieren. Mit dem Ziel, sie zur Aufgabe zu bewegen, ging Cox zunächst auf die sunnitischen *sharifiyyun* des Irakischen Bundes zu. Er bot ihnen die Aufhebung des Besatzungsregimes und die Bildung einer »nationalen Regierung« an. Am 25. Oktober konnte er das politisch wenig ambitionierte und daher lenkbare sunnitische Oberhaupt *(naqib)* von Bagdad, Sayyid Abd al-Rahman al-Gailani, dazu bewegen, den Vorsitz dieser Regierung zu übernehmen. Gailani lud Vertreter des Irakischen Bundes, Stammesführer und andere Notabeln ein, so daß die »nationale Regierung« am 27. Oktober proklamiert werden konnte.

Auch wenn die reale Macht weiterhin in den Händen des Hochkommissars bzw. von britischen »Beratern« der »nationalen Regierung« lag, stellte die »nationale Regierung« doch ein erstes Zugeständnis dar. Auf der anderen Seite führte sie aber auch zur Erosion des Aufstands. Viele – vor allem sunnitische – Führer sahen seine Ziele erreicht und stellten die Kampfhandlungen ein. Zudem wurde das Mißverhältnis in der Bewaffnung immer offensichtlicher. Selbst auf dem Höhepunkt der Erhebung verfügten die ca. 130000 Aufständischen nur über 16000 moderne – gegenüber 43000 veralteten – Handfeuerwaffen und über keinerlei schweres Gerät. Der Krieg wurde immer ungleicher, am 20. November 1920 erklärten die letzten Führer des Aufstands in Samawa die Einstellung der Kämpfe.

Auf den ersten Blick las sich das Fazit ernüchternd: Nahezu 10000 Rebellen hatten den Aufstand mit dem Leben bezahlt, die britische Herrschaft stellte sich bestenfalls etwas verbrämter dar. Allerdings gehörten zu diesem Fazit auch 2000 britische Verwundete und 453 Gefallene sowie etwa 40 Mio. Pfund an Kriegskosten.[6] Unmittelbar nach dem Ersten Weltkrieg schien dieser Aufwand London zu hoch, um die »indische Methode«, d. h. die direkte Herrschaftsausübung, auch im neuen Einflußgebiet des Nahen und Mittleren Ostens fortzusetzen. Insofern hatte der irakische Aufstand eine tiefere Wirkung. Im März 1921 beschloß das Colonial Office unter Leitung seines neuen Chefs, Winston Churchill, auf einer Tagung in Kairo den Übergang zu einer indirekten Herrschaft.

Dafür bot sich – aus mehreren Gründen – der im italienischen Exil ausharrende Ex-König Faisal Ibn Hussein an. Als Sproß der Haschimiten-Dynastie aus dem Hidjaz besaß er in Irak keine eigene Basis und war daher auf britisches Wohlwollen angewiesen. Gleiches galt auch für seine Stellung als prominenter Sunnit in einer Gesellschaft, deren schiitische Mehrheit endlich auf ein Ende ihrer Diskriminierung hoffte. Überdies stand London immer noch im Wort bei seinen arabischen Weltkriegsverbündeten. Zwar war dieses – insbesondere durch das Sykes-Picot-Abkommen – in der Substanz schon mehrmals gebrochen worden, aber die Herrschaft über ein einzelnes arabisches Land könnte doch mehr als ein »Trostpflaster« sein. Obwohl Faisal die Risiken bewußt waren, nahm er das britische Angebot an, König von Irak zu werden. Im Juni 1921 betrat er in Basra irakischen Boden. Am 11. Juni »überredete« Percy Cox die »nationale Regierung«, Faisal die Königswürde anzutragen, nachdem ein Plebiszit, an dem aufgrund eines komplizierten Auswahlverfahrens nur eine verschwindend geringe Zahl Iraker teilnehmen konnte, 96 Prozent Zustimmung ergeben hatte. Mit seiner Inthronisierung in Bagdad am 27. August 1921 wurde der moderne Irak als Monarchie geboren. Faisal umgab sich zunächst mit Vertrauten aus seiner Zeit als König in Damaskus, unter ihnen Nuri al-Sa'id als Stabschef und Dja'far al-Askari als Verteidigungsminister.

Mit der Etablierung der Monarchie in Irak war aber nur ein Programmpunkt der Konferenz von Kairo erfüllt. Ein zweites Vorhaben sah vor, das britisch-irakische Verhältnis auf eine neue Vertragsgrundlage zu stellen, die das Mandatsregime im Kern weiter bestehen ließ, ohne die Bezeichnung zu verwenden, denn laut Gertrude Bell war der Begriff in Irak ebenso verhaßt wie in Ägypten das Wort »Protektorat«.[7] Noch während die Unterredungen über den Vertrag liefen, beendete die britische Regierung die kostspielige Stationierung großer Truppenkontingente in Irak und bewies damit einmal mehr, wie sehr ihr nun an einer indirekten Machtausübung gelegen war. Während der Verhandlungen kam es fast täglich zu Protesten der irakischen Bevölkerung, die zu Recht lediglich kosmetische Korrekturen am Mandatsregime vermutete. An der Spitze standen die beiden aus den *haras al-istiqlal* hervorgegangenen neuen Parteien, die Irakische Nationalpartei *(hizb al-watani al-iraqi)* und die Partei der irakischen Erweckung *(hizb al-nahda al-iraqiyya)*. Beide Parteien wurden im August 1922 verboten und ihre Führer des Landes verwiesen.

Allerdings erkannten die Briten nun, daß sie dringend ihre inländische Basis erweitern mußten. Ihre primären Bündnispartner sahen sie weiterhin in den sunnitischen Stammesführern und Grundbesitzern. Schon 1916 hatten sie sie zu Herren über Leben und Tod ihrer Klientel erklärt (durch die Tribal Criminal and Civil Disputes Regulation, die 1925 in die Verfassung übernommen wurde und bis 1958 gültig blieb). Im September 1922 sahen sie die Zeit gekommen, ihre Bündnispartner in einer politischen Partei zu organisieren, die den Namen »Partei der irakischen Freiheit« *(hizb al-hurriyya al-iraqiyya)* erhielt. Nach spannungsgeladenen Monaten wurde der britisch-irakische »Bündnisvertrag« schließlich am 10. Oktober 1922 unterzeichnet.

London verpflichtete sich, innerhalb der Vertragslaufzeit von 20 Jahren die Aufnahme Iraks in den Völkerbund zu erwirken und damit die Mandatsherrschaft de jure zu beenden. De facto war damit aber die indirekte Herrschaft für zwei Jahrzehnte festgeschrieben. Der Hochkommissar blieb die höchste Instanz des Landes, britische Instrukteure behielten das letzte Wort in den Ministerien (1923 betrug ihre Zahl 569), die Royal Air Force demonstrierte auf ihren irakischen Stützpunkten Macht, und der Aufbau einer nationalen irakischen Streitmacht verlief unter strengem britischen Kuratel. Insgesamt hatte die irakische Regierung jede Maßnahme zu unterlassen, die britischen Interessen zuwiderlief, und jede Maßnahme abzustimmen, die britische Interessen betraf.

Faisal und seine Regierung wußten um die Brisanz des Vertrags. Sie konnten erreichen, daß er erst nach Ratifizierung durch das Parlament Gültigkeit erhalten sollte. Nur: das Parlament existierte noch nicht. So blieb Faisal Zeit, bis April 1923 ein Zusatzprotokoll zu verhandeln, das die Aufhebung des gesamten Vertrags zum Zeitpunkt der Unabhängigkeit Iraks vorsah. Nun befand sich London in Zugzwang, für eine rasche Ratifizierung zu sorgen. Britische Juristen arbeiteten eine Verfassung aus, die die Einrichtung eines Zweikammerparlaments vorsah. Die 20 Mitglieder des Senats wurden direkt vom König ernannt, die 100 Mitglieder des Abgeordnetenhauses indirekt gewählt. Auf dieser Grundlage fanden im März 1924 Parlamentswahlen statt.

Obwohl durch das undemokratische Wahlrecht und ein rigides Ausschlußverfahren sichergestellt worden war, daß nur probritische Abgeordnete in das Parlament einzogen, zögerten diese die Ratifizierung des Bündnisvertrags weiter hinaus. Es war ihnen bewußt, daß mit der Zustimmung kein Applaus im Land zu gewinnen war. Letztlich unterstützten nur die Scheichs und Landlords, die direkt von der britischen Herrschaft profitierten, den Vertrag. Die schiitische Bevölkerungsmehrheit lehnte ihn ab, vertraute allerdings auch nicht auf den sunnitischen Hof Faisals. Die Kurden verhielten sich weiterhin mehrheitlich indifferent, weil sie immer noch auf die britische Unterstützung bei der Einlösung des im August 1920 geschlossenen Vertrags von Sèvres hofften, der ihnen einen eigenen Staat versprach.

Der Hochkommissar griff schließlich zu einer Politik von »Zukkerbrot und Peitsche«. Einerseits drohte er für Juni 1924 die Auflösung des Parlaments an, wenn die Ratifizierung bis dahin nicht zustande gekommen sein sollte, andererseits sagte er verstärkte britische Bemühungen für die Sicherung des Verbleibs der Provinz Mossul im irakischen Staatsverband zu. Trotzdem nahm das Abgeordnetenhaus den Bündnisvertrag nur mit denkbar knapper Mehrheit an. Von 100 Parlamentariern erschienen nur 69 zur Abstimmung: 37 stimmten dafür, 24 dagegen und 8 enthielten sich der Stimme. Jetzt stand London aber bei der Lösung der Mossulfrage im Wort.

Zur Erinnerung: Großbritannien hatte sich die Provinz Mossul 1918 widerrechtlich angeeignet, weil der Waffenstillstand mit dem Osmanischen Reich die Frontlinien zu dem Zeitpunkt als unabänderlich markierte, an dem die Unterschriften geleistet wurden. Britische Truppen besetzten Mossul jedoch erst später. Die Inbesitznahme wurde auch nicht durch den Gebietstausch mit Frankreich legitimiert, weil der französische Anspruch ebenfalls nicht durch das Völkerrecht gedeckt war. Die Türkei forderte deshalb als Rechtsnachfolgerin des Osmanischen Reiches die Rückgabe der Provinz. In der Ablehnung dieser Forderung waren sich britische Mandatsmacht und irakische Nationalbewegung ausnahmsweise einig. Die Briten wollten keinesfalls auf die reichen Erdölvorkommen in der Provinz verzichten, die irakische Führung war aus genau den gleichen Gründen daran interessiert, Mossul innerhalb eines zukünftigen unabhängigen Irak zu wissen. Außerdem hätte die vornehmlich sunnitische Bevölkerung der Provinz (Kurden und Turkmenen) das Zahlenverhältnis gegenüber der schiitischen Mehrheitsbevölkerung verbessert. Allerdings sperrten sich die Kurden gegen diese Bestrebungen, weil sie in Erwartung eines eigenen Staates nicht von Arabern regiert werden wollten und den Verbleib in der Türkei vorzogen, bis dieser Staat errichtet war.

Auch international schlug den gemeinsamen britisch-irakischen Bestrebungen Widerstand entgegen. Die britisch dominierte TPC hatte ihre Konzession für die Provinz Mossul von der Hohen Pforte erhalten. Interessenvertreter von europäischen und US-amerikanischen Konkurrenten argumentierten nun, die Konzession sei mit dem Zusammenbruch des Osmanischen Reiches erloschen. Wenn Mossul an die Türkei zurückfalle, sei daher das Rennen um die lukrative Konzession wieder neu eröffnet. Vor diesem Hintergrund scheiterte auch der Vorstoß der britischen Delegation auf der Konferenz von Lausanne (1923), eine Entscheidung zu ihren Gunsten herbeizuführen. Nichtsdestotrotz brachte die Konferenz Bewegung in die Mossulfrage. Lausanne goß die unter Kemal Atatürk vollzogene Neuordnung der modernen Türkei in einen völkerrechtlichen Rahmen. Ein »Nebenprodukt« dieser Regelung war die Kassierung des Vertrags von Sèvres: Der kurdische Traum von einem eigenen Staat hatte sich in Luft aufgelöst. Diese Entwicklung beeinflußte zweifellos die »Volksbefragung« in der Provinz Mossul, zu der der Völkerbund nach dem Scheitern der Konferenz von Lausanne in der Mossulfrage ermächtigt worden war.

Großbritannien unterstützte die Ansiedlung zahlreicher assyrischer Christen in der Provinz, die aus der Türkei geflohen waren, um das pro-britische Quorum zu erhöhen. Aber auch große Teile der kurdischen Bevölkerung sperrten sich nun nicht länger gegen eine Zugehörigkeit von Mossul zu Irak. Dazu trug sicherlich auch bei, daß türkische Truppen just zum Zeitpunkt der Befragung den Kurdenaufstand unter Scheich Sa'id in Südost-Anatolien brutal unterdrückten. Die Kommission des Völkerbunds schlug deshalb im Juli 1925 vor, Mossul endgültig in den irakischen Staat zu integrieren und gleichzeitig das britische Mandat um 25 Jahre zu verlängern. Der internationale Gerichtshof in Den Haag bestätigte den Vorschlag in einem Urteil am 16. Dezember 1925. Auf dieser Grundlage verhandelte Irak im Januar 1926 einen neuen Vertrag mit Großbritannien. Auch wenn die Mandatsverlängerung einen »schweren Brocken« darstellte, argumentierte der irakische Verhandlungsführer, daß der Vertrag unbedingt notwendig sei, »nicht nur im Hinblick auf die Rückkehr der Provinz Mossul zu uns, sondern auch hinsichtlich der Existenz Iraks, seiner Unabhängigkeit und Monarchie«.[8] Es gelang der irakischen Seite während der Verhandlungen sogar, das Vertragsende an den Eintritt Iraks in den Völkerbund zu koppeln und damit die Beschränkung der Mandatsverlängerung auf ein Vierteljahrhundert zu umgehen. Ein genaues Datum für den Beitritt blieb jedoch offen. Im Juli 1926 bestätigte die Türkei den Verzicht auf Mossul in einem dreiseitigen Vertrag mit Großbritannien und Irak und erhielt dafür im Gegenzug 10 % der Gewinne der TPC für 25 Jahre.

Die Lösung der Mossul-Frage verschaffte aber weder den Briten noch der irakischen Regierung die erhoffte innenpolitische Ruhe. Immer breitere Kreise der Bevölkerung forderten ein klares Datum für die Gewährung der Unabhängigkeit. Noch 1926 nahmen die im August 1922 verbotene Irakische Nationalpartei *(hizb al-watani al-iraqi)* und die Partei der irakischen Wiedergeburt *(hizb al-nahda al-iraqiyya)* ihre Tätigkeit wieder auf. Unter dem Druck der Straße drängte Faisal die Briten, so rasch wie möglich ein Beitrittsdatum zum Völkerbund zu nennen. Der am 16. Dezember 1927 paraphierte neue »Bündnisvertrag« versprach erstmals die Aufnahme in den Völkerbund bis 1932. Ansonsten schrieb er den bestehenden britischen Einfluß fest. Irakische Politiker und Parlamentarier verschleppten deshalb die Ratifizierung. Die Situation in Irak wurde immer instabiler.

Dazu trug auch die unsichere Lage in den Kurdengebieten bei. Enttäuscht, den eigenen Staat nicht erreicht zu haben, forderten die Kurden nun ein hohes Maß an Autonomie in ihren nordirakischen Siedlungsgebieten. Da diese auch die Erdölfördergebiete um Kirkuk und Mossul einschlossen, lehnten Bagdad und London ab. Die Kurden antworteten mit bewaffneten Erhebungen, die zwar sporadisch und lokal begrenzt blieben, das Regieren in Bagdad aber kompliziert gestalteten. Zwischen 1927 und 1930 lösten sich fünf Regierungen ab. Neue Parteien entstanden, um Anhänger hinter ehrgeizigen Politikern in Stellung zu bringen, darunter die Volkspartei *(hizb al-shaʻb)* und die Fortschrittspartei *(hizb al-taqaddum)*. Dabei war allen klar, daß Zustimmung oder Ablehnung eng mit Erfolgen bei der Beschleunigung des Endes der Mandatsherrschaft verbunden waren. 1929 beging Ministerpräsident Abd al-Muhsin Saʻdun Selbstmord, weil es ihm nicht gelungen war, in Geheimverhandlungen die Zahl britischer Instrukteure in den Regierungsbehörden zu verringern. Im gleichen Jahr gründeten sich auch die ersten Gewerkschaften, darunter die Handwerker- und Eisenbahnergewerkschaft, die eng mit der oppositionellen Nationalpartei zusammenarbeiteten. Im selben Jahr, 1929, war in London die Labour-Partei an die Macht gekommen, die sich nicht länger gegen eine formale Neuordnung des Verhältnisses zu Irak sperrte. Sie bewog König Faisal, mit Nuri al-Saʻid einen seiner engsten Vertrauten zum Ministerpräsidenten zu ernennen, dessen Durchsetzungsfähigkeit auch die Briten schätzten, zumal er aus seiner anglophilen Grundhaltung keinen Hehl machte.

Nuri unterzeichnete am 30. Juni 1930 einen neuen Vertragsentwurf, der Bestimmungen des »Bündnisvertrags« von 1927 wieder aufgriff und ergänzte. Es wurde erneut festgeschrieben, daß Irak mit dem Beitritt zum Völkerbund seine Unabhängigkeit erreichen sollte. Gleichzeitig sicherte sich Großbritannien – in einer langen Laufzeit von 25 Jahren – dauerhafte Privilegien zu. Dazu gehörten u. a. die Konsultationspflicht beim zukünftigen britischen Botschafter, die Beibehaltung der Luftwaffenbasen Habbaniyya und Shu'aiba, das Durchmarschrecht für britische Truppen im Kriegsfall und – last but not least – die Kontrolle des Erdölsektors. Das Parlament ratifizierte den Vertrag zwar am 1. November 1930, aber jetzt mischte sich das innenpolitische Kräfteverhältnis in der Frage »für« oder »gegen« den Vertrag neu. Die Gegner sammelten sich noch im November in der neu gegründeten »Partei der nationalen Brüderlichkeit« *(hizb al-ikha al-watani)*, in der die Volkspartei und die Nationalpartei aufgingen. Die Befürworter traten der neuen Partei Nuri al-Sa'ids, der »Partei des Bundes« *(hizb al-ahd)* bei. Beide lieferten sich im gesamten Jahr 1931 erbitterte Grabenkämpfe. Im Juli organisierte erstere einen 15tägigen Proteststreik in Bagdad. Gleichzeitig gelang es der Regierung nur mit Mühe, einen erneuten Aufstand der Kurden unter ihrem Führer Mahmud Barazandji niederzuschlagen. Die Mehrheit der Iraker empfand deshalb keine rechte Freude, als ihr Land am 3. Oktober 1932 in den Völkerbund aufgenommen wurde, womit der Vertrag von 1930 in Kraft trat, das Mandat erlosch und formal die Unabhängigkeit begann.

2. Unabhängigkeit auf dem Papier

Ein unabhängiges Land durfte nun einen Botschafter anstelle eines Hochkommissars als Vertreter einer ausländischen Macht verlangen; aber im Falle Iraks änderte sich nur die Bezeichnung. Der britische Botschafter blieb der einflußreichste Ausländer im Land, die irakische Regierung unternahm weiterhin keine ernsthaften politischen Schritte ohne Rücksprache mit dem Vertreter Londons. Neben den im Vertrag von 1930 angeführten Privilegien waren es vor allem zwei »Nägel«, an denen sich der britische Einfluß festmachte:

Zum einen der Zugriff auf das irakische Erdöl. Nach der Klärung der Mossulfrage in irakisch-britischem Sinn stand der Förderung nichts mehr im Wege. Die TPC benannte sich in Iraq Petroleum Company (IPC) um und erschloß am 15. Oktober 1927 mit Baba Gurgur nördlich von Kirkuk das erste ergiebige Ölfeld Iraks. Technische Mängel an den Förderanlagen führten zu einer Verseuchung weiter, auch landwirtschaftlich genutzter Flächen und verzögerten die profitable Produktion. 1929 holte sich die IPC mit der Mobile Oil und der Standard Oil of New Jersey weitere Partner und damit Experten »an Bord«, die Mehrheitsanteile blieben aber unangefochten in britischem Besitz. Ein Preissturz für Getreide – dem damals wichtigsten Exportartikel Iraks – auf dem Weltmarkt führte zu dramatischen Einkommensverlusten für den Staat. Die irakische Regierung wandte sich mit der Bitte um höhere Anteile an die IPC. Das Konsortium entsprach der Anfrage unter der Bedingung, die ursprüngliche Konzession, die sich auf ein Gebiet von ca. 400 Quadratkilometern bezogen hatte, auf knapp 100 000 Quadratkilometer zu erweitern. Der irakischen Regierung blieb keine andere Wahl, als auf die Bedingung einzugehen. In mehreren Schritten erlangte die IPC bis 1938 dadurch faktisch ein Monopol über die irakische Erdölwirtschaft, das auf Grund der Eigentumsverhältnisse de facto ein britisches Monopol war.

Der zweite »Nagel«, an dem sich der britische Einfluß festmachte, war die Etablierung einer gesellschaftlichen Schicht an den Schaltstellen des irakischen Staates, die mit dieser Form von »Unabhängigkeit« ihre Ziele erreicht sah. König und Hofstaat, Landlords und Stammesführer fürchteten, bei jeder weiteren Veränderung des Status quo an politischem und vor allem wirtschaftlichem Einfluß zu verlieren. Die britische »Schutzmacht« avancierte so zum wichtigsten Garanten der bestehenden Verhältnisse. Insgesamt ergaben sich daraus zwei Konstanten für die irakische Innenpolitik bis zum Sturz der Monarchie: Erstens war die kleine Schicht von Nutznießern der britischen Dominanz angesichts der zahlreichen ungelösten ethnischen, sozialen und konfessionellen Konflikte im Land auf britische Unterstützung angewiesen, und zweitens ergab sich in den Augen der überwiegenden Mehrheit der Bevölkerung eine neue Trennlinie, die »uns Iraker« nicht mehr von »euch Briten« abgrenzte, sondern die irakischen »Kollaborateure« und »Parasiten« nun im Lager des Feindes sah und in die Gegnerschaft einschloß.

Das knappe Jahrzehnt zwischen »Unabhängigkeit« und irakischem Eintritt in den Zweiten Weltkrieg war durch extreme politische Unsicherheit gekennzeichnet, die nur oberflächlich darin zum Ausdruck kam, daß allein zwischen 1932 und 1939 zwölf verschiedene Regierungen die Ministerien in Bagdad bevölkerten. Hauptverursacher der Instabilität waren auf der einen Seite national gesinnte Iraker der mittleren und unteren sozialen Schichten, die den Kampf bis zur Erzielung der realen Unabhängigkeit fortsetzen wollten, und auf der anderen Seite ethnische und konfessionelle Gruppierungen, die im neuen Staat und seinen Institutionen ein höheres Maß an Teilhabe und Mitsprache forderten, im extremeren Fall Autonomie oder sogar Sezession. In der Realität mischten sich beide Seiten zumeist, z.B. in Gestalt von schiitischen Nationalisten oder kurdischen Patrioten. Schon 1932 begann mit den Autonomiebestrebungen der assyrischen Minderheit die Reihe ethnisch bzw. religiös motivierter Aufstandsbewegungen. Nicht nur, weil sie am Beginn der Kette stand, sondern vor allem, weil sie prägende Folgen für die weitere irakische Entwicklung nach sich zog, soll kurz auf die »assyrische Affäre« eingegangen werden.

Es sei daran erinnert, daß die Briten unmittelbar vor und nach dem Ende des Ersten Weltkriegs die Ansiedlung christlicher Assyrer aus dem Osmanischen Reich in der Provinz Mossul ermutigt hatten. Meist erhielten sie Land, das rebellierenden Kurden und Arabern abgenommen worden war. Da die Assyrer ihre neuen Wohnsitze in »feindlichem Umfeld« nahmen, waren sie – weitaus enger als andere irakische Kräfte – auf britisches Wohlwollen angewiesen. Auf der anderen Seite hatte sich die Mandatsmacht eine verläßliche Stütze geschaffen. Das zeigte sich nicht nur während des Plebiszits in der Mossulfrage, sondern schon weit früher bei der exponierten Rolle der Assyrian Levies, einer unter britischem Befehl stehenden Streitmacht (Ende 1921 5000 Mann), bei der Niederschlagung des Aufstands von 1920. Ohne direkten britischen Schutz fürchteten die Assyrer 1932 die Rache der übrigen irakischen Bevölkerung. Ihr Patriarch, Mar Sham'un, wandte sich mit der Bitte an den Völkerbund, seiner Volksgruppe in Irak die gleichen Rechte zuzugestehen, die sie im Osmanischen *millet*-System innegehabt hatte. Bagdad wertete das Ersuchen als Verrat und inhaftierte Sham'un im Juni 1933. Daraufhin erhoben sich die Assyrer. In einem Scharmützel am 4. August 1933 töteten sie 30 irakische Soldaten. Damit fielen die letzten

Schranken für die Revanchegelüste großer Teile der irakischen Bevölkerung, die den Assyrern ihre »Handlangerdienste« für die Briten »heimzahlen« wollten. Auf dieser Woge der Zustimmung schlug die irakische Armee den Aufstand blutig nieder, wobei es zu Massakern an Unbewaffneten kam, die mit 100 toten Dorfbewohnern am 11. August 1933 ihren Höhepunkt erreichten.

Einerseits tat sich mit Baqr Sidqi bei der Niederschlagung des assyrischen Aufstands ein kurdischstämmiger Offizier hervor, der in den nächsten Jahren noch von sich reden machen sollte, andererseits markierte der Einsatz der Armee den Beginn ihrer rasanten Politisierung. Viele Iraker sahen fortan in der Armee einen Hort nationaler Gesinnung und setzten damit viele Offiziere unter Erwartungsdruck. Sogar König Faisal sah jetzt eine Chance, politisch wieder Boden gut zu machen, indem er die Wehrpflicht einführte, um mit der Armee eine Institution nationaler Identifikation zu schaffen: Gewollt oder ungewollt verstärkte er damit obengenannte Tendenzen. Nicht von ungefähr hatten die Briten auf ihrer Kairoer Konferenz von 1921 die Größe der zu schaffenden irakischen Armee auf maximal 15 000 Mann festgelegt,[9] zusammengesetzt aus ausgewählten Freiwilligen und kontrolliert von britischen »Beratern«. Eine größere Armee von Wehrpflichtigen wäre schwerer zu überwachen gewesen und hätte den König unabhängiger von den probritischen Stammesführern gemacht. Unter den neuen Bedingungen wuchs die Armee von 12 000 Mann 1933 auf 20 000 Mann 1936.[10]

Wie bereits angeführt, prägten nicht nur ethnische und konfessionelle, sondern auch soziale Konflikte die politische Lage nach dem Erreichen der formalen Unabhängigkeit. In dem Maße, wie sich bisherige oppositionelle Kräfte wie die »Partei der nationalen Brüderlichkeit« *(hizb al-ikha al-watani)* an der Macht beteiligten (1933 stellte sie die Regierung), entstanden neue Gruppierungen, die das Zepter im Kampf um die Souveränität übernahmen. An ihre Spitze setzte sich die schon 1931 entstandene Organisation »Das Volk« *(al-ahali)*, ein Bündnis vornehmlich schiitischer junger Linker, die sich an den Idealen der Französischen Revolution orientierten. Ihre Forderungen bezogen sich deshalb nicht nur auf die vollständige Unabhängigkeit Iraks, sondern auch auf Presse- und Versammlungsfreiheit sowie »linke« Anliegen wie eine Bodenreform, Sozialgesetze und größere Freiräume für die Gewerkschaften. Vollständig wurde das linke Meinungsspektrum jedoch nicht abgedeckt. Ebenfalls 1931 waren in Bagdad und Basra erste marxistische Zirkel entstanden, aus denen 1934 die Irakische Kommunistische Partei (IKP) hervorging.

Am 8. September 1933 starb der gesundheitlich angeschlagene König Faisal in einem Genfer Krankenhaus. Nachfolger wurde sein 1912 in Mekka geborener Sohn Ghazi, der erst 1923 nach Irak gekommen war. Nach seiner Schulausbildung im englischen Harrow absolvierte Ghazi gerade die Militärhochschule in Bagdad, als er auf den Thron gerufen wurde. An dieser Schule hatte er – prägend für seine spätere politische Orientierung – Kontakt zu zukünftigen, fast durchweg nationalistisch denkenden, Militärführern seines Landes bekommen. Zunächst galt der 21jährige König aber allgemein als wenig befähigt, in die Fußstapfen seines Vaters zu treten. Wie um die Stärke des neuen Herrschers zu testen, nahmen die Unruhen im Lande noch mehr zu.

Im Januar 1935 begann ein schiitisch geprägter Massenaufstand. Als die von der *hizb al-ikha al-watani* geführte Regierung einigen Forderungen wohlhabenderer städtischer Schichten und schiitischer Stammesführer nachkam (»Volksvertrag«, *mithaq al-sha'b*), stellten diese ihren Widerstand ein. Der Aufstand wurde aber von der armen Landbevölkerung fortgesetzt. Sie forderte einen Schuldenerlaß und die Aufteilung staatlicher Ländereien. Da sich in einigen Aufstandskomitees Vertreter der *al-ahali* und der jungen IKP betätigten, kamen bald Forderungen nach der Annullierung des Vertrages von 1930 und der Abkommen mit der IPC, der Liquidierung der britischen Militärstützpunkte und nach direkten und freien Wahlen hinzu. Doch im Juli 1935 schlug die Armee, unterstützt von der britischen Luftwaffe, den Aufstand nieder. Ministerpräsident Yasin al-Haschimi, Veteran der Nationalbewegung, vom Irakischen Bund zur *hizb al-ikha al-watani* übergewechselt und noch 1930 einer der Hauptinitiatoren des Widerstands gegen den neuen britisch-irakischen Vertrag, verstand die Niederschlagung des Aufstands als Signal für ein Bündel innenpolitischer Repressionen. Sein zunehmend diktatorischer Regierungsstil stieß nicht nur ehemalige Anhänger wie Hikmat Sulaiman ab, die sich der *al-ahali* zuwandten, sondern traf auch auf den Widerstand immer breiterer Bevölkerungsschichten. Als er im September 1936 ankündigte, »noch für die nächsten zehn Jahre dem Land zu dienen«[11], und damit das Ende von Wahlen proklamierte, brachte er das Faß zum Überlaufen.

Am Morgen des 29. Oktober 1936 kreisten Militärflugzeuge über

Bagdad, die Flugblätter abwarfen, in denen König Ghazi aufgefordert wurde, Yasin al-Haschimi zu entlassen und an seiner Stelle Hikmat Sulaiman zum Ministerpräsidenten zu ernennen. Die Flugblätter waren von Generalleutnant Baqr Sidqi, dem amtierenden Generalstabschef, unterzeichnet. Die Aktion muß gut vorbereitet gewesen sein, denn das übrige Militär verhielt sich weitgehend ruhig (Iraks erster Verteidigungsminister, Dja'far al-Askari, wurde ermordet, als er zum Widerstand aufrief), und König Ghazi, besorgt über die maßlosen Ambitionen Yasin al-Haschimis, war nur zu bereit, auf das Ansinnen einzugehen. Noch am Abend desselben Tages war Sulaiman Ministerpräsident, Yasin al-Haschimi floh nach Beirut, Nuri al-Sa'id nach Kairo. Mit dem erfolgreichen Putsch manifestierte sich nun der erste Höhepunkt einer Entwicklung, die mit der Rolle der Armee bei der Lösung der »assyrischen Affäre« begonnen hatte: Das Militär gewann entscheidenden Einfluß auf die Politik Iraks. Ohne es zu verbergen, eiferten Sidqi und Sulaiman dabei ihren Vorbildern Kemal Atatürk und Reza Schah Pahlawi von Iran nach, ebenfalls Offizieren, die sich die forcierte Modernisierung ihrer jeweiligen Länder auf die Fahnen geschrieben hatten. Sidqi verkörperte – wohl hauptsächlich aufgrund seiner kurdischen Herkunft – dabei allerdings einen Flügel des irakischen Militärs, der zwar einflußreich, aber insgesamt in der Minderzahl war: irakische Patrioten, die nach dem Motto »Irak zuerst« handelten. Die Mehrzahl der Offiziere sah Irak hingegen lediglich als Teil des »arabischen Vaterlands« an und ordnete irakischen Patriotismus einem pan-arabischen Nationalismus unter. Das Schisma innerhalb des Offizierskorps hielt bis zur Machtübernahme durch die Ba'thpartei 1968 an.

In das zivile Kabinett Sulaimans traten mit Djamil Khadirchi, Dja'far Abu'l-Timman und Yussuf Izz al-Din auch drei Mitglieder der *al-ahali* ein. Die neue Regierung begegnete dem Erwartungsdruck der Massen mit einem ambitionierten Reformprogramm. Es sah u. a. die Verteilung staatlicher Ländereien an landlose und landarme Bauern, eine Amnestie für politische Gefangene, die Förderung der nationalen Industrie, die Legalisierung bzw. Unterstützung neuer und bestehender Gewerkschaften sowie Verbesserungen in der Sozialversicherung vor. Für die Umsetzung und Verbreitung der begeistert aufgenommenen Reformideen gründete die *al-ahali* im November die »Gesellschaft der Volksreform« (*djami'at al-islah al-sha'bi)*, aus der sich im Januar 1937 die »Partei der Volksreform« *(hizb al-islah al-sha'bi)* formierte.

Sidqi, dessen antibritische Ressentiments ihn zunehmend mit dem Faschismus, insbesondere italienischer Prägung, liebäugeln ließen, hatte aber kein wirkliches Interesse an tiefgreifenden Reformen. Ministerpräsident Sulaiman teilte diese Auffassung und wandte im übrigen mehr Mühe für die Machtsicherung als für die Durchsetzung der Reformen auf. In ihrem vorsichtigen Flirt mit den Achsenmächten Deutschland und Italien waren sie sich immerhin mit König Ghazi einig, der sondierte, inwieweit sich diese gegen London in Stellung bringen ließen, ohne die britische Vormacht zu provozieren. In dieser Situation war es dem von Stammesscheichs und Landlords dominierten Parlament ein leichtes, die Reformen, insbesondere die Landverteilung, zu verschleppen.

Aus Protest gegen den Bruch der Versprechen kam es im März 1937 zu landesweiten Streiks, insbesondere im Hafen von Basra und auf den Ölfeldern der IPC. Als die Streiks mit militärischer Macht unterdrückt wurden, stellten die Minister der *al-ahali* im Juni ihre Ämter zur Verfügung. Sulaiman verbot daraufhin die Partei der Volksreform, ihre Führer flohen nach Zypern. Gleichzeitig verschlechterte sich aber auch sein Verhältnis zu Sidqi, dem er Pläne zur Errichtung einer Militärdiktatur unterstellte. Wie stark er trotzdem von diesem abhängig war, zeigte sich am 11. August 1937, als Sidqi in Mossul einem Attentat zum Opfer fiel. Obwohl der Täter zu den »pan-arabischen« Offizieren gehörte, verstummten die Gerüchte nie, er habe im Auftrag oder zumindest mit Wissen der Briten gehandelt, denen die Sympathien Sidqis für die Achsenmächte ein Dorn im Auge waren. Sulaiman mußte jedenfalls am 17. August zurücktreten, weil er alle jene enttäuscht hatte, die er für seine Verteidigung gebraucht hätte. Sein Nachfolger wurde mit Djamil Midfai ein Vertreter der probritischen »alten Garde«, der umgehend Nuri al-Sa'id zurückholte und zum Außenminister ernannte. Die entscheidende Macht im Hintergrund blieb aber die Armee, die Midfai zum Verbot aller Parteien anhielt und im übrigen Zusammensetzung und Bestehen aller Regierungen bis zum Ausbruch des Zweiten Weltkriegs bestimmte.

Die Armeeführung war sich allerdings nicht einig. Die ranghöchsten Generäle um Stabschef Fauzi neigten zwar der britischen Einflußmacht zu, darunter sammelte sich jedoch eine nächste Rangstufe, die aus ihrer Begeisterung für Deutschland und Italien keinen Hehl machte. Besonders aktiv zeigten sich dabei vier Obristen (Salah al-Din al-Sabbagh, Kamil Shabib, Fahmi Saʿid, Mahmud Salman), auch als das »Goldene Quadrat« bekannt, die die überwiegende Meinung der pan-arabischen Offiziere bündelten. Ihr Klub (al-muthanna) wurde zum Funktionszentrum und gleichzeitig zum Anlaufpunkt zahlreicher Sympathisanten. Allen war gemeinsam, die Errichtung eines wahrhaft unabhängigen arabischen Staates mit Hilfe der Achsenmächte erreichen zu wollen.

Vor allem der deutschen Seite waren diese Sympathien hochwillkommen. Seit 1932 hatte der deutsche Gesandte in Irak, Fritz Grobba, unermüdlich an ihrer Stärkung gearbeitet. Deutschland unternahm kulturpolitische Offensiven und einen umfangreichen Propagandafeldzug, der in der These von der »traditionellen Freundschaft zwischen Deutschen und Arabern« und der »gemeinsamen Gegnerschaft zu Großbritannien« gipfelte. Ohne Kenntnis des wahren Charakters des Faschismus erfaßten – wenn auch insgesamt vage – Sympathien für Deutschland breite soziale Schichten in verschiedenen Generationen. Jugendliche Anhänger bildeten eine paramilitärische Organisation (futuwa) nach Vorbild der Hitlerjugend. Wie bereits erwähnt, war sich König Ghazi in dieser Hinsicht mit vielen seiner Untertanen einig. Nicht nur, daß er regelmäßig mit Grobba konferierte, mit Rashid Ali al-Gailani (nicht identisch, sondern nur verwandt mit dem Chef der ersten »nationalen Regierung«) berief er auch einen der aktivsten Pan-Arabisten und Freunde Deutschlands zum Oberhaupt des Hofes.

London reagierte am Vorabend des Zweiten Weltkrieges besorgt. Auf seine Veranlassung enthob Generalstabschef Fauzi am 25. Dezember 1938 Ministerpräsident Midfai seines Amtes und ersetzte ihn durch den verläßlichsten Sachwalter britischer Interessen in Irak, Nuri al-Saʿid. Am 3. April 1939 starb König Ghazi an den Folgen eines Autounfalls. Sein Tod paßte so offensichtlich zu den Interessen Londons, daß Gerüchte über eine britische Urheberschaft nie verstummten. Obwohl sich keine Beweise finden ließen, ermordete ein Anhänger Ghazis am 5. April in Mossul den dortigen britischen Konsul. Nuri al-Saʿid sah sich vor die dringliche Aufgabe gestellt, eine Nachfolgeregelung zu finden, die die Lage entschärfte und britischen Interessen trotzdem nicht zuwiderlief. Da Ghazis Sohn, der designierte König Faisal II., erst vier Jahre alt war, wurde Ghazis

Cousin und Schwager Abd al-Ilah am 6. April 1939 zum Regenten ernannt. Der Regent war politisch wenig ambitioniert und überließ Nuri al-Sa'id die Tagesgeschäfte. Jetzt begann dessen eigentliche Zeit: Er stand bis zum Sturz der Monarchie sieben Regierungen vor und wirkte bei den übrigen als »graue Eminenz«. Bei Nuri al-Sa'id überraschte es nicht, daß er am 4. September 1939, drei Tage nach Kriegsausbruch, die diplomatischen Beziehungen zu Deutschland abbrach.

3. Im Zweiten Weltkrieg

Die Gegnerschaft Deutschlands und Großbritanniens im Zweiten Weltkrieg entwickelte in Irak eine bizarre Mutation. Das pan-arabische Lager um Raschid Ali al-Gailani und das »Goldene Quadrat« suchten unverdrossen die Nähe zu Deutschland, während sich die national-patriotische Fraktion in Gesellschaft und Armee nun auf die Seite Englands getrieben sah, obwohl ihre bisherige Galionsfigur, Baqr Sidqi, seine Anhängerschaft noch mit antibritischen Losungen gefunden hatte. Zu Kriegsbeginn befand sich Großbritannien jedoch in der Defensive, was Auswirkungen auf das innerirakische Kräfteverhältnis mit sich brachte. Die prodeutsche Fraktion wurde immer stärker und erschwerte Nuri al-Sa'id das Regieren. Im März 1940 dankte er frustriert ab, trat aber als Außenminister in das Kabinett seines Nachfolgers ein: bezeichnenderweise Raschid Ali al-Gailani.

London war klar, daß unter den gegenwärtigen Umständen an eine Intervention in Irak nicht zu denken war, und mußte sich mit dem Lippenbekenntnis al-Gailanis zufrieden geben, den Vertrag von 1930 zumindest formal einzuhalten. Aber mit der Niederlage Frankreichs und dem Eintritt Italiens in den Krieg sahen sich die Pan-Arabisten mit jeder Siegesmeldung von den Kriegsschauplätzen in ihrer Meinung bestätigt, auf das »richtige Pferd« gesetzt zu haben. Es lag nicht nur an der Presse, daß diese Haltung 1940 zur *mainstream*-Meinung wurde, sondern auch am Wirken von Hajj Amin al-Husseini, dem im Oktober 1939 (nach dem gescheiterten Aufstand im Mandatsgebiet Palästina) nach Bagdad emigrierten Großmufti von Jerusalem. Er richtete im Exil ein »arabisches Komitee« ein, das nicht nur die Tätigkeit seiner Tausenden von Anhängern koordinierte, sondern das sich auch zu einem Treffpunkt der irakischen Pan-Arabisten entwickelte: Premierminister al-Gailani war häufiger Gast.

Im November 1940 konferierten der Regent und Außenminister Nuri al-Sa'id heimlich mit dem britischen Botschafter Cornwallis. Dieser vermittelte die Haltung seiner Regierung wie folgt: Entweder die Iraker entledigten sich Raschid Ali al-Gailanis oder sie verlören die »Freundschaft Großbritanniens«.[12] Der Regent forderte al-Gailani daraufhin zur Abdankung auf. Dieser weigerte sich standhaft, mußte aber mit ansehen, wie die meisten seiner Minister, angeführt von Nuri al-Sa'id, von sich aus ihre Ämter niederlegten. Um nicht offen Verfassungsbruch zu begehen, trat al-Gailani am 31. Januar 1941 zurück. Sein Nachfolger wurde Taha al-Haschimi, der allgemein als Kompromißkandidat angesehen wurde, weil er einerseits dem pan-arabischen Lager zugerechnet wurde, andererseits aber Mitglied des Kabinetts gewesen war, das den Vertrag von 1930 verabschiedet hatte.

Die prodeutsche Fraktion, angeführt vom »Goldenen Quadrat«, gedachte nicht, diese Wendung der Dinge kampflos hinzunehmen. Politische Ziele standen ebenso auf dem Spiel wie militärische Karrieren. Am 1. April 1941 forderten die Obristen die Regierung al-Haschimi zum Rücktritt auf und riefen den Notstand aus. Das bisherige Kabinett sollte durch eine »Regierung der Nationalen Verteidigung«, angeführt von Raschid Ali al-Gailani, ersetzt werden. Obwohl die neue Regierung umgehend von den Achsenmächten und der Sowjetunion anerkannt wurde, fehlte formal die Unterschrift des Regenten unter die Rücktrittsurkunde al-Haschimis. Truppen des »Goldenen Quadrats« umstellten den Königspalast, aber Abd al-Ilah konnte im Wagen des US-Botschafters fliehen und schlug sich auf ein vor Basra wartendes britisches Kriegsschiff durch. Auch anderen probritischen Politikern wie Nuri al-Sa'id und Djamil Midfai gelang die Flucht. Damit blieb die Aktion ein Staatsstreich, auch wenn die Notstandsregierung Abd al-Ilah am 10. April für abgesetzt erklärte und durch Scherif Scharaf ersetzte. Erwartungsgemäß akzeptierte der neue Regent den Rücktritt al-Haschimis und berief Raschid Ali al-Gailani erneut zum Ministerpräsidenten.

Diesem war an Legitimierung gelegen, und so bat er Cornwallis um die offizielle Anerkennung Seiner Britischen Majestät. London knüpfte die Zusage an die Bedingung, den Vertrag von 1930 einzuhalten und Durchmarschrechte zu gewähren. Al-Gailani stimmte zu, wobei er nicht wußte, daß an der Themse längst der Beschluß gefaßt worden war, sich der Putschisten zu entledigen, weil nach dem deutschen Vormarsch in Nordafrika und Griechenland »unsichere Kantonisten« im eigenen nahöstlichen Einflußgebiet nicht geduldet werden sollten. Am 17. und 18. April landeten britische Truppen unbehelligt bei Basra. Die von al-Gailani offensichtlich angestrebte Neutralität paßte dem »Goldenen Quadrat« nicht ins Konzept. Die Obristen forderten Großbritannien ultimativ auf, alle Truppen aus Irak zurückzuziehen, und belagerten ab 28. April den Luftwaffenstützpunkt Habbaniyya, um ihrer Anordnung Nachdruck zu verleihen.

In Deutschland warb Fritz Gobba unterdessen um Unterstützung für die Putschisten. Hitler sagte die Unterstützung durch eine deutsche Fliegerstaffel und Waffen der französischen Armee (Vichy) in Syrien zu. Aber schon am 6. Mai gelang es den bei Habbaniyya Eingeschlossenen, den Belagerungsring selbst zu durchbrechen. Die Iraker zogen sich nach al-Faludja zurück und sprengten die Euphratdämme. Damit konnte der Vormarsch der aus Basra anrückenden britischen Truppen und der Einheiten von Glubb Paschas »Arabischer Legion« aus Transjordanien nur verzögert, aber nicht aufgehalten werden. Deutsche Kampfflugzeuge flogen Entlastungsangriffe, waren aber nicht in der Lage, die Übermacht der Royal Air Force zu brechen. Treibstoffmangel zwang die deutschen Staffeln schließlich endgültig auf den Boden. Die Mehrzahl der 40 irakischen Flugzeuge wurde von der Royal Air Force am Boden zerstört, am 19. Mai fiel al-Faludja. Der Weg nach Bagdad lag offen.

Die »Regierung der Nationalen Verteidigung« sandte dringende Hilfsersuchen an Deutschland, aber Hitler war längst so intensiv mit den Vorbereitungen des Angriffs auf die Sowjetunion beschäftigt, daß er keine Aufmerksamkeit für einen derart entlegenen Kriegsschauplatz übrig hatte. Als die britische Vorhut am 29. Mai Bagdad erreichte, flohen die Obristen des »Goldenen Quadrats«, Premierminister al-Gailani und Hajj Amin al-Husseini nach Teheran. Enttäuscht und frustriert zog daraufhin ein Mob von *futuwa*-Angehörigen und führerlosen Soldaten durch die jüdischen Wohnviertel Bagdads und massakrierte Hunderte von Juden. Obwohl auch offensichtlich britischer Besitz in Flammen aufging, war der antisemitische Grundzug des *farhud*-Pogroms nicht zu übersehen – ein Gemisch aus indoktrinierter Nazi-Ideologie und Enttäuschung über die britische Politik im Mandatsgebiet Palästina.

Am gleichen Tag formte aber auch Bagdads Bürgermeister, Arschad al-Umari, mit verbliebenen Stabsoffizieren des Verteidigungsministeriums ein Komitee, das am 30. Mai offiziell kapitulierte. Am 1. Juni zog Regent Abd al-Ilah zusammen mit Nuri al-Sa'id, Ali Djaudat, Djamil Midfai und anderen probritischen Politikern wieder in Bagdad ein. Die Niederlage der Putschisten hatte weitreichende Folgen.

Zum einen vertiefte sich der Gegensatz zwischen Anhängern und Gegnern des britischen Einflusses weiter. Der Regent und Nuri al-Sa'id hatten sich durch ihre Flucht in den Augen der Mehrheit der irakischen Bevölkerung endgültig als willfährige Marionetten Großbritanniens entpuppt. Das wog um so schwerer, als nun eine Armee von 100 000 britischen Soldaten Irak erneut *besetzte*. Für die meisten Iraker war das ein Rückfall in die Verhältnisse vor der Errichtung der Monarchie. Djamil Midfai bildete am 3. Juni ein neues Kabinett und rief das Kriegsrecht aus, das bis zum Ende des Zweiten Weltkriegs galt. Unter Bedingungen des Kriegsrechts konnte nicht nur rigoros mit Gegnern abgerechnet werden, sondern die Ressourcen des gesamten Landes wurden den Kriegsbedürfnissen Großbritanniens untergeordnet. Erst nach Hitlers Niederlage bei Stalingrad wurde die Truppenzahl in Irak sukzessive reduziert und sank so die Belastung für den irakischen Staatshaushalt. Midfai zeigte sich aber in den Augen der Besatzungsmacht nicht entschlossen genug bei der Verfolgung der Putschisten und ihrer Anhänger. Am 9. Oktober 1941 wurde Nuri al-Sa'id erneut Ministerpräsident, um das Kriegsrecht konsequenter anzuwenden. Er verbot die Jugendorganisation *futuwa*, schloß den *al-muthanna*-Klub und erklärte den Achsenmächten am 16. Januar 1943 den Krieg.

Eine weitere Folge der Niederlage der Putschisten war die Entstehung eines neuen Märtyrerkultes. Am 6. Januar 1942 wurden Raschid Ali al-Gailani, die vier Obristen, General Amin Zaki sowie die Politiker Ali Mahmud al-Shaik und Yunis al-Sab'awi in Abwesenheit von einem Militärgericht zum Tode verurteilt. Al-Gailani brachte sich in Saudi-Arabien in Sicherheit, aber in den anderen Fällen fiel es den Briten in ihrem weltweiten Empire nicht schwer, die jeweiligen Aufenthaltsländer zur Auslieferung der Gesuchten zu bewegen. Am 4. Mai 1942 wurden Fahmi Saʿid und Mahmud Salman zusammen mit Yunis al-Sabʿawi in Bagdad gehängt. Im April 1944 erfolgte die Exekution Oberst Kamil Shabibs unmittelbar nach Auslieferung. Als letzten traf es Salah al-Din al-Sabbagh, den die Türken übergaben und der im Oktober 1945 vor dem Eingangstor des Kriegsministeriums zum Galgen geführt wurde. Für die nachfolgenden pan-arabisch orientierten Offiziere und Politiker waren die Hingerichteten Helden.

Das ist insofern von Bedeutung, als die neue Regierung und die britische Besatzungsmacht – eingedenk der Erfahrungen – eilig daran gingen, die fragmentierte und führerlose Armee neu zu strukturieren und vor allem zu entpolitisieren. Dafür wurden viele noch im Osmanischen Reich ausgebildete Offiziere wieder aktiviert. Das konnte natürlich keine Dauerlösung sein, und so erfolgte ab Frühjahr 1944 die Einrichtung einer Militärmission unter Generalmajor Renton mit der alleinigen Aufgabe der Reorganisation der irakischen Armee. Die neuen Strukturen blieben bis 1958 in Kraft: Gleichzeitig wurde auch die Notwendigkeit der Verjüngung des Offizierskorps erkannt und Abhilfe geschaffen. Wenn auch gänzlich unbeabsichtigt, fand der pan-arabische »Virus« auf diese Weise wieder Eingang in die Streitkräfte.

Die letzten Kriegsjahre leiteten aber noch eine andere Entwicklung ein. Durch das Zusammengehen Großbritanniens und der Sowjetunion in der Anti-Hitler-Koalition verbesserten sich die Existenzbedingungen für linke Kräfte in Irak, insbesondere für die IKP, die – wie alle übrigen Parteien auch – offiziell verboten war. Die IKP ihrerseits begann, die Politik der probritischen Regierung zu unterstützen, und wurde dafür nicht länger in ihren Aktivitäten behindert. Vormals illegale Zeitungen konnten frei verbreitet werden, IKP-Chef Jusuf Sulaiman Jusuf (alias Fahd) ging in Regierungsbehörden ein und aus, er wurde – zusammen mit anderen führenden Kommunisten – sogar auf Empfängen der britischen Botschaft gesehen. Prominente IKP-Mitglieder wie Abd al-Fattah Ibrahim arbeiteten im Erziehungsministerium – nur ein Ausdruck für den wachsenden Einfluß der IKP unter Intellektuellen. Auch bei ihren klassischen Adressaten, der Arbeiterschaft, gewann sie an Ansehen. Von 16 zum Kriegsende bestehenden Gewerkschaften standen 11 unter kommunistischer Führung, darunter die besonders mächtige Eisenbahnergewerkschaft. Während ihres nationalen Kongresses im

November 1944 verkündete sie eine Mitgliederzahl von 11 000. Als die Eisenbahner 1945 streikten, konnte sich die Regierung nur helfen, indem sie die Gewerkschaft verbot und Streikbrecher aus Indien einsetzte. Damit waren bereits erste Vorzeichen für die Nachkriegszeit erkennbar, die das politische Spektrum wieder säuberlich in links und rechts aufteilte und die Gegnerschaft in dem Maße vertiefte, wie auch die Spannungen im globalen Ost-West-Konflikt zunahmen.

4. Ein »Bauer« im Ost-West-Schach

Wie in allen Ländern der Erde, die direkt oder indirekt in den Zweiten Weltkrieg verwickelt gewesen waren, regte sich nach dessen Ende auch in Irak der dringende Wunsch nach Veränderung bzw. Neuanfang. Die Oberschicht, einschließlich des Regenten, stand so offensichtlich für das Alte, daß sie um die Fortführung ihrer Macht fürchten mußte. Die Mehrheit der Iraker hatte zudem nicht vergessen, daß sich die Staatsspitze während des Krieges in die Arme ihrer britischen Gönner geflüchtet und damit so etwas wie »Fahnenflucht« begangen hatte. Im eifrigen Bemühen um Rückgewinnung von Reputation, wandte sich Abd al-Ilah am 27. Dezember 1945 in einer Rede an seine Untertanen, in der er das Ende des Kriegsrechts sowie größere politische Freiheiten, die Wiederzulassung von Parteien und Gewerkschaften, die Aufhebung der Pressezensur, Maßnahmen für die Verbesserung der sozialen Sicherheit, Kampf gegen die Korruption, Wirtschaftsreformen und eine »offene Tür« für die jüngere Generation ankündigte. In einem Akt zaghafter Emanzipation beauftragte er Taufiq al-Suwaidi mit der Durchsetzung der Reformen und nicht Nuri al-Sa'id.

Unter diesen Bedingungen erhielten fünf Parteien ihre Zulassung. Die »Unabhängigkeitspartei« *(hizb al-istiqlal)* stand unter Führung des Schiiten Muhammad Mahdi Kubbah, konnte aber nicht verbergen, daß sie das Sammelbecken des pan-arabischen Lagers war. Ehemalige Mitglieder und Sympathisanten der »ahali« fanden sich in der »National-Demokratischen Partei« *(hizb al-watani al-dimuqrati)* zusammen. Ministerpräsident Suwaidi wollte sich mit der »Liberalen Partei« *(hizb al-ahrar)* ein eigenes Sammelbecken schaffen, die »Volkspartei« *(hizb al-sha'b)* und die »Partei der Nationalen Union« *(hizb al-ittihad al-watani),* der Abd al-Fattah Ibrahim vor-

41

stand, waren Tarnorganisationen der IKP, die sich vergeblich um die Legalisierung bemüht hatte.

Stammesscheichs und Großgrundbesitzer begannen um ihre Privilegien zu fürchten. Sie bestürmten Abd al-Ilah, die Reformen zu beenden und den Ministerpräsidenten abzuberufen. Als al-Suwaidi im März 1946 ankündigte, mit Großbritannien über eine Revision des Vertrages von 1930 verhandeln zu wollen, wandte sich auch London gegen das Reformexperiment. Im beginnenden Kalten Krieg wurden Reformen nur allzu häufig als »kommunistische Unterwanderungstaktiken« mißdeutet. Im Mai 1946 verweigerte das Parlament al-Suwaidi die Zustimmung zum Budget und zwang ihn damit zum Rücktritt. Der Regent, der die Reformen zunächst für die Sympathiewerbung angestoßen und ermutigt hatte, erkannte seine Ohnmacht und ernannte Arschad al-Umari, der schon 1941 eine »Feuerwehrfunktion« ausgeübt hatte, zum Interimspremier. Die Presse nutzte ihre gerade erst erworbenen Freiheiten und attackierte al-Umari scharf. Sie empfand sich dabei als Sprachrohr der irakischen Mehrheit, die die Reformen einhellig begrüßt hatte. Umari führte daraufhin die Zensur wieder ein und ließ allenthalben aufflammende Protestaktionen gewaltsam unterdrücken. Im Juli streikten die Arbeiter auf den IPC-Ölfeldern von Kirkuk für die Zulassung einer Gewerkschaft und höhere Löhne. Der Streik wurde nach neun Tagen mit Polizeigewalt beendet, wobei zehn Arbeiter ums Leben kamen. Das führte zu Unmutsbekundungen im ganzen Land, die wochenlang anhielten und al-Umari schließlich am 16. November aufgeben ließen. Nuri al-Sa'id übernahm – wieder einmal – das Amt des Ministerpräsidenten.

Der neue, alte Premierminister hatte jedoch mit Abd al-Ilah abgestimmt, nur kurzzeitig zu amtieren. Aus von ihm organisierten Wahlen ging im März 1947 eine Regierung unter Salih Djabr hervor. Nuri zog sich als »graue Eminenz« auf einen Senatorenposten zurück. Mit Djabr stand erstmals in der irakischen Geschichte ein Schiit der Regierung vor, aber dieser war sorgfältig ausgesucht und tat sich eher als Erfüllungsgehilfe der Repression hervor. Die für ihn vorgesehene Hauptaufgabe bestand – neben der Wiederherstellung der »Ruhe« im Inland – in der Aushandlung eines neuen Vertrags mit Großbritannien, der die zentralen Bestandteile des Abkommens von 1930 auch nach dessen bevorstehendem Ablauf sichern sollte. Im Zentrum seiner ersten Aufgabe stand das Verbot der »Volkspartei«

und der »Partei der Nationalen Union«. Führende Kommunisten wurden verhaftet und vor Gericht gestellt; drei, darunter Fahd, wurden zum Tode verurteilt, was später in lebenslange Haft abgemildert wurde.

Im Mittelpunkt der zweiten Aufgabe standen Verhandlungen mit der britischen Regierung, die sich bis Dezember 1947 hinzogen. Die wieder regierungskonforme Presse berichtete vorab, der neue Vertrag würde die Privilegien des britischen Botschafters beschneiden und die Zahl der britischen Truppen endgültig auf 10 000 Mann beschränken, die ausschließlich in den Stützpunkten Habbaniyya und Shu'aiba agieren dürften, die zudem irakischer Souveränität unterstellt werden sollten. Am 15. Januar 1948 wurde der Vertrag schließlich im englischen Portsmouth unterzeichnet. Djabr bezeichnete ihn als »Vertrag unter Gleichen«, die Mehrheit der Iraker empfand ihn jedoch als Versuch, »den alten Vertrag (von 1930), unter dem Vorwand, ihn zu revidieren, fortzuführen«.[13] Immerhin hätte das neue Abkommen den privilegierten Status Großbritanniens bis 1973 festgeschrieben, während der laufende Vertrag 1957 erloschen wäre. Bevor das irakische Parlament jedoch darangehen konnte, den Portsmouth-Vertrag zu ratifizieren, war es mit einer Reaktion seiner Wähler konfrontiert, die es in dieser Heftigkeit nicht erwartet hatte.

Die wirtschaftliche Lage war angespannt, die Getreidepreise außerordentlich hoch. Gleichzeitig stand Großbritannien wegen seiner Politik im Mandatsgebiet Palästina unter Kritik. Die Zeichen in der irakischen Gesellschaft standen auf Sturm. Als einen Tag nach Vertragsunterzeichnung vier Demonstranten in Bagdad von der Polizei getötet wurden, brach ein Aufstand los, den das Volk bald als »Sprung« *(wathba)* bezeichnete. In Bagdad bildete sich ein »Koordinierungskomitee (des Aufstands)«, dem zwar auch die Unabhängigkeitspartei und die Nationaldemokratische Partei angehörten, das aber den Instruktionen der inhaftierten IKP-Führung folgte. Die irakische Hauptstadt gehörte für mehrere Tage den Aufständischen, bis Nuri al-Sa'id am 27. Januar Panzer auffahren ließ. Im Feuer der Maschinengewehre starben 400 Demonstranten. Bevor das Koordinierungskomitee reagieren konnte floh Djabr aus Bagdad, und der Regent ernannte mit dem schiitischen Rechtsgelehrten Muhammad al-Sadr schleunigst einen neuen Premierminister. Am 4. Februar 1948 wies die neue Regierung den Portsmouth-Vertrag zurück und verkündete die Verteilung von Getreide. Damit war das gemeinsame Ziel der *wathba*-Beteiligten erreicht. Unabhängigkeitspartei und Nationaldemokratische Partei verließen das Koordinierungskomitee, Muhammad Mahdi Kubbah trat sogar in das Kabinett al-Sadr ein. Die IKP feierte derweil im April und Mai 1948 ihren letzten Triumph der unmittelbaren Nachkriegszeit, als sie sich an die Spitze des Streiks der 3000 IPC-Arbeiter bei al-Haditha setzte. Um ihren Forderungen Nachdruck zu verleihen, marschierten die Streikenden auf Bagdad (»Großer Marsch«, *al-masira al-kubra*) und konnten erst bei al-Faludja von Regierungstruppen aufgehalten werden. Als sich Großbritannien am 15. Mai 1948 aus Palästina zurückzog und Israel gegründet wurde, lenkte der 1. Nahostkrieg kurzfristig von der inneren Situation in Irak ab.

Als Mitglied beteiligte sich Irak am Krieg der Arabischen Liga gegen Israel. Interessanterweise war die Idee zum Zusammenschluß unabhängiger arabischer Staaten zunächst von Nuri al-Sa'id ausgegangen. Der »starke Mann« Iraks hatte 1942/43 den »unten« außerordentlich virulenten pan-arabischen Gedanken von »oben« aus aufgegriffen und in seinem Sinne modifiziert. Im Lichte der sich abzeichnenden deutschen Niederlage im Zweiten Weltkrieg erschien Nuri die Zukunft des von Vichy-Frankreich gehaltenen Mandats über Syrien und Libanon offen. Vor seinem geistigen Auge entstand nun die Vision von der Wiederherstellung »Großsyriens« unter haschemitischer Führung. Es ging ihm um reine Machtpolitik und nicht etwa um ein einheitliches Arabien. Deshalb teilte er die zukünftige arabische Welt in Einflußzonen auf, wobei Ägypten Nordafrika einschließlich Sudan, Saudi-Arabien die gesamte arabische Halbinsel und Irak den fruchtbaren Halbmond dominieren sollte. Großbritannien konnte diesen Plänen jedoch nichts abgewinnen und setzte auf das ebenfalls eng mit ihm verbundene Ägypten als zukünftige arabische Führungsmacht. Es besaß somit eine hohe symbolische Bedeutung, daß die Arabische Liga am 22. März 1945 ausgerechnet in Kairo entstand. Irak war zwar Gründungsmitglied, konnte der ägyptischen Führung aber nicht Paroli bieten.

Das irakische Kontingent der Arabischen Liga kämpfte im 1. Nahostkrieg vor allem an der Seite der jordanischen »Arabischen Legion«. Gemeinsam mit den übrigen arabischen Truppen belagerten sie Tel Aviv, ehe die UNO Ende Mai einen Waffenstillstand durchsetzte. Obwohl beide Seiten die Feuerpause für die weitere Aufrüstung nutzten, gelang das Israel weitaus besser. Nach der Wiederaufnahme der Kampfhandlungen wichen die arabischen Armeen zurück. Damit entstand eine der vielen Legenden über die »westliche Verschwörung« gegen die Araber: USA, Großbritannien und ihre »Vasallen« in der UNO hätten für die nötige Atempause gesorgt, um Israel einseitig zu helfen. Dabei ging doch ein tiefer Riß durch das arabische Lager. Die haschemitischen Monarchien Irak und Jordanien schlossen einen erneuten Waffenstillstand mit Israel und erlaubten damit dem jungen Staat, seine Kräfte auf Ägypten zu konzentrieren. Hilfeersuchen aus Kairo verhallten ungehört und zwangen auch das Nilland im Januar 1949 zur Aufgabe der Kampfhandlungen. Für die Iraker war das Verhalten ihrer Führung im 1. Nahostkrieg ein weiterer Beweis für deren »verräterischen Charakter«.

Dazu hatte sicherlich auch beigetragen, daß die Regierung den Krieg als Mittel zur verschärften Repression einsetzte. Unter dem Vorwand, das gesamte Land in den Dienst der Armee zu stellen, hatte sie erneut das Kriegsrecht ausgerufen. Auf britisches Drängen hin übernahm Nuri al-Sa'id im Januar 1949 erneut direkt die Regierungsgeschäfte und wandte das Kriegsrecht besonders drakonisch gegen die inhaftierte IKP-Führung an. Ohne weiteren Prozeß ließ er Parteiführer Jusuf Sulaiman Jusuf (Fahd) und die Politbüro-Mitglieder Hussein Muhammad al-Shabibi sowie Zaki Basim am 14. und 15. Februar 1949 öffentlich hinrichten. Dem Exempel folgte die Verhaftung Hunderter weiterer tatsächlicher oder vermeintlicher Kommunisten, die teilweise in Wüstenlagern *(Nukrat al-Salman)* zusammengepfercht wurden. Um die Lage weiter zu stabilisieren, ging Nuri seine britischen Gönner um massive Hilfen an. Zinsgünstige Anleihen und eine einmalige Zuwendung der IPC brachten das defizitäre Budget wieder ins Lot, das Preisniveau normalisierte sich. An der Wende zu den 1950er Jahren saß das von Abd al-Ilah und Nuri al-Sa'id verkörperte System wieder fest im Sattel, sein Ende war jedoch nicht aufgehoben, sondern nur aufgeschoben worden.

Zu diesem Zeitpunkt begann nämlich ein weiterer Akteur auf den Plan zu treten, der maßgeblich zum Sturz des alten Regimes beitragen sollte und die Geschicke Iraks bis heute bestimmt: die »Wiedergeburts(*ba'th*)partei«. Die Wiege dieser Partei stand in Syrien. Dort hatten viele pan-arabisch denkende Intellektuelle und Politiker die Aktionen ihrer irakischen Gesinnungsgenossen 1940 und 1941 mit

45

Sympathie und Anteilnahme verfolgt und fühlten sich durch deren Niederlage genauso betroffen. Wortführer dieser Strömung waren Michel Aflaq, Salah al-Din al-Bitar und Zaki Arzuzi. Im Mittelpunkt ihrer Kritik stand das europäische Kolonial- bzw. Mandatssystem, das die »arabische Nation« durch künstliche Grenzen geteilt habe. In ihrer »natürlichen Verfassung« sei die arabische Welt ein einheitlicher Staat, der eine einheitliche Führung benötige. Der meistgebrauchte Begriff der Bewegung war zunächst »Wiederbelebung« bzw. »Besinnung« *(ihya)* des bzw. auf das arabische(n) Erbe(s), der ab 1943 zunehmend durch »Wiedergeburt/Renaissance« *(ba'th)* ersetzt wurde. Die »Arabische Wiedergeburts-Bewegung« *(harakat al-ba'th al-arabi)* nannte sich ab 1945 »Partei«, hielt ihren ersten Kongreß aber erst 1947 in Damaskus ab. Der 4. April 1947 gilt als offizieller Gründungstag der Ba'thpartei. Michel Aflaq wurde ihr erster Generalsekretär.

Obwohl ihr harter Kern zunächst nur einige Dutzend Personen umfaßte, verschaffte sich die Partei doch rasch eine feste Anhängerschaft. Dazu trug auch bei, daß sie religiöse Unterschiede konsequent in den Hintergrund drängte und die Zugehörigkeit zur »arabischen Nation« als einzig bestimmendes Kriterium herausstellte. Bezeichnenderweise waren die herausragenden Persönlichkeiten der Gründungsphase sowohl Christ (Aflaq) als auch Alawit (Arzuzi) und Sunnit (Bitar). Entsprechend Artikel 15 des Parteistatuts sollte das »nationale Band« alle anderen Beziehungsformen zwischen den Arabern ersetzen, seien es Religion, Stamm oder Siedlungsgebiet. In Artikel 10 wurde festgelegt, daß die »arabische Nation« alle Menschen umfaßt, die arabischer Muttersprache sind, auf »arabischer Erde« leben und sich ihrer Zugehörigkeit zur Nation bewußt sind.[14] Damit wurden sowohl nicht-arabische Minderheiten als auch Araber ausgeschlossen, die ihre Identität weiterhin vorrangig aus ihrer Religion oder ihren Familienbeziehungen ableiteten.

Das arabische Debakel im 1. Nahostkrieg trieb der Partei weitere Mitglieder und Anhänger zu. Getreu ihrem Grundanliegen gründete sie 1948 Ableger in Jordanien, 1949 im Libanon und 1950 in Irak, Saudi-Arabien, Jemen und Libyen. Eine deutliche Ausweitung ihrer Basis gelang ihr 1952 durch den Zusammenschluß mit Akram al-Huranis »Arabischer Sozialistischer Partei« *(hizb al-ishtiraki al-arabi)*, die ihr viele Mitglieder im sunnitischen Offizierskorps zuführte. Fortan nannte sich der Zusammenschluß »Partei der Sozialistischen Arabischen Wiedergeburt« *(hizb al-ba'th al-arabi al-ishtiraki).* Motto der Partei wurden die drei Schlagworte »Einheit«, »Freiheit« und »Sozialismus«.

»Einheit« im Sinne der (Wieder)errichtung eines einheitlichen arabischen Reiches ist bereits erläutert worden, »Freiheit« stand für die restlose Beseitigung jeglicher ausländischer Vorherrschaft oder Bevormundung. »Sozialismus« wurde vage mit dem Aufbau einer gerechten und von Ausbeutung freien, die arabischen Besonderheiten berücksichtigenden Gesellschaftsordnung übersetzt. Obwohl der »Ba'thsozialismus« Klassenkampf und Marxismus-Leninismus, also das »realsozialistische« Gesellschaftsmodell, ablehnte, war allein die Verwendung des Begriffs im Kalten Krieg eine Kampfansage an den westlich geführten »Kapitalismus« bzw. »Imperialismus« und »Kolonialismus«. Die Mitgliederzahl der Partei wuchs in Syrien von ca. 200 zum Zeitpunkt der Gründung auf 500 im Jahr 1953. Auch in den anderen genannten Ländern bekannten sich einige Hundert Anhänger zur Ba'thpartei.[15] Unter Bedingungen des Kriegsrechts mußte sie in Irak in strikter Illegalität arbeiten, erst als der Ausnahmezustand im März 1952 aufgehoben wurde, konnte sie mit ihren Aktivitäten an die Öffentlichkeit treten.

In dieser Zeit erlebte Irak eine neue Welle des Protests gegen die britische Dominanz und ihre einheimischen Vertreter. Dazu hatten auch Ereignisse im Ausland beigetragen. Mit außerordentlicher Anteilnahme und Zustimmung beobachtete die irakische Bevölkerung den Prozeß der Verstaatlichung der Erdölvorkommen im Nachbarland Iran. Dort hatte der liberale Premierminister Mohammad Mossadegh 1951 die Anglo Iranian Oil Company (AIOC) nationalisiert. Prompt erhoben sich auch in Irak Forderungen nach der Verstaatlichung der IPC. Im August wurde auf vielen Erdölfeldern und im Hafen von Basra gestreikt. Fast zum gleichen Zeitpunkt, im Juli 1952, hatte außerdem in Ägypten eine Gruppe von Militärs (Freie Offiziere) unter General Nadjib und Oberst Nasser den König gestürzt und die Republik ausgerufen. Wenn das im wichtigsten und bevölkerungsreichsten arabischen Land gelang, warum sollte dann nicht Irak folgen können? Ende Oktober kam es in Bagdad und anderen größeren Städten zu Straßenunruhen. Die Aufständischen forderten u. a. die sofortige Aufhebung des Vertrags von 1930 und die Abschaffung des diskriminierenden Zweiklassenwahlrechts. Polizeistationen und Regierungsgebäude gingen in Flammen auf,

47

das Regime konnte sich am 23. November nur noch mit der Errichtung einer Militärherrschaft retten. Stabschef Nur al-Din Mahmud rief erneut das Kriegsrecht aus, verbot alle Parteien und ließ die Aufständischen zusammenschießen. Gleichzeitig bereitete sein Kabinett ein neues Gesetz vor, das den Wahlmodus retuschierte, ohne ihn jedoch in der Substanz zu verändern. Prompt ging aus den Wahlen von Januar 1953 wieder einmal Nuri al-Saʿid als Sieger hervor, und der Militärherrscher trat zurück.

Im Mai desselben Jahres erreichte Faisal II. die Volljährigkeit und bestieg den Thron. Anders als sein fast gleichaltriges haschemitisches Familienmitglied Hussein in Jordanien, das seine Inthronisierung als Startschuß für intensive politische Einflußnahme verstand, interessierte sich Faisal II. nicht für Politik. Er überließ das Tagesgeschäft vielmehr weiterhin Abd al-Ilah und Nuri al-Saʿid. Damit verpaßte der achtzehnjährige Zögling britischer Eliteschulen die Chance, der haschemitischen Dynastie in Irak einen Neuanfang zu ermöglichen. Nuri al-Saʿid nutzte seine freie Hand, um 1954 erneut alle Oppositionsparteien zu verbieten und viele mühsam errungene bürgerliche Rechte abzuschaffen. Gleichzeitig brach er auch die diplomatischen Beziehungen zur Sowjetunion ab. Damit vollzog er nur einen kleinen Schritt in einem umfassenden anglo-amerikanischen Plan, der für Irak im Kalten Krieg eine wichtige Rolle bei der Sicherung des westlichen Übergewichts in der strategisch so bedeutenden Region des Nahen und Mittleren Ostens vorsah.

1951 hatte London zunächst allein versucht, mit dem Vorschlag eines »Vereinigten Mittelostkommandos« einen gegen die Sowjetunion gerichteten Militärpakt aus Staaten der Region zu bilden. Unbeeindruckt von der ausbleibenden Reaktion der Adressaten, legte die britische Regierung den Plan im Folgejahr unter der Bezeichnung »Mittelost-Verteidigungsorganisation« noch einmal vor. Aber auch dieses Mal kam die erhoffte Zustimmung nicht. London mußte erkennen, daß seine Zeit als Hegemonialmacht im Nahen und Mittleren Osten ablief. Keine arabische Regierung wollte es sich zu diesem Zeitpunkt leisten, eine so offensichtliche Bindung an die verhaßte britische Kolonialmacht einzugehen. Die Situation änderte sich, als US-Außenminister John Foster Dulles nach einer Reise durch die Region 1953 den Plan eines »nördlichen Verteidigungsrings« gegen die Sowjetunion verkündete. Ein Vorhaben der USA, wirtschaftlich gestärkter Sieger des Zweiten Weltkriegs und ohne koloniale Verwicklungen im Nahen und Mittleren Osten, wurde anders aufgenommen, auch wenn sich Inhalt und Zielrichtung der Strategie von der britischen nicht wesentlich unterschied.

1954 schlossen Pakistan und das NATO-Mitglied Türkei einen ersten Bündnisvertrag innerhalb des »nördlichen Verteidigungsrings«. Jetzt sah Großbritannien doch noch seine Chance. London zwang Nuri al-Saʻid, auf den »fahrenden Zug« aufzuspringen und am 24. Februar 1955 seinerseits einen Militärpakt mit der Türkei zu schließen. Am 5. April trat Großbritannien selbst dem Pakt bei, am 23. September und 12. Oktober 1955 folgten Pakistan und Iran. Obwohl Artikel 4 des ursprünglichen irakisch-türkischen Abkommens andere arabische Länder ausdrücklich zum Beitritt eingeladen hatte, blieb Irak das einzige arabische Mitglied. Nuri al-Saʻid mußte das Parlament mit Panzern umstellen lassen, um die Ratifizierung der wechselseitigen Abkommen durchzusetzen. Das Geflecht aus gegenseitigen Verträgen gab sich den Namen »Middle East Treaty Organization« und nahm seinen Sitz in Bagdad (Bagdadpakt). Obwohl die USA nicht selbst Mitglied wurden, gaben sie ihrem eigenen »Kind« nachträglich den Segen und traten im April 1956 dem Wirtschaftsausschuß und im Juni 1957 dem Militärausschuß des Bagdadpakts bei.

Bereits ein Jahr nach der Gründung der »Middle East Treaty Organization« mußte sich das Mitglied Irak am 2. Nahostkrieg beteiligen, und zwar auf der Seite des britischen Bündnispartners. Die britisch-französisch-israelische Vergeltungsaktion für die Verstaatlichung der Suezkanalgesellschaft durch den ägyptischen Präsidenten Gamal Abd al-Nasser (Suezkrise) rief im Herbst 1956 einen Aufschrei der Empörung in der arabischen Welt hervor und führte zu einer umfassenden Solidarisierung mit Ägypten. In einer gesichtswahrenden Proklamation forderte Nuri al-Saʻid Großbritannien zwar zur Beendigung der Kampfhandlungen auf, gleichzeitig stellte er aber irakische Flughäfen für Luftangriffe zur Verfügung und sorgte für Nachschub. In Bagdad und vielen anderen irakischen Städten wie Mossul, Nadjaf und Hayy gingen die Menschen auf die Straße, um gegen den Krieg und die Politik ihrer eigenen Regierung zu protestieren. Nuri al-Saʻid reagierte wie gewohnt: Zum einen berief er sich auf das Kriegsrecht, zum anderen setzte er Artillerie und Flugzeuge gegen die Demonstranten ein. Zeitgenössische Quellen berichten von bis zu 500 Opfern der brutalen Repressionen.[16] Der Krieg gegen das eigene Volk läutete jetzt aber endgültig das Ende des »ancien regime« ein. Widerstand formierte sich neu und effizienter.

In den Protestaktionen gegen die irakische Beteiligung am 2. Nahostkrieg hatte auch der irakische »Ableger« der Ba'thpartei seine erste Feuertaufe erhalten. Bis dahin war der Partei eine deutliche Stärkung gelungen. Da sie sich an das kommunistische Beispiel der Bildung von konspirativ arbeitenden Parteizellen anlehnte, gehörte die Ba'th Mitte der 1950er Jahre zu den diszipliniertesten und am besten organisierten Parteien im gesamten Nahen und Mittleren Osten. Ihr irakischer Chef Fu'ad al-Rikabi, ein junger schiitischer Ingenieur aus Nassiriyya, kommandierte zu diesem Zeitpunkt etwa 300 Mitglieder.[17] Wie andere Oppositionsparteien auch, kam die Ba'th nach den insgesamt gescheiterten Aktionen des Jahres 1956 zu dem Schluß, daß Erfolg nur durch eine Zusammenführung der Kräfte gelingen könne.

Im Februar 1957 bildete sich daraufhin aus ihr selbst, der Nationaldemokratischen und der Unabhängigkeitspartei sowie der IKP die »Front der Nationalen Einheit« (FNE). Die Kurdische Demokratische Partei (KDP) wurde kein direktes Mitglied, arbeitete aber in der Folgezeit eng mit der FNE zusammen. Obwohl die Mitgliedsparteien ihre organisatorische und programmatische Selbständigkeit beibehielten, gründeten sie ein gemeinsames »Nationalkomitee«, das im März 1957 mit »Fünf Nationalen Forderungen« (Absetzung Nuri al-Sa'ids und Auflösung des Parlaments, Austritt aus dem Bagdadpakt und strikte außenpolitische Neutralität, Beendigung aller Formen ausländischer Einmischung, Aufhebung des Kriegsrechts und Freilassung aller politischen Gefangenen sowie demokratische Freiheiten) an die Öffentlichkeit trat. Die Forderungen waren außerordentlich aktuell, denn sie beschrieben sowohl die wichtigsten Anliegen der irakischen Bevölkerungsmehrheit als auch die Umstände, unter denen der Kampf stattfand. Der Korrespondent des »New Statesman« schrieb 1958: »Alle politischen Parteien sind verboten, die Presse wird zensiert, in den Gefängnissen schmachten 10 000 politische Gefangene, und Folter ist an der Tagesordnung.«[18] Die FNE sorgte für die Bildung von Führungskomitees in nahezu allen größeren Städten des Landes. Insbesondere lag ihr an der Schaffung von eigenen Milizen, denn ihrer Meinung nach war der Blutzoll, den die in der Regel unbewaffneten Demonstranten in den vergangenen Jahren zu entrichten hatten, viel zu hoch gewesen. Allerdings bezweifelte die Führung, ob selbst hoch motivierte Milizen der Armee die Stirn bieten könnten. Sie streckte deshalb ihre Fühler in Richtung des Offizierskorps aus.

In der irakischen Armee spiegelten sich die politischen Präferenzen der Gesellschaft. An der Spitze standen Generäle, die das Regime hervorgebracht hatte und die es deshalb erhalten wollten. Aber die mittleren Ränge und jüngeren Offiziere, die teilweise aus mittleren und unteren Schichten der Bevölkerung kamen und im Militär einen sicheren Weg zum sozialen Aufstieg sahen, schwelgten entweder in pan-arabischen Traditionen, in patriotischem Eifer oder sogar in kommunistischen Umsturzideen. Ihnen allen war eine besondere Bewunderung für die »Freien Offiziere« Ägyptens gemeinsam, denen es nicht nur gelungen war, die Macht zu erobern, sondern sie gegen den gemeinsamen Druck innerer und äußerer Gegner zu verteidigen. Nach der erfolgreichen ägyptischen Abwehr der britisch-französisch-israelischen Angriffe im Oktober 1956 kannte die Begeisterung keine Grenzen mehr. Irakische Nachahmer gründeten im Dezember 1956 ebenfalls eine Organisation der »Freien Offiziere«.

Erste Ansätze dazu hatte es schon 1952, also unmittelbar nach der ägyptischen Revolution, gegeben. Rif'at al-Hajj Sirri, ein Neffe Djamil Midfais, gründete nasseristische Zellen in der irakischen Armee, die aber voneinander isoliert blieben und keine zentrale Führung besaßen. Im Sommer 1956 veranlaßte Stabschef Rafiq Arif eine Untersuchung nasseristischer Aktivitäten in der Armee, wobei es einige Versetzungen und Degradierungen gab. Zu einer Zerschlagung des Netzwerks kam es hingegen nicht. Auf dieser weitgehend intakten Struktur bauten die »Freien Offiziere« auf.

Ihrem Führungsorgan (Supreme Committee) gehörten Muhi al-Din Abd al-Hamid, Nadji Talib, Abd al-Wahhab Amin, Muhsin Hussein Habib und andere an. Brigadegeneral Abd al-Karim Qasim und Oberst Abd al-Salam Arif, die später von sich reden machen sollten, waren zum damaligen Zeitpunkt in Jordanien stationiert und gehörten deshalb einer anderen Unterorganisation der »Freien Offiziere« um Arifs Bruder Abd al-Rahman an, die sich erst 1957 mit dem Supreme Command vereinigte. Zu diesem Zeitpunkt zählten die »Freien Offiziere« etwa 200 Mitglieder; das waren weniger als 5 Prozent des gesamten Offizierskorps.[19] Aber diese Minderheit

51

war gut organisiert und fest entschlossen. Trotz ihrer geringen Zahl besaß sie in fast allen Einheiten Mitglieder und Anhänger. Damit entstanden tiefe Widersprüche in den Streitkräften, denn als einziges arabisches Mitglied des Bagdadpakts sollte Irak Bündnisverpflichtungen erfüllen.

Großbritannien und die USA fürchteten Mitte der 1950er Jahre, daß ihr »nördlicher Verteidigungsring« nicht halten würde. Zu dieser Meinung trugen verschiedene Entwicklungen bei. In Jordanien war im Oktober 1956 mit dem Kabinett Fuʾad Nabulsi eine Regierung an die Macht gekommen, die diplomatische Beziehungen zur Sowjetunion und zu China aufnahm sowie die Aufhebung der »Knebelverträge« mit Großbritannien forderte. In Syrien war schon 1955 eine Koalition aus ehemaligen Oppositionsparteien in die Regierungsgewalt gelangt. Sie lehnte den Bagdadpakt ab, beteiligte sich an der Bandungkonferenz und schloß mit der Sowjetunion einen Vertrag über wirtschaftliche und technische Zusammenarbeit. US-Präsident Dwight D. Eisenhower verkündete daraufhin im Januar 1957 seine Doktrin, wonach jede Regierung der Region Anspruch auf bewaffnete amerikanische Hilfe hätte, die »vom Kommunismus herausgefordert würde«.[20] Der Bagdadpakt sollte eine tragende Rolle bei der Umsetzung der Doktrin spielen.

So waren irakische Militäreinheiten in Jordanien aktiv, als die Regierung Nabulsi im April 1957 gestürzt wurde. Unterstützung leisteten sie auch beim vergeblichen Versuch der USA, im August 1957 die syrische Regierung abzusetzen. Weitere derartige Vorhaben wurden unterbunden, weil der ägyptische Präsident Nasser Truppen »zur Verteidigung des Bruderlands« nach Syrien entsandte und am 1. Februar 1958 den staatlichen Zusammenschluß mit Syrien in der Vereinigten Arabischen Republik (VAR) verkündete. Damit stand der große »Volksheld« der Araber plötzlich direkt an den Grenzen der haschemitischen Königreiche Irak und Jordanien. Fast schon panisch, aber nichtsdestoweniger eindringlich ermutigt von den USA, Großbritannien und Saudi-Arabien, schlossen sich beide Staaten deshalb am 14. Februar 1958 zur »Arabischen Föderation« zusammen. Beide Seiten vereinbarten, ihr jeweiliges staatliches System beizubehalten, Jordanien mußte dem Bagdadpakt nicht beitreten, und Irak sollte 80 Prozent des gemeinsamen Budgets bestreiten. Die Bildung der Föderation machte eine Änderung der irakischen Verfassung erforderlich. Deshalb trat die Regierung Mirdjan am

52

2. März 1958 zurück und machte den Weg für Neuwahlen frei. Auf gewohnt repressive Weise organisierte Nuri al-Saʿid ein Wahlergebnis, das das neue Parlament die nötigen Verfassungsänderungen am 12. Mai annehmen ließ und am 19. Mai die Zusammenstellung eines neuen Kabinetts erlaubte: des letzten in der Monarchie.

Fast folgerichtig wurde Nuri al-Saʿid Ministerpräsident der Föderationsregierung. Er wußte um die geringe Popularität des Gebildes, die in dem Vorwurf gipfelte, Iraks Ressourcen hielten das arme Jordanien am Leben. Nuri bemühte sich deshalb um die Aufnahme des erdölreichen Kuwait in die Föderation. Kuwait war unter der osmanischen Herrschaft zeitweise vom Gouverneur von Basra aus mitregiert worden; deshalb hielt sich in großen Teilen der irakischen Gesellschaft die Gewißheit, daß Kuwait eigentlich zu Irak gehöre. Der Protektoratsvertrag, den Kuwaits Emir Mubarak 1899 mit Großbritannien geschlossen hatte, sei daher ein illegaler Akt gewesen. Allerdings zeigten die Kuwaitis wenig Neigung, ihren Reichtum mit Irak und Jordanien zu teilen. Zudem wäre vor Aufnahme in die Föderation die staatliche Unabhängigkeit notwendig gewesen. Der britische Außenminister Selwyn Lloyd verweigerte Nuri aber jedes Entgegenkommen in dieser Frage.

In der Zwischenzeit wurde die Aufmerksamkeit der Föderationsregierung jedoch durch andere Ereignisse gebunden. In Libanon brach ein heftiger Bürgerkrieg aus, der den jordanischen König Hussein in höchste Unruhe versetzte. Er bat um irakische Truppen für die Sicherung seiner Grenzen zu Libanon. Die erbetenen Einheiten waren aber nicht mehr die gleichen wie zum Zeitpunkt der Gründung des Bagdadpakts. Die »Freien Offiziere« hatten unterdessen so erfolgreich gewirkt, daß es die Armee zunehmend leid war, das arabische »Feigenblatt« für die Unterdrückung regionaler Nationalbewegungen durch die USA und Großbritannien zu spielen. Nuri konnte sich auch in inneren Auseinandersetzungen immer weniger auf die Armee verlassen, die sich zunehmend weigerte, auf Demonstranten zu schießen. Als die nach Jordanien abkommandierten Einheiten stattdessen auf Bagdad marschierten, besiegelte diese Befehlsverweigerung das Schicksal der Monarchie.

5. Der Thron wird zerstört

Die Kraft und Entschlossenheit der »Freien Offiziere« wurde durch die immer deutlichere Umsturzstimmung in der Zivilbevölkerung zweifellos gestärkt. Im Mai 1958 befand die Zeitung der IKP, *Ittihad al-sha'b* (Union des Volkes), daß »die Herrschaft der Verräter sich dem Ende zuneigt. Laßt uns auf den entscheidenden Moment vorbereitet sein.«[21] Tatsächlich, im Mai hatte das diktatorische »Durchpeitschen« der »Arabischen Föderation« durch Nuri al-Sa'id zu einer weiteren spürbaren Radikalisierung der öffentlichen Meinung geführt. Am 18. Juni 1958 demonstrierten 4000 Menschen in Diwaniyya gegen die manipulierte Verfassungsänderung vom Mai. Da Nuri der Armee nicht mehr vollständig traute, setzte er kasernierte Polizeieinheiten gegen den Protestzug ein. In einem dreistündigen Kampf starben 43 Demonstranten, 120 wurden verwundet und etwa 500 verhaftet. Wieder einmal hatte sich gezeigt, daß die zivilen Kräfte nicht stark genug waren, um eine Veränderung der Verhältnisse allein durchzusetzen.

Obwohl regelmäßig Kontakte zwischen »Freien Offizieren« und Vertretern der FNE und ihren Mitgliedsparteien stattfanden, betrachteten die Militärs einen möglichen Umsturz doch ausschließlich als eigene Angelegenheit. Deshalb bestand wenig Neigung, bei der Aufstellung, Ausbildung und Bewaffnung von Parteimilizen mitzuwirken oder gemeinsame Koordinierungskomitees zu bilden. Die »Freien Offiziere« litten selbst an einem Mangel an Munition, weil Nuri al-Sa'id einen Putsch argwöhnte. Nadji Talib, der Ausbildungschef der irakischen Armee war, konnte die ärgsten Lücken im Bedarf schließen, weil er ständig scharfe Munition für Manöverzwecke anforderte. Trotzdem mußte der aktuelle Umsturzplan mehrfach verschoben werden, zuletzt am 3. Juli 1958. Es bedurfte der oben genannten Umstände, um die Militärs letztlich zum Handeln zu veranlassen. Immerhin erhielten die wichtigsten Führer der FNE drei Tage vor dem Tag X Kenntnis von der geplanten Aktion. Am 12. Juli beschrieb die IKP-Führung die politische Atmosphäre im Land als »extrem gespannt« und wies ihre Mitglieder an, »die Massen für entscheidende Aktionen zu mobilisieren«.[22]

Die »entscheidenden Aktionen« lagen in den Händen von Abd al-Karim Qasim und Abd al-Salam Arif. Beide entstammten armen Familien und waren schon in der Militärakademie von Bagdad aufeinander aufmerksam geworden. Als Befehlshaber der 20. Brigade sorgte Qasim dafür, daß Arif in seiner Einheit den Befehl über eines der drei Bataillone übertragen bekam. Da auch ein zweiter Bataillonskommandeur, Abd al-Latif al-Darradji, zu den »Freien Offizieren« gehörte, wurde die Brigade zum wichtigsten Instrument des Umsturzes. Als sie am 12. Juli den Marschbefehl nach Jordanien erhielt, entschlossen sich Qasim und Arif zum Handeln. Während Qasim als Reserve zurückblieb, marschierten Arifs Truppen am frühen Morgen des 14. Juli 1958 in Bagdad ein. Sie zogen zum Königspalast, zum Verteidigungsministerium, zur Polizeizentrale, zur Raschid-Kaserne und zur Rundfunkstation, die Arif zu seinem Hauptquartier machte. Von hier aus verkündete er »im Namen des Oberbefehlshabers der Armee«, dessen Namen er nicht nannte, das Ende des »alten Regimes« und den Beginn einer »neuen Republik«. Er machte die Gründung eines dreiköpfigen provisorischen »Souveränitätsrats« bekannt, der die Pflichten eines Präsidenten der Republik bis zu dessen Wahl ausüben sollte. Der Rat war darauf angelegt, die wichtigsten Fraktionen Iraks zu repräsentieren. Chef wurde der sunnitische General Nadjib al-Rubay'i, die Schiiten vertrat der frühere Chef der Unabhängigkeitspartei, Muhammad Mahdi Kubbah, und die Kurden Khalid al-Naqshbandi, ein ehemaliger Offizier und Gouverneur von Arbil. Zu guter Letzt rief Arif alle Zuhörer auf, auf die Straße zu kommen und ihre Unterstützung für den Umsturz zu bekunden.

Unterdessen hatte der zum Königspalast entsandte Trupp vollendete Tatsachen geschaffen, obwohl bis zuletzt Unstimmigkeiten unter den Offizieren über das Vorgehen im Königspalast bestanden. Einige wollten den »unpolitischen« König Faisal II. am Leben lassen und damit auch das Vermächtnis seines »pan-arabischen« Vaters Ghazi ehren. Letztlich setzte sich aber die Auffassung durch, der Monarchie dürfe keine Chance auf Wiedereinführung gegeben werden. Nachdem Faisal seiner Leibwache jeden Widerstand verboten hatte, wurden er selbst, Abd al-Ilah und fast die gesamte Königsfamilie erschossen. Damit neigte sich die Waage endgültig den Aufständischen zu, denn gegnerische oder unentschlossene Militäreinheiten stellten ihren Widerstand ein.

Jetzt rückte Qasim in die Hauptstadt nach. Später warfen ihm seine Widersacher deshalb vor, er habe den Ausgang des Putsches erst abgewartet, ehe er selbst handelte. Auch sein Kompagnon Arif kultivierte später die Losung, die Revolution allein unternommen zu haben. Zunächst erschienen Qasim und Arif jedoch gemeinsam auf dem Fernsehbild und verkündeten in den Nachmittagsstunden des 14. Juli das Ende der Monarchie und die Errichtung einer »vom Volk regierten Republik«.[23] Obwohl die beiden Offiziere die Zuschauer um die Einhaltung von »Recht und Ordnung« baten, forderten sie sie doch gleichzeitig auf, Vergeltung an Verrätern zu üben. Die von Arif am frühen Morgen auf die Straße gerufenen Massen nahmen die Aufforderung wörtlich. Nicht nur in Bagdad, sondern auch in Basra, Mossul, Kirkuk und anderen Städten fanden Massaker in den wohlhabenderen Vierteln statt und wurden »alte Rechnungen« beglichen. In Bagdad selbst bemächtigte sich die Menge des Leichnams von Abd al-Ilah, schleifte ihn durch die Straßen und hängte ihn vor dem Verteidigungsministerium auf, just dort, wo die meisten Mitglieder des »Goldenen Quadrats« hingerichtet worden waren. Andere Stoßtrupps stürmten das elitäre Bagdad-Hotel, entführten dort residierende jordanische Minister sowie westliche Geschäftsleute und töteten sie später. Ehe die Situation vollends außer Kontrolle geriet, verkündete Qasim das Kriegsrecht, ließ Panzer die wichtigsten öffentlichen Gebäude bewachen und verhängte eine nächtliche Ausgangssperre. Der »Volkszorn« ließ sich aber kaum bändigen, solange Nuri al-Saʿid noch auf freiem Fuß war.

Dem Ministerpräsidenten war in den Morgenstunden des 14. Juli zunächst die Flucht aus seiner Residenz gelungen, als er die ersten Schüsse hörte. Der »Souveränitätsrat« bot noch am gleichen Tag eine Belohnung von 10 000 Dinar für die Ergreifung Nuri al-Saʿids an. Schon am Folgetag wurde er erkannt, als er, in Frauenkleider gehüllt, das Haus eines Freundes verließ. Nuri und die ihn begleitende Frau wurden auf der Stelle getötet und in der Nacht auf dem Bab al-Muʿazzam-Friedhof begraben. Am nächsten Tag exhumierte ihn allerdings der Mob und riß seinen Körper in Stücke. Das blutige Bild der irakischen Revolution stammt hauptsächlich von Pressefotos der zerschmetterten Leiber von Abd al-Ilah und Nuri al-Saʿid.

Qasim und Arif kehrten von der Duldung der Exzesse aber bald zum politischen Tagesgeschäft, d. h. primär der Sicherung der Macht, zurück. Im Gegensatz zu früheren Plänen, die die Errichtung eines Militärregimes unter Leitung eines »Revolutionären Kommandorats« vorgesehen hatten, bevorzugten die beiden Offiziere nun eine zivile Regierung, die ihnen beiden zwar die wichtigsten Positionen einräumen, im übrigen aber ein Höchstmaß an Legitimität sichern würde. Qasim wurde Ministerpräsident und Verteidigungsminister (in Personalunion mit dem Oberbefehlshaber der Streitkräfte), Arif stellvertretender Ministerpräsident und Innenminister, ein dritter »Freier Offizier«, Nadjib Talib, übernahm das Sozialministerium. Obwohl verläßliche Offiziere an die Spitze der Teilstreitkräfte gesetzt wurden, blieben Uniformen am Kabinettstisch die Ausnahme. Die übrigen Ministerien wurden unter Vertretern der Unabhängigkeitspartei, der Nationaldemokratischen Partei, der Ba'thpartei und unabhängigen Oppositionellen verteilt. Weder die IKP noch die KDP erhielten eine Einladung, sich an der Regierungsbildung zu beteiligen.

Dreizehn Tage nach der Revolution wurde eine provisorische Verfassung proklamiert, die bekräftigte, daß Irak nun die Staatsform einer Republik besaß, die Teil der »arabischen Nation« ist und in der der Islam als Staatsreligion fungiert. Der »Souveränitätsrat« erhielt eine Bestätigung seiner Funktion als kollektives Staatsoberhaupt, die Regierung übernahm auch die Aufgaben der Legislative. Das diskreditierte Parlament wurde abgeschafft. Damit blieb offen, wer die Regierung ernennen und entlassen könnte und wie die Trennung von Armee und Politik zu bewerkstelligen sei. Die provisorische Verfassung bemäntelte deshalb lediglich auf wohl kalkulierte Weise die Herrschaft der Offiziere Abd al-Karim Qasim und Abd al-Salam Arif über die Republik Irak.

Mit dem Sturz der Monarchie endete ein Kapitel der Geschichte Iraks, und ein neues begann. Allerdings zieht sich seitdem ein erbitterter Expertenstreit bis in die Gegenwart, ob am 14. Juli 1958 lediglich ein Staatsstreich oder doch eine Revolution stattgefunden habe. Der Realität am nächsten kommt wohl die Einschätzung, daß die Aktion als Putsch begann und in eine Revolution mündete; denn die folgenden Umgestaltungen waren grundlegender Natur.

II. Von der Republik zur Diktatur (1958–1979)

1. Das republikanische Experiment

Die Auflösung des Parlaments markierte nur einen Schritt bei den Versuchen der neuen Regierung, die Lage rasch zu stabilisieren. Eine weitere Maßnahme war die Säuberung des Staatsapparates und der Armee von profilierten Vertretern der Monarchie. Das allein hätte jedoch nicht ausgereicht, um den Umsturz vom 14. Juli 1958 in den Rang einer Revolution zu erheben. Schwerer wiegt, daß Irak mit der Abschaffung der probritischen Monarchie und der Ausrufung der Republik die vollständige Souveränität erlangte. Außenpolitisch wurde das Ausmaß dieser neuen Unabhängigkeit schnell deutlich. Irak löste die »Arabische Föderation« mit Jordanien, boykottierte die Sitzungen des Bagdadpakts und nahm diplomatische Beziehungen mit der Sowjetunion und anderen Ostblockstaaten sowie China auf: ein klares Signal an den Westen, daß das Pendel nun in die andere Richtung auszuschlagen begann. Vor einer Nationalisierung der IPC schreckte die Regierung jedoch noch zurück, weil sie das Schicksal des iranischen Ministerpräsidenten Mossadegh vor Augen hatte, der vor allem aufgrund seiner Verstaatlichung der AIOC von einem Bündnis aus ausländischen Anteilseignern und einheimischen Monarchisten gestürzt worden war. Je mehr sich aber ihre Macht festigte, desto mutiger wurde die irakische Revolutionsregierung.

Im März 1959 verließ sie offiziell den Bagdadpakt und zwang Großbritannien, die Stützpunkte Habbaniyya und Shu'aiba zu schließen. Am 24. März verließen die letzten britischen Truppen Irak. 1961 handelte Qasim schließlich auch in Bezug auf die IPC. Im Dezember entzog er ihr alle ungenutzten Fördergebiete, d. h. mehr als 90 Prozent der ursprünglichen Konzession. Dem waren das ganze Jahr über intensive Verhandlungen vorausgegangen. Die Abgaben der IPC an den Staat beliefen sich 1961 auf 27 Prozent des gesamten Nationaleinkommens, 45 Prozent des Regierungsbudgets und etwa 90 Prozent der Devisenguthaben.[24] Trotzdem drängte Qasim sowohl auf einen höheren Anteil des irakischen Staates an der IPC als auch auf eine deutliche Erhöhung der IPC-Abgaben. Immerhin hatten sich die Fördermengen seit 1958 um 60 Prozent erhöht (die IPC-Chefs gedachten offensichtlich, die irakischen Ressourcen maximal auszubeuten, solange nicht klar war, was mit ihnen geschehen würde), während die Abgaben an Bagdad nur um 40 Prozent gestiegen waren.[25] Erst als die Verantwortlichen der IPC seinen Vorstellungen nicht entsprechen wollten, griff Qasim zu den beschriebenen drastischeren Schritten. Für die Bewirtschaftung der nun der Hoheit der IPC entzogenen Fördergebiete, vor allem des bedeutenden Rumailah-Feldes im Süden, gründete er die Iraq National Oil Company (INOC). Zwar noch nicht ganz so weit wie Mossadegh 1951–1953, war Qasim damit 1961 aber doch seiner Zeit voraus. Die internationalen Erdölkonzerne bekämpften die INOC, die IPC betrieb eine Obstruktionspolitik, die bisweilen sogar den Staatsetat gefährdete. Gemessen an der Reaktion, war Qasims Aktion also ein revolutionärer Schritt.

Auch innenpolitisch standen die Zeichen zunächst auf grundlegende und weitreichende politische und soziale Reformen. Zu den Sofortmaßnahmen zählten die Amnestie für alle politischen Gefangenen und die Festlegung einer Obergrenze von 15 Prozent für Gewinne aus dem Handel mit Konsumgütern, was die Lebenshaltungskosten deutlich senkte. Längerfristige Wirkung besaßen die Legalisierung von Parteien und Gewerkschaften sowie die Verabschiedung neuer Sozialgesetze. Zu letzteren zählte auch eine rechtliche Besserstellung der Frauen bei der Entlohnung, im Scheidungsfall und bei der Erlangung der Volljährigkeit. In Anlehnung an sozialistische Modelle der Planwirtschaft verabschiedete ein neu geschaffenes Ministerium einen provisorischen Wirtschaftsplan, der bedeutende Investitionen im öffentlichen Wohnungsbau, im Gesundheitswesen und im Bildungssektor vorsah. Tatsächlich verdoppelten sich zwischen 1958 und 1960 die Bildungsausgaben nahezu von 36 auf 67 Mio. US-Dollar.[26] 1961 wurde aus dem provisorischen Wirtschaftsplan ein erster Fünfjahresplan, der die Prioritäten der alten Regierung umkehrte. Mit 30 Prozent der Investitionen stand die Industrie an der Spitze der Ausgaben, während die Landwirtschaft am wenigsten Geld erhalten sollte. In diesem Zusammenhang muß auf das schon am 30. September 1958 verabschiedete Agrarreformgesetz verwiesen werden, das von allen Reformmaßnahmen zweifellos die tiefste Wirkung hinterließ: Knapp die Hälfte des landwirtschaftlich nutzbaren Bodens sollte umverteilt werden. Auch wenn das Gesetz viele Unklarheiten enthielt, nicht immer konsequent durchgesetzt wurde (1963 waren zwar 4,5 Mio. Dunams Agrarland konfisziert, aber nur 1,5 Mio. an landlose und -arme Bauern verteilt)[27] und die betroffenen Grundbesitzer es nach Kräften torpedierten, vor allem durch Sabotage der Wasserversorgung, so brach es doch die *politische* Kraft der reichen Landlords und Stammesscheichs, mithin der Stützen des untergegangenen Regimes.

Gleichzeitig waren die Reformbestrebungen des neuen Regimes aber von Anfang an von enormen Problemen begleitet. Es zeigte sich bald, daß die Beseitigung der probritischen Monarchie der kleinste gemeinsame Nenner der Revolutionäre gewesen war. Schon unmittelbar nach Erreichen dieses Ziels setzten grundlegende Meinungsverschiedenheiten über den weiteren Kurs ein. Vor allem zeigte sich nun in aller Deutlichkeit der heterogene, »künstliche« Charakter des souverän gewordenen Irak. Die britische Regierung hatte den von ihr geschaffenen Staat – im Einklang mit einheimischen Helfern – durch eine bewährte Politik von »Zuckerbrot und Peitsche« im Bestand sichern können. Jetzt, wo die Repression von außen fehlte, fragten sich die ehemaligen osmanischen Provinzen, die verschiedenen Volksgruppen und Religionsanhänger, was sie eigentlich in einem gemeinsamen Staat Irak zusammenhielt.

75–80 Prozent der Iraker verstanden sich als Araber, während 15–20 Prozent sich als Kurden definierten und 5 Prozent als Turkmenen, Assyrer und andere. Gemäß ihrer Religion waren zwar 97 Prozent der Iraker Muslime und nur 3 Prozent Christen und andere, aber hier lag der entscheidende Faktor in der Trennlinie zwischen den Muslimen: 60–65 Prozent waren Schiiten, 32–37 Prozent Sunniten. Diese Unterteilungen wurden und werden durch weitere Unterschiede erweitert, die nicht nur simple Subkategorien der großen Glaubensrichtungen darstellen, sondern diese häufig neu ordnen. So kamen und kommen zu den bestimmenden vertikalen Trennlinien als Araber, Kurde, Schiit, Sunnit usw. auch gravierende horizontale, d. h. soziale Unterschiede als Ober-, Mittel- und Unterschicht hinzu. Sie werden durch darunterliegende Differenzen ergänzt, die sich aus unterschiedlicher Stammes-, Sippen- und Familienzugehörigkeit ergeben, die die sozialen, ethnischen und konfessionellen Kategorien häufig überschneiden.[28] Innerhalb dieses Gemenges erstarkten folgerichtig nach dem Wegfall des externen Drucks zentrifugale Tendenzen.

Das traf z. B. in vollem Umfang auf die irakischen Kurden zu, die nach den vergeblichen Versuchen, unter der Monarchie ein höheres Maß an Selbstbestimmung zu erreichen, nun alle Hoffnungen auf die Republik richteten. Erste Maßnahmen der neuen Regierung schienen diese Hoffnungen sogar zu bestätigen. Mit Khalid Naqshbandi war immerhin ein Kurde im »Souveränitätsrat« vertreten. Damit bekleidete er zwar ein ausschließlich zeremonielles Amt, aber die Kurden verstanden dies als gutwillige Geste. In die Einschätzung paßte auch, daß die Regierung das Verbot der KDP und den Hausarrest ihres Führers, Ibrahim Ahmad, aufhob. Dieser erhielt sogar einen Paß für den legendären Führer des militärischen Flügels der KDP, Mullah Mustafa Barzani, um ihn aus dem Prager Exil heimzuholen. In die provisorische Verfassung wurde der Passus aufgenommen, daß »Araber und Kurden Partner in der irakischen Heimat sind« und daß »ihre nationalen Rechte innerhalb der irakischen Republik anerkannt werden«.[29] Nicht zuletzt hatte Revolutionsführer Qasim eine kurdische Mutter. Im April 1959 erhielt die KDP die Erlaubnis zur Herausgabe einer eigenen Tageszeitung (Xebat), Hunderte von Kurden kehrten nun aus dem Exil zurück. Damit wuchs täglich die Erwartungshaltung, den Autonomiestatus umgehend zu erreichen.

Jetzt zeigte sich, daß Qasim weder ein klares Konzept in der Frage der Autonomie besaß noch gegenüber seiner ursprünglichen Gefolgschaft die Oberhand behalten konnte. Die meisten der »Freien Offiziere« waren Araber, zeigten keinerlei Sympathie für eine kurdische Autonomie (die vielen als Verrat am irakischen Einheitsstaat galt) und hatten in der Vergangenheit vielfach gegen kurdische Aufstände gekämpft. Sowohl Barzani als auch Ahmad fürchteten nun um ihr Renommee, wenn sie das schrittweise Abrücken der Regierung von ihren Versprechungen widerstandslos hinnehmen würden. Während Ahmad weiter auf Verhandlungen und Zeitgewinn setzte, griff Barzani im Sommer 1961 zu militärischer Gewalt. Im September besetzten seine Milizen Zakho, um die Regierung zu Zugeständnissen zu zwingen. Qasim schlug mit der Armee zurück. Das bedeutete nicht nur das Ende der Reformbemühungen in der ethnischen Frage, sondern auch den Anfang eines Dauerkrieges zwischen den Kurden und der republikanischen Zentralregierung, der

– mit Unterbrechungen – bis 1975 andauerte. Nicht nur in dieser Hinsicht zeigte sich eine eklatante Führungsschwäche Qasims. Es gelang ihm so wenig wie Arif, der jungen Republik eine »Staatsidee«, eine staatliche Identität zu vermitteln, die die zentrifugalen Tendenzen anders als mit den repressiven Methoden der Monarchie stoppte.

Hinzu kam, daß sich die beiden Schlüsselfiguren der Revolution schon wenige Tage nach dem Umsturz entzweiten. Den Auftakt dazu lieferte ein Staatsbesuch Arifs in Syrien, wo er Nasser, den Präsidenten der VAR, traf. Zwar ging es in ihren Gesprächen vorrangig um die Organisierung arabischer Solidarität für den Umschwung in Irak, aber Qasim wurde zugetragen, daß Arif ihn als den »irakischen Nadjib« bezeichnet hatte, die Galionsfigur der ägyptischen Revolution von 1952, die Nasser schon bald darauf entmachtet hatte. Im August kam ein weiterer Affront hinzu, als sich Arif während einer Rundreise durch Irak überall als Revolutionsheld feiern ließ, ohne Qasim auch nur zu erwähnen. Im September schlug Arif öffentlich die Rückkehr zur Idee eines »Revolutionären Kommandorats« vor: im Prinzip Hochverrat. Qasim enthob Arif daraufhin am 30. September aller Ämter und bot ihm den Botschafterposten in Deutschland an. Arif lehnte ab. Am 5. November wurde er mit der Begründung, einen Anschlag auf Qasim geplant zu haben, verhaftet und im Dezember vor Gericht gestellt. Das Todesurteil wurde umgehend in eine lebenslängliche Haftstrafe abgemildert. Der Streit hatte allerdings einen Hintergrund, der weit über persönliche Animositäten und Machtambitionen hinausging.

Qasim verkörperte den national-patriotischen *(watani)* Flügel der Unabhängigkeitsbewegung, deren prominentester Vertreter vor ihm Baqr Sidqi gewesen war. Es kann also kaum Zufall sein, daß sich in dieser »Irak-zuerst«-Strömung viele Nichtaraber fanden, die pan-arabischem Gedankengut naturgemäß ferner standen. Wenn die ersten Bekundungen des Volkswillens in den Tagen der Revolution allerdings ein Gradmesser sind, dann befand sich dieser Flügel deutlich in der Minderheit. Die Straße rief nach Gamal Abd al-Nasser und der sofortigen Vereinigung *(wahda)* mit der VAR und nicht nach Abd al-Karim Qasim oder Abd al-Salam Arif. Letzterer ließ sich aber bereitwillig von dieser Mehrheit auf den Schild heben. Um Arif sammelte sich das heterogene pan-arabische Lager *(qaumi)* aus Veteranen der Unabhängigkeitspartei, »Freien Offizieren«, Nasseristen und Mitgliedern der Ba'thpartei. Auch wenn diese Protagonisten außer der pan-arabischen Vision häufig wenig miteinander gemein hatten (die Ba'thpartei orientierte sich z. B. viel intensiver auf ihr »Stammland« Syrien als auf Nassers Ägypten), so war ihr numerisches Übergewicht doch so erdrückend, daß Qasim sich seinerseits nach Bündnispartnern umsah. Er war durch und durch Militär und allenfalls oberflächlich »ideologisiert«, aber seine Sympathien galten letztlich der Nationaldemokratischen Partei. Diese war allerdings nicht stark genug, um seine alleinige Basis zu bilden. Qasim suchte und fand die erhoffte Unterstützung schließlich bei der Kommunistischen Partei.

Diese Hinwendung verdankte die IKP ausschließlich dem Machtinstinkt Qasims und nicht etwa prokommunistischen Sympathien. Im Gegenteil, er vermied die Ernennung von Kommunisten auf sensible Positionen und ihre Bestallung als Minister und ließ sich bis zum Januar 1959 Zeit, um das Erscheinen der Parteizeitung *Ittihad al-sha'b* zu legalisieren. Für Qasim zählte vor allem, daß die IKP deutlich stärker als die Ba'thpartei war und dieser als Vorbild für Disziplin und Organisation diente. Der Zulauf in ihre Reihen von – häufig sehr gebildeten – Kurden und Schiiten war ungebrochen. Schon deshalb lag der IKP wenig an Pan-Arabismus, aber dieser kollidierte außerdem mit der Idee des »proletarischen Internationalismus«, die Moskau vorgab. Mit Billigung Qasims (re)organisierte die IKP schon im August 1958 ihre eigenen Milizen, den »Volkswiderstand« und die »Friedenspartisanen«. Auf der anderen Seite sah sich auch die Ba'thpartei nach »Irregulären« um, die für Aktionen im Untergrund angeworben werden konnten, ohne direkt mit der Partei in Verbindung gebracht zu werden. Einer dieser »agents provocateures« war ein junger Mann aus dem Ort Takrit: Saddam Hussein.

Saddam wurde am 18. April 1937 geboren. Da sein Vater schon kurz darauf verschwand, nahm sich der Bruder seiner Mutter, Khairallah Tulfah, des Jungen an. So wuchs er mit seinem Cousin Adnan Khairallah, den er später zum Verteidigungsminister ernannte, unter einem Dach auf. Der Onkel und Pflegevater gehörte zu den vielen glühenden arabischen Nationalisten, die Raschid Ali al-Gailani und die Obristen des »Goldenen Quadrats« verehrten. In diesem Geiste wurde Saddam Hussein von Kindes Beinen an erzogen. Es war der Ba'thpartei daher ein leichtes, ihn und seinesgleichen zu rekrutieren. Trotzdem sollte seine Stunde erst später kommen. Im

Herbst 1958 war der pan-arabische Flügel durch die Entmachtung Arifs zunächst geschwächt, aber viele »Freie Offiziere« sannen bereits über eine Entmachtung Qasims nach.

Bereits zu diesem Zeitpunkt schien sich eine Gelegenheit dazu zu ergeben. Im September 1958 war Raschid Ali al-Gailani aus seinem langen Exil nach Irak zurückgekehrt. Er mußte mit ansehen, wie seine unverändert großen pan-arabischen Träume mit der Entfernung Arifs aus seinen Ämtern ein weiteres Mal zu zerrinnen drohten. Gailani knüpfte Kontakte zu seinen alten Verbindungen, aber auch zu einigen »Freien Offizieren« wie Rif'at al-Hajj Sirri, Tahir Yahya oder Abd al-Wahhab al-Shawwaf und plante die Entmachtung Qasims für den 9. Dezember 1958. Jetzt zeigte sich aber, daß Gailani zu lange außer Landes gewesen war; seine Kontakte trugen nicht mehr. Das Putschvorhaben wurde verraten und Gailani – neben anderen Beteiligten – vor Gericht gestellt. Das Todesurteil wurde allerdings nie vollstreckt. Nach dem gescheiterten Putschversuch verließen im Februar 1959 viele Pan-Arabisten frustriert die Regierung, darunter Ba'th-Chef Rikabi, und wurden flugs durch Anhänger Qasims, vor allem aus der Nationaldemokratischen Partei, ersetzt. Schon einen Monat später kam es in Mossul zu ersten gewaltsamen Auseinandersetzungen zwischen den beiden Flügeln des republikanischen Regimes.

Am 23. Februar 1959 lud die wieder zugelassene IKP-Zeitung *Ittihad al-sha'b* für den 6. März zu einer Gedenkveranstaltung anläßlich der Gründung der »Friedenspartisanen« nach Mossul ein. Etwa 250 000 Mitglieder und Sympathisanten folgten der Einladung. Angesichts dieser Machtdemonstration beschlossen »Freie Offiziere« wie die Chefs der Garnisonen von Mossul und Kirkuk, Abd al-Wahhab al-Shawwaf und Nazim al-Tabaqdjali sowie der Chef des Militärgeheimdiensts, Rif'at al-Hajj Sirri, ein Zeichen des Widerstands zu setzen. Am 7. März befahlen sie ihren Truppen, die Veranstaltung aufzulösen. 70 Führer der IKP und der »Friedenspartisanen« wurden inhaftiert. Shawwaf warf Qasim den »Fehdehandschuh« hin und forderte über den Rundfunk die Hilfe der VAR an. Damit löste er in den vier folgenden Tagen erbitterte Straßenschlachten aus, in denen sich Gefechte zwischen seinen Anhängern und Gegnern mit kurdisch-arabischen, monarchistisch-republikanischen und Stammeskämpfen mischten. Nach erbitterten Auseinandersetzungen mit Hunderten von Toten neigte sich die Waage zugunsten der IKP und Qasims. Dazu trug zum einen die Nachricht bei, daß die Putschisten den beliebten »Friedenspartisanen« und Rechtsanwalt Kamil Qazanchi in der Haft getötet hatten (er hatte 1947 IKP-Chef Fahd verteidigt und 1948 die Proteste gegen das Portsmouth-Abkommen organisiert), und zum anderen die Angriffe von Qasims Luftwaffe auf das Hauptquartier der Putschisten. Shawwaf wurde dabei verwundet und auf dem Weg zum Krankenhaus von einem Kurden ermordet. Jetzt führerlos, brach der Aufstand zusammen. Die führenden Putschisten, die sich nicht in die VAR absetzen konnten, wurden verhaftet. Der Prozeß endete im September 1959 mit der Hinrichtung von Tabaqdjali, Sirri und elf weiteren Verschwörern.

Jetzt befand sich die IKP auf dem Höhepunkt ihrer Macht. Die Zahl der Milizen im »Volkswiderstand« war zwischen August 1958 und April 1959 von 11 000 auf 25 000 angewachsen, die IKP selbst zählte zwischen 20 000 und 25 000 Mitglieder.[30] Hinzu kamen die angeschlossenen Organisationen wie die Frauen-Liga, die Jugend-Föderation oder die Bauernunion. Am 1. Mai 1959 organisierte die IKP eine Demonstration mit einer Million Teilnehmern in Bagdad. Sie forderte jetzt eine »angemessene« Vertretung in der Regierung. Widerwillig ernannte Qasim daraufhin drei Kommunisten bzw. deren Sympathisanten zu Ministern für Information, Wohnungsbau und Stadtverwaltung. Trotzdem quälte seitdem die IKP jahrelang die Frage, ob sie zu diesem Zeitpunkt – gewaltsam oder nicht – die gesamte Macht hätte an sich reißen sollen oder ob ihre damalige Einschätzung, einer gemeinsamen antikommunistischen Front nicht gewachsen zu sein, richtig war. Qasim, dem die Macht der IKP zunehmend Sorgen bereitete, suchte jedenfalls nach einem Vorwand, um ihren Einfluß zurückzudrängen. Er fand ihn, als eine von der IKP organisierte Feier zum Jahrestag der Revolution in Kirkuk außer Kontrolle geriet. Die blutigen Kämpfe zwischen alteingesessenen turkmenischen Bewohnern Kirkuks und zugewanderten Kurden hatten wenig mit Parteipolitik zu tun, ließen sich aber trefflich der IKP anlasten. Qasim entfernte prominente Kommunisten aus dem Offizierskorps oder stellte sie kalt. Er schränkte den Aktionsradius der IKP-Milizen drastisch ein und verbot *Ittihad al-shaʿb* für neun Monate. Dabei verlor er aus dem Auge, daß die unmittelbarere Gefahr für ihn weiterhin von den Pan-Arabisten, und dieses Mal von der Baʿthpartei, ausging.

Unmittelbar nach der Hinrichtung der Mossul-Putschisten faßte die Ba'thführung den Plan, Qasim zu ermorden. Zu den Attentätern um Ayyad Sa'id Thabit, die den Ministerpräsidenten am 7. Oktober 1959 umbringen sollten, gehörte auch Saddam Hussein. Als sie in der Nasser-Straße das Feuer auf Qasims Fahrzeug eröffneten, starb nur dessen Fahrer. Er selbst wurde lediglich verwundet und von einem Passanten ins Krankenhaus gebracht. Auch Saddam Hussein wurde verwundet und floh – wie Ba'th-Chef Rikabi und andere prominente Parteimitglieder – nach Damaskus. Bevor Saddam nach Kairo weiterreiste, wurde er von »Gründervater« Michel Aflaq als Vollmitglied in die Ba'thpartei aufgenommen. Attentäter, derer man in Irak habhaft werden konnte, erhielten die Todesstrafe, die aber aus Furcht vor weiteren Racheakten nicht vollstreckt wurde.

1960 verfiel der wiedergenesene Qasim schließlich auf eine neue Taktik, nämlich sich als »über den Parteien« stehender »Vater der Nation« zu gerieren. Die Wahrheit sah ihn allerdings eher als »Kaiser ohne Kleider«, denn er verfügte über keine Anhängerschaft mehr. Seine ständigen Säuberungen und sein stetiges Ausspielen der politischen Kräfte gegeneinander, von ihm als meisterhafte Politik interpretiert, führten in Wirklichkeit zu seiner Entfremdung von allen gesellschaftlichen Kräften. Nahezu jede politische Fraktion bekam Grund, seine Herrschaft als Diktatur zu empfinden, der »Vater der Nation« verlor zunehmend die Bindung zu seinem Volk. Namhafte politische Kräfte verabschiedeten sich 1960 aus seinem Kabinett, andere wurden entfernt und durch Offiziere oder farblose Technokraten ersetzt. Wenn ihm auch das Ausmaß unbekannt blieb, so spürte Qasim doch das Nachlassen der Zustimmung. Im Juni 1961 suchte er schließlich Entlastung auf außenpolitischem Terrain.

Wie König Ghazi oder sogar Nuri al-Sa'id vor ihm bemühte er sich um eine Angliederung Kuwaits an Irak. Das schien ihm sehr attraktiv zu sein, weil damit ein Brückenschlag zwischen *watani*- und *qaumi*-Fraktion gelingen könnte. Für die erstere war es eine Aktion zur Vergrößerung und Wiederherstellung der »Würde« des Vaterlands Irak, für die letztere ein Zwischenschritt auf dem Weg der Wiederherstellung der arabischen Einheit. Anläßlich der Unabhängigkeitserklärung Kuwaits von Großbritannien am 19. Juni verkündete Qasim: »Wir werden die Grenzen des Irak bis zum Süden Kuwaits ausdehnen«, und ergänzte: »Niemand, weder in Kuwait noch außerhalb, hat das Recht, das kuwaitische Volk zu beherrschen, denn es ist das Volk des Irak.«[31] Am 25. Juni erklärte er Kuwait zum integralen Bestandteil Iraks und übermittelte dem kuwaitischen Emir eine Depesche, in der er ihn zum »Gouverneur von Basra« ernannte.[32] Obwohl am 1. Juli britische und saudi-arabische Einheiten zum Schutz Kuwaits in das Emirat einrückten und die UNO sowie die Arabische Liga schließlich ein Einlenken Qasims erzwingen konnten, läßt es die Bedeutung Kuwaits im 2. Golfkrieg 1990/91 angeraten erscheinen, schon an dieser Stelle kurz zu skizzieren, worum es in dem Konflikt ging.

Als sich die Familie (Al) Sabah Mitte des 18. Jahrhunderts gegen die Konkurrenz anderer, gleichfalls eingewanderter Sippen und Clans als Herrscherfamilie in Kuwait durchgesetzt hatte, bestand noch kein Staat namens Irak. Die Emire der Al Sabah erkannten formal die Oberhoheit der Hohen Pforte über ihren Herrschaftsbereich an. Nachdem Istanbul Ende des 19. Jahrhunderts die Provinz Basra eingerichtet hatte, zahlte Kuwait seine Tribute an diese, nun nächstgelegene osmanische Provinz. Gleichzeitig hatten die britischen Bestrebungen im 19. Jahrhundert, den Persischen Golf zu einem sicheren Hinterland des Seeweges nach Indien zu machen und dazu Verträge mit den lokalen Herrschern abzuschließen, den Al Sabah einen erheblichen Freiraum gegenüber der Hohen Pforte verschafft. Wie bereits beschrieben, ging Emir Mubarak 1899 sogar einen förmlichen Schutzvertrag mit Großbritannien ein, der 1907 durch weitere Einzelbestimmungen ergänzt wurde. In der anglo-osmanischen Konvention von 1913 mußte der »Kranke Mann am Bosporus« diese Verträge förmlich anerkennen. Kuwait erhielt den Status eines »autonomen Distrikts«. In einem Umkreis von 60 Kilometern um Kuwait-Stadt wurde dem Emir von den Osmanen die volle Souveränität zugestanden. Der Ausbruch des Ersten Weltkrieges verhinderte allerdings die Ratifizierung der Konvention. Als »Dank« für die erfolgreiche Unterstützung bei der britischen Eroberung von Basra erhielt Kuwait am Ende des Ersten Weltkrieges den Status eines »unabhängigen Staates unter britischem Protektorat«. Völkerrechtlich galt diese wohlklingende, jedoch hohle Bezeichnung bis zur tatsächlichen Unabhängigkeit 1961. Allerdings wurden die Al Sabah zum gleichen Zeitpunkt, d. h. 1918, als einzige rechtmäßige Herrscher Kuwaits bestätigt.

Zwar entstand das Mandatsgebiet Irak bekanntlich aus den osmanischen Provinzen Bagdad, Basra und Mossul, aber es ist bedeutsam festzuhalten, daß das neue Völkerrechtsgebilde nicht in die Rechts-nachfolge des Osmanischen Reiches trat. Damit konnte es also auch nicht Rechte und Pflichten übernehmen, die das Osmanische Reich als Ganzes gegenüber seinen internationalen Partnern und Klientel-staaten besessen hatte. Iraks eigentliches Problem mit Kuwait geht auf das Jahr 1922 zurück, als der britische Hochkommissar Percy Cox in den Verträgen von Muhammarah und Uqair nach eigenem Gutdünken die – im Grunde genommen noch heute gültigen – Grenzen zwischen Irak, Saudi-Arabien und Kuwait festlegte. Er ent-zog den Al Sa'ud einige Gebiete, schlug sie Irak zu und entschädigte die saudi-arabischen Herrscher mit kuwaitischem Territorium, das immerhin mehr als die Hälfte des ursprünglichen Hoheitsgebietes der Al Sabah ausmachte. Damit markierte Cox den Beginn ständiger gegenseitiger Gebietsforderungen der drei Staaten.

Auch das Grenzproblem des Osmanischen Reiches und nun Iraks mit Iran am Schatt al-Arab erfuhr durch die Verträge von Muham-marah und Uqair eine neue Zuspitzung, weil sie den Zugang Iraks zum Persischen Golf und damit zu den Weltmeeren auf einen kaum 50 Kilometer breiten Streifen Marschlandes westlich der Mündung des Schatts, von Fao bis Umm Qasr, festlegten. Der »Hochseehafen« Basra liegt 80 Kilometer stromaufwärts, und Umm Qasr kann Basra nicht wirklich entlasten, weil die kuwaitischen Inseln Bubiyan und Warbah den Weg zum Hafen de facto blockieren. So beschränkt sich der für Irak nutzbare Zugang zum Golf auf eine bescheidene Breite von 14 Kilometern.

Solange sich sowohl Irak als auch Kuwait in – unterschiedlich sta-tuierter – Abhängigkeit vom britischen Empire befanden, spielten diese Fakten nur eine untergeordnete Rolle. Erst als das Mandat über Irak 1932 erlosch, änderte sich die Situation. Die Regierung des nun formal unabhängigen Irak klagte eine Revision der territorialen Kalamität u. a. vor dem Völkerbund ein. König Ghazi argumen-tierte, Kuwait habe dem Einzugsbereich des Gouverneurs von Basra unterstanden und durch Tributzahlungen auch dessen Oberhoheit anerkannt. Deshalb wäre es nur legitim, die ehemalige Provinz wie-der mit dem ehemals von ihr abhängigen Territorium zu vereinen. Dagegen ließen sich aber schwerwiegende Argumente ins Feld füh-ren. Kuwaits Status als eigenständiges britisches Protektorat war zu keinem Zeitpunkt der Bildung und des Bestehens des Mandatsge-biets Irak unterbrochen, d. h. Kuwait war nie Bestandteil des Staates

Irak gewesen. Zudem mußte die türkische Regierung im Vertrag von Lausanne alle Ansprüche auf frühere osmanische Gebiete aufgeben, die sich zum Zeitpunkt der Vertragsunterzeichnung außerhalb der türkischen Grenzen befanden, also auch auf Kuwait als ehemals tributpflichtiges Emirat.

Unmittelbar vor dem Ende des Mandatsregimes bekräftigten der britische Hochkommissar, der Emir von Kuwait und der irakische Ministerpräsident Nuri al-Sa'id nochmals die Grenzen zwischen Irak und Kuwait, was u. a. bedeutete, daß die Inseln Bubiyan und Warbah ausdrücklich Kuwait zuerkannt wurden. Auch nach 1932 war die »Pax Britannica« im Raum »östlich von Suez« noch so stark, daß die irakische Regierung – außer der Äußerung von Wünschen – nur geringe Möglichkeiten besaß, Forderungen an ein britisches Protektorat auch tatsächlich durchzusetzen. Qasim fühlte sich dazu allerdings stark genug. Er erklärte die Dreiervereinbarung von 1932 für ungültig, da Irak zum damaligen Zeitpunkt de facto noch kein selbständiger Staat gewesen sei. Sein »Entlastungsschlag« in Kuwait hatte aber – wie gesagt – keinen Erfolg, und so erkannte die irakische Regierung die Unabhängigkeit Kuwaits am 4. Oktober 1963 an und bezog sich dabei ausdrücklich auf die britisch-irakisch-kuwaitischen Grenzfestlegungen von 1932. Der Grenzverlauf wurde jedoch auch nach der Anerkennung nicht eindeutig markiert, das Problem war bestenfalls aufgeschoben, nicht jedoch aufgehoben. Zu diesem Zeitpunkt war Qasim aber schon nicht mehr an der Macht.

Nach dem Abenteuer in Kuwait wurde seine Politik immer erratischer. Im November 1961 entließ er alle Gefangenen, die seit 1958 in Putschversuche gegen ihn verwickelt waren, darunter Abd al-Salam Arif und Raschid Ali al-Gailani. Das entsprach nicht besonderer Generosität oder Milde, sondern dem festen Glauben, seit dem mißglückten Anschlag vom Oktober 1959 »auserwählt« und persönlich nicht mehr gefährdet zu sein. So schlug er ernsthafte Warnungen der immer weniger werdenden engen Vertrauten vor weiteren Umsturzversuchen und Attentatsplänen in den Wind. Hauptarchitekt dieser Pläne war die Ba'thpartei. Im April 1960 war Ali Salih al-Sa'di von der Parteiführung in Damaskus mit der Aufgabe nach Bagdad zurückgeschickt worden, die Partei in Irak zu reorganisieren. Im Selbstverständnis der Partei bestand zwar nur eine *nationale* Führung für alle Araber als Nation, in dem vorherrschenden Staatensystem erwies es sich aber als zwingend notwendig, für die einzelnen Länder jeweils separate Leitungen einzuführen, die aber, um das bestehende »aufoktroyierte« Staatensystem nicht verbal anerkennen zu müssen, Regionalführungen genannt wurden. Anfang 1963 unterstanden der irakischen »Regionalführung« der Ba'thpartei wieder 850 Vollmitglieder und etwa 15 000 Sympathisanten.[33] Das war zwar immer noch sehr wenig im Vergleich zum Umfang der IKP, aber die Ba'thpartei fühlte sich stark genug, den Umsturz zu wagen.

Erst nach wiederholten Warnungen der Kommunisten entschloß sich Qasim zum Eingreifen. Am 4. Februar verhaftete er mit Oberst Salih Mahdi Ammash und Ali Salih al-Sa'di zwei Hauptträdelsführer des geplanten Putsches. Im Verhör gaben die beiden das Vorhaben zu. Warum Qasim trotzdem nicht handelte, wird für immer sein Geheimnis bleiben. Am 8. Februar 1963 rollten jedenfalls die Panzer der Putschisten um den späteren Präsidenten Ahmad Hassan al-Bakr sowie Abd al-Sattar Abd al-Latif, Hardan al-Takriti und Mundhir al-Wandawi durch die Hauptstadt. Sie machten sich zunutze, daß zwei Drittel der Armee in Kurdistan stationiert waren und es in Bagdad nur geringen Widerstand zu überwinden galt. Trotzdem befanden sich die mit der Ba'thpartei sympathisierenden Militäreinheiten nicht in der Mehrheit. Qasims Problem aber war, daß sich innerhalb der so oft »gesäuberten« Armee nun auch niemand zu seiner Verteidigung fand. Zwar strömten Tausende von Zivilisten, vor allem Kommunisten und deren Anhänger, zu seinem Schutz herbei, ihre dringenden Rufe nach Waffen verhallten aber ungehört. Bis zu seinem Ende scheute Qasim davor zurück, in den Kommunisten mehr als Hilfstruppen zu sehen; jedenfalls keine Partner und schon gar keine Retter. So nahm das Schicksal seinen Lauf. Nach zwei Tagen erbitterter Gefechte wurde Qasims Zufluchtsort im Verteidigungsministerium schließlich eingenommen und der Ministerpräsident am Nachmittag des 9. Februar auf Anordnung des von den Putschisten gegründeten »Nationalen Rates des Revolutionären Kommandos« (NRRK) standrechtlich erschossen.

2. Fehlversuch der Ba'thpartei

Schon 1956 hatten die syrischen Ba'thführer Michel Aflaq und Djamal al-Atasi in einem internen Strategiepapier auf die Unvereinbarkeit ihrer eigenen Ideologie mit der kommunistischen verwiesen.

Kommunistischer Internationalismus und arabisches Streben nach Wiedervereinigung entlang ethnisch-nationaler Grenzen ergänzten sich nicht etwa, sondern schlössen sich aus. Außerdem verwiesen sie mit Sorge auf den großen Zulauf zu den kommunistischen Parteien in arabischen Ländern aus einem sozialen und intellektuellen Reservoir, das sie als ihr eigenes betrachteten.[34] Insofern standen die beiden Bewegungen von Beginn an in einem Konkurrenzverhältnis. Die skizzierte Entwicklung in Irak zwischen 1958 und 1963 war folgerichtig dazu angetan, das bilaterale Verhältnis weiter zu verschärfen, ja zu radikalisieren. Trotzdem bleibt die Brutalität letztlich unerklärlich, mit der die Ba'thpartei nach ihrer Machtergreifung im Februar 1963 Rache an den Kommunisten nahm.

Ihre Kommandos, allen voran die »Nationalgarde« unter Mundhir al-Wandawi, betrieben eine regelrechte Jagd auf Kommunisten. Nicht nur, daß IKP-Chef Hussein Ahmad al-Radhi (Salam Adil) und andere Parteiführer ohne Prozeß und nach teilweise schweren Folterungen umgebracht wurden, die Verfolgungen betrafen de facto alle Menschen, die man verdächtigte, Sympathien für die IKP zu hegen: Mitglieder der »Friedenspartisanen« oder des »Volkswiderstands«, aber auch Gewerkschafter, Angehörige von Berufsverbänden und viele andere. Die Trupps der »Nationalgarde«, die von Haus zu Haus zogen, um »Verdächtige« zu verhaften oder auf der Stelle zu erschießen, gingen dabei häufig nach Listen vor, die Namen und Adressen von Mitgliedern der IKP enthielten. In der einschlägigen Literatur wurde deshalb oft der Verdacht bzw. sogar die Gewißheit geäußert, die Mitgliedslisten seien der Ba'thpartei von der CIA zugespielt worden, um die große »kommunistische Gefahr« ein für alle Mal zu bannen. Als Hauptindiz für diese Behauptung gilt paradoxerweise die Fehlerhaftigkeit der Listen: Es wurden Menschen massakriert, die schon lange keine IKP-Mitglieder mehr waren. Dieser Lesart zufolge wurde ein Register verwendet, das der CIA 1958 in Beirut in die Hände gefallen war.[35] Wie auch immer, um die große Zahl der Verhafteten zu fassen, wurden öffentliche Gebäude zu Gefängnissen und selbst Sportstadien zu Lagern umfunktioniert. Die Repressalien waren zwar im Februar und März am blutigsten, sie dauerten aber die gesamte Zeit der ersten Ba'th-Herrschaft an. Über die Zahl der Opfer existieren nur Schätzungen, die natürlich von Interessen geleitet sind; keine geht aber von weniger als einigen Tausend aus.

Obwohl vor allem die Ba'thpartei den Sturz Qasims betrieben hatte, wähnte sie sich nach der Machtübernahme nicht stark und erfahren genug, um die Herrschaft allein auszuüben. Die Partei besetzte zwar die wichtigsten Funktionen, Ahmad Hassan al-Bakr wurde Ministerpräsident, Tahir Yahya Stabschef und Ali Salih al-Sa'di stellvertretender Ministerpräsident und Innenminister, aber sie hievte Abd al-Salam Arif in das Präsidentenamt, nachdem er zuvor zum »Feldmarschall« befördert worden war. Gleich ihm rückten weitere traditionelle Pan-Arabisten in das Kabinett und in die Staatsverwaltung ein, aber die tatsächliche Macht lag in den Händen des NRRK. Dessen Zusammensetzung war zwar offiziell geheim, es bestand jedoch kein Zweifel daran, daß er von der Ba'thpartei dominiert wurde.

Wie auch an der Beteiligung der *qaumi*-Fraktion ersichtlich ist, ging es dem neuen Regime zunächst um die Machtsicherung. Deshalb wurden schon im Februar Gespräche mit den Kurden aufgenommen, um den Norden zu stabilisieren. Djalal Talabani überbrachte am 19. Februar die Forderungen Barzanis, die die Gewährung von Autonomie mit eigenen legislativen und exekutiven Vollmachten, die Aufstellung einer eigenen regulären Streitmacht, die Besetzung von staatlichen Posten in Kurdistan durch Kurden, die Ernennung eines kurdischen Vizepräsidenten und kurdischer Minister für Irak und den Geltungsbereich der Autonomierechte für alle Gebiete, in denen die Kurden die Bevölkerungsmehrheit stellten, umfaßten. Zwar erhielten zwei Kurden Bestallungsurkunden zum Minister und verkündete der NRRK am 10. März die Gewährung »nationaler Rechte« für die Kurden auf der »Basis der Dezentralisation«, aber die pan-arabischen Nationalisten der Ba'thpartei hatten nie die Absicht, den Kurden so weitgehende Rechte zuzugestehen, wie sie Barzani forderte. Nachdem genug Zeit »gekauft« worden war, um die Macht zu stabilisieren, brachen erste Kämpfe mit den Kurden schon im Mai wieder aus. Am 16. Juni erklärte die Regierung einen »allumfassenden« Krieg gegen Barzanis KDP und ließ Flugzeuge, Panzer und andere schwere Waffen sprechen. Ab Sommer 1963 wurde der Krieg gegen die Kurden unnachsichtiger geführt als unter Qasim, allerdings mit genauso wenig Erfolg.

Weniger dem Zeitgewinn als der Umsetzung der eigenen Parteiziele dienten die »Einheitsgespräche«, die die Ba'th im März Ägypten und Syrien vorschlug. Historisch wohl eher zufällig, war die Ba'thpartei am 8. März 1963 auch in Syrien an die Macht gelangt.

Aus ähnlichen Gründen wie denen ihrer irakischen Genossen wollten sie Nasser die Wiederherstellung der 1961 zerbrochenen staatlichen Einheit zwischen Ägypten und Syrien empfehlen. Nachdem sich die Ba'thführungen zunächst im März in Damaskus beraten hatten, reisten Vertreter beider Regimes am 6. April nach Kairo. Die Verhandlungen endeten zwar am 17. April mit der Verabschiedung der sogenannten »Charta von Kairo«, die die Vereinigung der drei Länder ankündigte, allerdings wurde eine nicht näher spezifizierte »Übergangsperiode« genannt. Diese Wortwahl kaschierte nur den tiefen Unwillen Nassers, einen arabischen Einheitsstaat zu zimmern, in dem er die Macht mit einer Partei teilen müßte, deren Politiker er verachtete und deren Programm bzw. Ideologie er als »dürftig« bezeichnete.[36] Schon im Mai kritisierte Radio Kairo die Ba'th-Regierungen in Syrien und Irak heftig. Im Juli scheiterte ein Putschversuch von Anhängern Nassers in Damaskus, und der ägyptische Präsident äußerte jetzt selbst schwere Vorwürfe gegen die Regimes in Syrien und Irak. Mehr oder weniger offen forderte er die Gegner der Ba'thpartei in beiden Ländern auf, die Verhältnisse »neu zu ordnen«.[37] Zumindest in Irak trafen seine »Anregungen« auf offene Ohren.

Bei allen Ansprüchen der Ba'thpartei, als Einparteien-Regierung für die Einheit der Araber zu kämpfen, war ihre Stärke in Irak im Frühjahr 1963 – wie gesagt – außerordentlich begrenzt, wobei das Verhältnis zwischen Mitgliedern und Kandidaten etwa eins zu zwanzig betrug. Da der Vollmitgliedschaft ein intensiver Prüfungsprozeß vorausgeht, ist davon auszugehen, daß sich die Mehrzahl der Ba'th-freundlichen Offiziere noch im Kandidatenstatus befand. Die nasseristisch orientierten Militärs hatte vor allem ihr Antikommunismus und die erratische Politik Qasims in den letzten Monaten in die Arme der Ba'thpartei getrieben. Um ihren dünnen Personalbestand auszugleichen, war die Ba'thführung nach ihrem Putsch quasi gezwungen, Posten im Staats- und Militärapparat auch mit »Kandidaten« oder sogar nur Sympathisanten zu besetzen. Sie behielt aber selbstverständlich ihren Sonderstatus, abgeleitet aus dem hierarchischen und konspirativen Parteiverständnis der Ba'th, bei. Da die meisten Vollmitglieder Zivilisten und die meisten Kandidaten Militärs waren, entstand in der Armee die Frage, ob man sich immer und in jedem Fall der zivilen Parteiführung unterordnen solle, wenn doch der »Sieg« vom 8. und 9. Februar hauptsächlich auf das eigene Han-

deln zurückzuführen war. Schon in der ersten Jahreshälfte 1963 entwickelte sich daraus eine stetig tiefer werdende Kluft zwischen zivilem und militärischem Flügel des Ba'thregimes.

Die zivile Fraktion umfaßte neben dem Chef der Regionalführung, Ali Salih al-Sa'di, etwa Hani al-Fukaiki, Muhsin al-Shaik Radi,
Abu Talib al-Hashimi und natürlich auch den Chef der Parteimiliz
(Nationalgarde) Mundhir al-Wandawi, während zur militärischen
Fraktion z. B. Hardan al-Takriti, Abd al-Sattar, Abd al-Latif und Tahir Yahya zählten. Ministerpräsident Ahmad Hassan al-Bakr und
Salih Mahdi Ammash standen formal in der Mitte, neigten aber bei
wichtigen Entscheidungen dem militärischen Flügel zu. So entzog
al-Bakr Ali Salih al-Sa'di im Juni das Innenressort. Das war »Notbremse« und Richtungsentscheidung zugleich. »Notbremse«, weil
die von den »Zivilisten« zu verantwortenden Massenrepressalien
aus dem Ruder gelaufen waren und die Konsolidierung des Regimes
zunehmend behinderten. Gleichzeitig waren die Gespräche al-
Sa'dis mit Nasser gescheitert, wofür die nasseristischen Offiziere
ihm die Schuld geben konnten. Richtungsentscheidung, weil er Ali
Salih al-Sa'di damit auch des Oberbefehls über die Nationalgarde
enthob. Die Nationalgarde war nicht nur Hauptinstrument des Terrors gewesen, sondern sie sollte sich im Kalkül der »Zivilisten« zu
einem Balancefaktor im Spannungsverhältnis mit dem Militär entwickeln. Derartig gefördert, wuchs die Zahl der Nationalgardisten
zwischen Februar und August 1963 von 8000 auf 24 000.[38] Sie tobten
sich nicht nur in den Wohnvierteln aus, sondern drangsalierten und
schikanierten auch in aller Öffentlichkeit Soldaten und Offiziere. Es
bahnten sich bewaffnete Auseinandersetzungen an.

Im Bestreben, sich Rückendeckung von der Nationalführung in
Damaskus zu holen, ging Ali Salih al-Sa'di daran, die Spannungen
zu ideologisieren. Er bezeichnete seine Gegner als »Reaktionäre«
und »Rechte«, während er sich und seine Anhänger als »progressiv«
und »links« beschrieb. In sein Vokabular hielten Schlagworte wie
»sozialistisches Planwesen«, »Kollektivierung der Landwirtschaft«
oder »Arbeiterkontrolle über die Produktionsmittel« Einzug. In
Wirklichkeit war al-Sa'di aber eher Aktionist und politischer Hasar-
deur als Theoretiker und Staatsmann. Trotzdem gelang ihm auf dem
6. Nationalkongreß der Ba'thpartei im Oktober 1963 in Damaskus
noch einmal ein Erfolg. Bei der Wahl der für Irak reservierten Sitze
in der Nationalleitung der Partei errangen er und seine Gefolgsleute

die Mehrheit. Das erwies sich als Pyrrhussieg, denn der Erfolg konnte in Irak nicht wiederholt werden. Als al-Saʿdi am 11. November daran ging, auf einer »außerordentlichen Regionalkonferenz« die »Reaktionäre« um Ahmad Hassan al-Bakr, Salih Mahdi Ammash, Tahir Yahya, Hardan al-Takriti und andere aus der Regionalleitung zu entfernen, weigerten sich diese nicht nur, sondern setzten ihrerseits al-Saʿdi und vier seiner Anhänger fest, eskortierten sie zum Flughafen und setzten sie mit vorgehaltener Waffe in ein Flugzeug nach Madrid.

Mundhir al-Wandawi, der schon am 1. November als Chef der Nationalgarde entlassen worden war, aber den Befehl verweigert hatte, wies nun ihm ergebene Einheiten an, den Präsidentenpalast anzugreifen. In Bagdad herrschte mehrere Tage lang vollständiges Chaos, woran auch die eiligst aus Damaskus angereisten Mitglieder der Nationalführung, Michel Aflaq und Amin al-Hafiz, nichts ändern konnten. Am 14. November erklärte die Regionalführung die Ergebnisse der Wahlen vom 11. November für nichtig, konnte sich aber nicht auf eine neue Leitung einigen. Daraufhin schlugen Aflaq und Hafiz vor, die Führung der Partei durch die Nationalleitung direkt zu übernehmen, bis eine neue Regionalleitung gewählt sei: Die irakischen Offiziere in der Baʿthpartei lehnten das als Einmischung ab. Diese fast komplette Selbstparalysierung der Baʿthpartei nutzte Präsident Abd al-Salam Arif für einen »Putsch innerhalb des Putsches«. Mit nur wenigen loyalen Truppen, vor allem der 20. Infanteriebrigade, zwang er die Nationalgarde zu einer für diese wenig rühmlichen Kapitulation. Diese Aktion trug ihm die Zustimmung der des Terrors müden Bevölkerung ein und erleichterte ihm die Festigung seiner Macht. Mit dem Versprechen, ein Kontrastprogramm zu den vergangenen Monaten zu schaffen, rechnete Arif in einem enthüllenden »Weißbuch« mit den Greueltaten der Baʿthpartei ab und wandelte – mit dem Ziel des Schutzes vor Wiederholungen – seine 20. Brigade in eine »Republikanische Garde« um. Das erste Kapitel der Baʿthherrschaft hatte jedenfalls ernüchternd geendet.

3. Die fragile Republik

Mit Abd al-Salam Arif waren schließlich die *qaumi*-Nationalisten an die Macht gekommen, die 1958 noch der *watani*-Fraktion von Qasim unterlegen und im Februar 1963 von der Baʿthpartei ausmanövriert worden waren. Im November 1963 wurden diese Kräfte jedoch treffender als Nasseristen bezeichnet. Arif selbst umging jede Definition und proklamierte am 18. November schlicht, daß die *Armee* die Macht übernommen habe. Dadurch war es ihm zunächst auch möglich, die Ba'th-Offiziere, die den Putsch gegen die zivile Fraktion ihrer Partei mit ermöglicht hatten, so lange »im Boot« zu halten, bis seine eigene Macht gefestigt war. Er blieb Präsident und ernannte sich selbst zum Generalstabschef. Aber er beließ Ahmad Hassan al-Bakr vorerst im Amt des Vizepräsidenten und Hardan al-Takriti auf dem Posten des Verteidigungsministers. Tahir Yahya ernannte er zum Ministerpräsidenten. Damit verschaffte sich Arif freie Hand, um mit der übrigen Ba'thpartei abzurechnen. Aflaq und Hafiz wurden festgesetzt und außer Landes gebracht, die Nationalgarde ersatzlos aufgelöst. Jetzt konnte der Präsident auch Hand an die Ba'thisten in seiner Regierung legen. Im Januar 1964 entließ er Ahmad Hassan al-Bakr als Vizepräsident und löste das Amt auf. Im März des Jahres zwang er Hardan al-Takriti zum Rücktritt. Die Posten wurden jetzt mit erklärten Nasseristen bzw. mit Familienmitgliedern besetzt. An seinen Bruder, Abd al-Rahman, trat er z.B. die Funktion des Generalstabschefs ab. Arif erklärte nun, für mindestens ein Jahr außerordentliche Vollmachten zu beanspruchen und diese Frist notfalls auch zu verlängern. Mit einer Regierung aus Gefolgsleuten und im Besitz dieser Vollmachten konnte Arif nun endlich das Projekt in Angriff nehmen, für dessen Verzögerung, ja Ablehnung er seinen ehemaligen Waffenbruder Qasim so heftig kritisiert hatte: die »Wiedervereinigung« mit Ägypten.

Schon im Januar 1964 nahm er in Kairo intensive Gespräche mit Nasser auf. Der ägyptische Präsident begrüßte das Ansinnen, denn es kam dieses Mal von Kräften, die sich auf sein eigenes Programm beriefen und nicht, wie die Ba'thpartei, ständig – wenn auch »zwischen den Zeilen« – durchblicken ließen, daß sie über ein ähnlich wertvolles Konkurrenzprogramm zur Herstellung der arabischen Einheit verfügten. Am 3. Mai 1964 erließ die Staatsführung eine neue »provisorische Verfassung«, die sich stark an das ägyptische Modell anlehnte, insgesamt aber »dem Islam« einen höheren Anteil zumaß als »dem Sozialismus«. Außerdem beendete die Verfassung das Kriegsrecht in Irak nicht und legte eine Übergangsperiode von drei Jahren fest, bevor wieder »zur Normalität zurückgekehrt« werden könne. In einem nächsten Schritt bekundeten beide Länder am

Ende des Monats (26. Mai), einen gemeinsamen »Präsidentenrat« als kollektives Staatsoberhaupt einrichten zu wollen. Dem folgte die Schaffung eines gemeinsamen »Verteidigungsrats«, was die Stationierung von 5000 ägyptischen Soldaten in Irak zur Folge hatte: auch eine zusätzliche Hilfe gegen etwaige Revanchegelüste der Ba'thpartei. Ihren propagandistischen Höhepunkt fanden die Proklamationen am 14. Juli, als anläßlich des sechsten Jahrestags der Revolution von 1958 die Bildung einer Einheitspartei nach ägyptischem Vorbild, der »Arabischen Sozialistischen Union (ASU) Iraks«, verkündet wurde.

Spätestens jetzt war aber ersichtlich geworden, daß sich die Einigung nicht auf bloße Symbolik begrenzen ließ. Ägypten und Nasser befanden sich gerade auf dem Höhepunkt ihrer »sozialistischen Phase«, und der ägyptische Präsident setzte voraus, daß Irak folgen würde. Arif und seine wichtigsten Getreuen waren jedoch keinesfalls »arabische Sozialisten« oder etwa Marxisten. Sie standen nur bei ihren Anhängern im Wort, die immer wieder propagierte Einheit zu vollenden. Das konnte bei dem damaligen Kräfteverhältnis nur eine Kopie des ägyptischen Beispiels bedeuten und dabei insbesondere der Bestimmungen der in Kairo gerade angenommenen »Nationalcharta«. So wurde während der Feiern am 14. Juli nicht nur die Bildung der irakischen ASU bekanntgegeben, sondern auch ein umfangreiches Nationalisierungsprogramm. Dazu zählte die Verstaatlichung privater ausländischer und einheimischer Banken und Versicherungen, des Außenhandels sowie von Zement-, Zigaretten- und Asbestfabriken. An anderen Firmen im Bereich der Textilindustrie, der pharmazeutischen, der Lebensmittel- und Leichtindustrie beteiligte sich der Staat als Mehrheitseigner. Insgesamt betraf die Maßnahme etwa dreißig größere Unternehmen. Aber ganz im Sinne des »Sozialismus» Abd al-Salam Arifs wurden die Firmen nicht etwa enteignet, sondern ihre Besitzer mit rund 70 Mio. US-Dollar entschädigt.[39] Es zeigte sich jedoch bald, daß die Nationalisierungen Produkt einer Kampagne und nicht Ergebnis umfangreicher konzeptioneller Überlegungen waren. Die Kompensationssummen für die ehemaligen Besitzer wurden nur selten reinvestiert, dafür um so häufiger ins Ausland verschoben. Zudem ging die Leitung der verstaatlichten Betriebe meist an Vertrauensleute Arifs, d. h. in der Regel an Offiziere, die mit wirtschaftlichem Management heillos überfordert waren. Die Inkompetenz mündete oft in

Korruption, Spekulation, Verschwendung und Bereicherung, zumindest aber in nachlassende Leistungskraft der Betriebe, mit den üblichen Folgen wie schwindende Einnahmen für den Staat, Niedergang der Wirtschaft und Anstieg der Arbeitslosigkeit.

Ein ähnliches Schicksal erlitten die Bemühungen um eine Wiederaufnahme bzw. Vertiefung der noch von Qasim eingeleiteten Bodenreform. Obwohl die Regierung hohe Entschädigungen für zu enteignendes Agrarland anbot, konnte sie sich gegen die vereinte Phalanx der Landlords nicht durchsetzen. Deren politische Macht war zwar insgesamt gebrochen, aber mittels Familienbeziehungen in die Regierung reichte ihr Einfluß immerhin noch so weit, die weitere Verteilung von Boden an landlose Bauern zu behindern. Wenig Glück hatte die neue Staatsführung auch bei der Beilegung des Krieges in Kurdistan, wobei der Start durchaus vielversprechend war. Anfang Februar 1964 kam es zu einem Waffenstillstand, die Blockade kurdischer Städte wurde aufgehoben, kurdische Gefangene wurden freigelassen oder ausgetauscht. Aber die pan-arabischen Offiziere um Arif konnten sich eine kurdische Autonomie nicht wirklich vorstellen. Kurdenführer Barzani machte jedoch klar, daß der Waffenstillstand kein Ziel an sich, sondern der Beginn des Weges zur Selbstbestimmung sei. Nach etwas mehr als einem Jahr wurde der Krieg im März 1965 wieder aufgenommen, die Kampfhandlungen erreichten die alte Schärfe, trotz großer Verluste konnten die Regierungstruppen nicht wirklich Boden gutmachen.

Aufgrund dieser Entwicklungen hatte die anfängliche Begeisterung für ein Zusammengehen mit Ägypten und die Nachahmung des ägyptischen Weges zu Beginn des Jahres 1965 deutlich nachgelassen. Arif mußte schmerzlich erkennen, daß die Unterschiede zwischen seinem Land und Ägypten offensichtlich doch zu groß waren, um eine »Eins-zu-Eins-Kopie« möglich zu machen. Außerdem muß nochmals an seine persönliche Distanz zu sozialistischen Gesellschaftsmodellen erinnert werden. Nähe zu Nasser war Einlösung von Versprechungen und Schutz vor der Baʿthpartei zugleich. Nasser zeigte nach dem Scheitern des Einigungsexperiments mit Syrien, dem Mißerfolg der Verhandlungen mit der Baʿth-Regierung, der zögernden Umsetzung der ägyptischen Erfahrungen in Irak und dem Wiederaufflammen des Kurdenkrieges seinerseits immer weniger Interesse an einer Vertiefung des Einigungsprozesses mit Irak.

In dieser Situation unternahm die irakische Regierung einen – fast schon verzweifelten – Schritt, um ihre Einnahmenseite zu verbessern. Sie bot der IPC gegen eine Sofortzahlung von 20 Mio. Pfund die Bildung neuer Teilhaberschaften mit der INOC und damit letztlich die Aufhebung der Maßnahmen Qasims an. Die neue Mischgesellschaft hätte nämlich wieder im gesamten Irak tätig werden können. Dagegen erhob sich massiver Protest in der Bevölkerung. Angesichts des Nimbus, den Verstaatlichungen in der nasseristischen Ideologie seit der Nationalisierung der Suezkanalgesellschaft besaßen, demissionierten sechs nasseristische Minister im Juli 1965 aus der Regierung. Der Plan konnte jedenfalls nicht weiter verfolgt werden. Zur Beruhigung der nasseristischen Gemüter ernannte Arif am 6. September 1965 Oberst Abd al-Razzaq, den bisherigen Befehlshaber der Luftwaffe und erklärten Anhänger Nassers, zum neuen Premierminister. Gleichzeitig entledigte er sich damit Tahir Yahyas, des letzten Ba'thisten in seiner Führungsmannschaft. Die Begeisterung für sein Idol Nasser war bei Abd al-Razzaq aber offensichtlich größer als von Arif angenommen. Als sich der Präsident am 12. September nach Casablanca begeben hatte, um am arabischen Gipfeltreffen teilzunehmen, unternahm al-Razzaq den Versuch, selbst die Macht zu übernehmen. Arifs Vertraute, insbesondere sein Bruder Abd al-Rahman, vereitelten diesen Versuch aber im Ansatz und setzten den Möchtegern-Putschisten in ein Flugzeug nach Kairo. Auch wenn das nasseristische Element in der irakischen Politik stark blieb, war spätestens mit dieser Episode der Versuch der direkten Vereinigung Iraks und Ägyptens abgeschlossen.

Arif ernannte nach seiner Rückkehr aus Casablanca am 21. September mit Abd al-Rahman al-Bazzaz einen Technokraten und eher »traditionellen« Nationalisten zum neuen Ministerpräsidenten, der ihm ideologisch und konzeptionell offensichtlich wesentlich näher stand als die fanatischen Nasseristen. Mit al-Bazzaz hatte zwar – zum ersten Mal seit 1958 – ein Zivilist auf dem Sessel des Premierministers Platz genommen, ein neu geschaffener »Nationaler Verteidigungsrat« und die »Republikanische Garde« sicherten jedoch weiterhin den Vorrang des Militärs im Staat. Al-Bazzaz versuchte, den staatlichen Dirigismus etwas einzudämmen und marktwirtschaftliche Mechanismen in der Wirtschaft wieder zu ermutigen. Er nannte seine Politik »klugen« oder auch »vernünftigen« Sozialismus und versprach, von weiteren Nationalisierungen Abstand zu nehmen. Für eine gänzliche Rücknahme der Verstaatlichungsmaßnahmen vom Juli 1964 war er aber nicht stark genug. Am 16. April 1966 starb sein Gönner und Mentor, Präsident Abd al-Salam Arif, bei einem Hubschrauberabsturz. Al-Bazzaz konnte den »Nationalen Verteidigungsrat« überzeugen, dessen älteren Bruder Abd al-Rahman zum neuen Präsidenten zu ernennen, und damit selbst im Amt bleiben.

Abd al-Rahman Arif, der immer im Schatten seines jüngeren Bruders gestanden hatte, wollte sein Amt mit einem spektakulären Erfolg beginnen und unternahm eine massive Offensive in Kurdistan. Er zog 65 000 Soldaten zusammen, belagerte die kurdischen Verteidigungsstellungen und ließ die Luftwaffe Bombenteppiche legen. Der Sieg blieb auch dieses Mal aus, und Ministerpräsident al-Bazzaz war es, der die »Scherben kitten« durfte. Er bot den Kurdenführern weitreichende Konzessionen wie eine eigene Administration in ihren Siedlungsgebieten, die Anerkennung der kurdischen Sprache als weitere offizielle Staatssprache, die angemessene Vertretung der Kurden im Staats- und Militärapparat und die Bereitstellung von Geld für den Wiederaufbau des zerstörten Nordens an. Die wesentlichen Zusicherungen sollten in die Verfassung aufgenommen werden. Die einmal mehr in Kurdistan düpierten Militärs vereitelten den Plan nicht nur schlechthin, sondern entfernten auch den Architekten aus seinem Amt. Mit Nadjib Talib wurde wieder ein Offizier Ministerpräsident.

In den folgenden beiden Jahren lösten sich die irakischen Regierungen wieder in rascher Folge ab, Ausdruck zunehmender Instabilität und Fragilität der Republik. Die Wirtschaft krankte, der Lebensstandard sank, Reibereien mit der Ba'th-Regierung in Syrien führten u. a. auch zu einer Unterbrechung des Erdölexports der IPC via Syrien, was einen Einbruch der Erdöleinnahmen Iraks um 70 Prozent mit sich brachte. Zudem war dem Regime mit dem Niedergang des Nasserismus der einigende Gedanke abhanden gekommen. Die verheerende Niederlage des »Führers aller Araber«, Gamal Abd al-Nassers, im Sechs-Tage-Krieg gegen Israel im Juni 1967 versetzte dem Nasserismus nicht nur, aber auch in Irak den »Todesstoß«. Mit dem Abbruch der diplomatischen Beziehungen zu den USA als Vergeltung für deren einseitig pro-israelisches Verhalten im Junikrieg versuchte die Regierung noch einmal, ein Fanal zu set-

zen, aber auf die Dauer witterten jetzt die Träger der Konkurrenz-
ideologie, die Ba'thisten, wieder ihre Chance.

Die Ba'thpartei hatte nach der Entmachtung in Irak einige Zeit
gebraucht, um ihre Wunden zu lecken. Unter den irakischen Mitgliedern entstand insbesondere der Wunsch nach mehr Eigenstän-
digkeit von der in Syrien ansässigen Nationalleitung, weil die Verhältnisse in Irak vor Ort besser einzuschätzen seien. Gleichzeitig
entdeckten die in Damaskus die Macht ausübenden Kader der dortigen Regionalleitung die Vorzüge des sicheren Regierens in einem
einzelnen Land. Beide Tendenzen paßten so gar nicht in die »reine
Lehre« von Michel Aflaq oder Salah al-Din Bitar. Beide konnten
sich aber nicht wehren, und sie wurden – und damit die Nationalleitung der Partei – ins Exil nach Beirut verfrachtet. In der zweiten
Hälfte der 1960er Jahre hatten in der syrischen und der irakischen
Ba'thpartei zwar jeweils Offiziere das Sagen, aber ansonsten agier-
ten die Parteien getrennt. Der wichtigste Unterschied zwischen
ihnen war, daß sie in Damaskus die Regierung stellte, während sie
sich in Bagdad im Untergrund befand. Das wollte sie so schnell wie
möglich ändern.

4. Die Ba'thpartei kommt zurück

Obwohl die Ba'thpartei in vielem einer kommunistischen Kader-
partei ähnelt, mit einer zentralen ideologischen Botschaft und
ebenso hierarchischem Aufbau, d.h. zentraler Führung, unterge-
ordneten Parteizellen, sorgfältiger Mitgliederauswahl nach langer
Prüfung und einer Atmosphäre von Geheimhaltung und Konspira-
tion, waren und sind ihre Führungen doch auch fast immer ein Spie-
gelbild vorherrschender Familien-, Sippen- und Stammesbeziehun-
gen. Fu'ad al-Rikabi, der erste Führer der irakischen Ba'thpartei in
den 1950er Jahren, war selbst Schiit (damit automatisch in Opposition zum damaligen Regime), umgab sich aber auch mit schiitischen
Verwandten und Klassenkameraden. Ali Salih al-Sa'dis Anhänger
waren, wie er selbst, Lumpenproletarier und Kleinkriminelle aus
dem Armenviertel Bab al-Shaikh in Bagdad. Die entscheidenden
Vertreter der ihn 1963 ablösenden Fraktion kamen aus der Kleinstadt Takrit nördlich von Bagdad, einem traditionell sunnitischen
Gebiet. Dazu gehörten Ahmad Hassan al-Bakr und sein Blutsver-
wandter sowie politischer Ziehsohn Saddam Hussein, Hardan al-

Takriti, Murtadha al-Hadithi, Salah Umar al-Ali, Taha al-Djazrawi (heute bekannt als Taha Yasin Ramadan und irakischer Vizepräsident) und viele andere. Nach eigenen Angaben war Saddam Hussein damals im Rang eines stellvertretenden Generalsekretärs verantwortlich für den nicht-militärischen Bereich der Parteiarbeit, d. h. der Organisierung von Zivilisten: Er stand somit (noch) nicht in der ersten Reihe.

Auch wenn die Ba'thpartei von Abd al-Salam Arif sukzessive aus wichtigen Funktionen des Staats- und Militärapparats verdrängt worden war, so blieben ihre Führer doch weitgehend unbehelligt. Saddam Hussein sprach zwar später verschiedentlich von Repressalien, wenn überhaupt betrafen diese aber Vertreter des »zivilen« Flügels wie Ali Salih al-Sa'di, dem 1964 der Prozeß wegen »Unterschlagung« gemacht wurde, ohne daß es zu einem Urteil kam. Abd al-Rahman Arif war als Präsident so schwach, daß er bekennende Ba'thisten sogar wieder in seine verschiedenen Regierungen holte. Das gipfelte in der erneuten Ernennung von Tahir Yahya zum Ministerpräsidenten im Frühjahr 1968. Die Ba'thpartei besaß also genügend politischen Freiraum, um ihren erneuten Griff nach der Macht vorzubereiten. Anfang Juli sah sie den Zeitpunkt gekommen, als sie von wachsenden Zwistigkeiten innerhalb der Arif-Regierung erfuhr. Das war zwar nicht ungewöhnlich, diesmal betraf es aber mit Abd al-Razzaq al-Nayif und Ibrahim al-Da'ud den stellvertretenden Geheimdienstchef und den Chef der »Republikanischen Garde«, die sich von Ministerpräsident Tahir Yahya ungerecht behandelt fühlten. Die Ba'thführung nahm Kontakt zu den beiden Offizieren auf und versicherte sich ihrer Unterstützung für den bevorstehenden Putsch.

Am Morgen des 17. Juli 1968 erklärten Ahmad Hassan al-Bakr, Hardan al-Takriti und Salih Mahdi Ammash Präsident Abd al-Rahman Arif für abgesetzt. Al-Da'uds »Republikanische Garde« hatte zuvor die Rundfunkstation besetzt und al-Nayif sich des Verteidigungsministeriums bemächtigt. Weder der Präsident noch seine Regierung leisteten nennenswerten Widerstand. Einerseits hatte das Regime offensichtlich abgewirtschaftet, andererseits war die Ba'thpartei in den vergangenen Jahren sichtlich erfolgreich darin gewesen, sich ein neues Image zu verschaffen. Immer wieder wurden die »Exzesse« von 1963 bedauert: Sowohl von den Rädelsführern als auch von der Methode habe man sich getrennt. Die »unbefleckteren« Militärs in der Ba'thführung stellten im Untergrund Verbindungen zur IKP und zu den Kurden her und baten um einen Vertrauensvorschuß für einen Neuanfang. Daher kam am 17. Juli auch von dieser Seite kein Widerstand. Arif flog nach London und von dort ins Exil, zunächst nach Istanbul, dann nach Kairo. Am folgenden Tag wurde Ahmad Hassan al-Bakr zum Präsidenten ausgerufen, al-Nayif zum Ministerpräsidenten und al-Da'ud zum Verteidigungsminister. Im neuen Kabinett hielten sich die Anhänger al-Da'uds und al-Nayifs mit den Ba'thisten die Waage, wie auch im »Revolutionären Kommandorat« (RKR), der eigens als höchstes Organ des neuen Regimes geschaffen wurde. Immerhin stand die eigentliche Machtübernahme der Ba'thpartei noch aus. In den Tagen zwischen dem 17. und dem 30. Juli leisteten ihre Zellen eine intensive Zersetzungsarbeit im Staatsapparat und im Militär, um al-Da'ud und al-Nayif zu demontieren, nachdem sie ihre Schuldigkeit getan hatten. Am 30. Juli übernahm Hardan al-Takriti das Verteidigungsministerium, während sich al-Da'ud auf Truppeninspektion befand. An der Spitze einer Gruppe bewaffneter Parteimitglieder inhaftierte Saddam Hussein am gleichen Tag Premierminister al-Nayif. Während al-Da'ud dem Regime später noch als Botschafter diente, wurde al-Nayif 1978 von Ba'th-Agenten in London ermordet. Am 30. Juli 1968 hatte die Ba'thpartei zum zweiten Mal die Macht erobert.

Das spiegelte sich umgehend in der Zusammensetzung der neuen Regierung und des RKR wider. Al-Bakr übernahm – zusätzlich zur Präsidentschaft – auch das Amt des Ministerpräsidenten und des Oberbefehlshabers der Streitkräfte. Hardan al-Takriti wurde Verteidigungsminister, Ammash blieb Innenminister. Alle fünf Mitglieder des RKR waren Ba'thisten. Auch bei den nachgeordneten Ministerien wurde strikt darauf geachtet, daß die Amtsinhaber entweder Mitglieder oder doch zumindest Kandidaten der Ba'thpartei waren. Damit wurde zumindest eine Lehre sichtbar, die die Partei aus dem Debakel von 1963 gezogen hatte, nämlich die Macht nicht zu teilen. Auch die nächsten Schritte deuteten auf die Umsetzung dieser Erkenntnis hin. In einer Serie von Schauprozessen wurden namhafte Vertreter der Ära Arif bzw. Abtrünnige der eigenen Partei zum Tode oder zu hohen Haftstrafen verurteilt. Zusätzlich dazu gab sich das Regime im September 1968 eine neue »provisorische Verfassung«, die den Islam zur Religion, den Sozialismus zur ökonomischen

Grundlage und den RKR zur höchsten legislativen und exekutiven Instanz des Staates erklärte, dem die Regierung und das noch zu bildende Parlament rechenschaftspflichtig seien. Die Machtfülle des RKR, zumindest unter al-Bakr, veranlaßte manche Experten, die Herrschaft des Gremiums als »kollektive Diktatur« zu bezeichnen.[40] Diese Diktatur wurde in der Verfassung vom 16. Juli 1970, die – wenn auch mit einigen Modifikationen – bis 2003 Gültigkeit besaß, lediglich etwas subtiler beschrieben. Der RKR bleibt demnach die höchste Institution des Landes (§ 37), wählt seinen Vorsitzenden, der gleichzeitig Präsident der Republik ist, und neue Mitglieder aus den Reihen der Regionalleitung (§ 38), verabschiedet Gesetze (§ 42), erklärt Krieg und Frieden, bestätigt aber auch das Budget und erledigt weitere gleichrangige Aufgaben (§ 43). Der Präsident fungiert auch als Oberbefehlshaber der Streitkräfte und setzt seine Amtsgewalt mittels des Ministerrats um, dessen Mitglieder er genauso ernennt (§§ 57, 58) wie auch die Richter des Landes (§§ 62, 63).[41]

Neben der Dominanz der Ba'thpartei in den führenden Institutionen des Staates zeichneten das Regime zu Beginn seiner Existenz noch zwei andere Eigenarten aus: zum einen das absolute Übergewicht der Militärs unter den Parteimitgliedern in den entscheidenden Funktionen und zum anderen die überragende Stellung der Personen, die aus dem Familiengeflecht um Takrit stammten. Die zweite Eigenart blieb bis in die Gegenwart bestehen, die erste änderte der kommende Mann der Partei, Saddam Hussein, schon in den ersten Jahren nach dem erfolgreichen Umsturz. Es gelang Saddam, Präsident al-Bakr davon zu überzeugen, daß die vermeintliche Stärkung der Partei durch die Omnipräsenz der Militärs in den Führungsrängen eigentlich eine eklatante Schwäche bedeutete. An 1963 erinnernd, beschwor er al-Bakr, »niemals wieder zuzulassen, daß eine Gruppe von drei oder vier Offizieren Panzer an die neuralgischen Punkte der Hauptstadt dirigiert und die Macht an sich reißt«.[42] Deshalb müsse das Militär der Partei untergeordnet werden und nicht umgekehrt. Fadhil al-Barrak, ein Vertrauter Saddams und Mitbegründer des Geheimdienstes nach 1968, definierte die Rolle der Armee in diesem Sinne als die eines »militärischen Instruments der Ba'thpartei, um ihre Zielstellungen und Aufgaben zu erfüllen und damit ihrer historischen Verantwortung gerecht zu werden«.[43] Einmal mehr erinnerte diese Bewertung der Armee an kommunistische Parteien im Ostblock, die ebenfalls auf ihr Primat gedrungen hatten. Für Saddam Hussein bedeutete das, in der Armee den gesamten hierarchischen Aufbau der Partei einzuführen, mit Zellen, Komitees und einzelnen Branchen, die die Ernennung neuer Offiziere bestätigen mußten, ihre ideologische Schulung veranlaßten und ihre – möglichst rotierende – Verwendung beschlossen. An der Spitze des Netzwerks entstand ein Militärbüro der Partei, dessen Chef direkt dem Generalsekretär berichtete.

Die Machtverschiebung wurde spätestens im November 1969 offenkundig, als der RKR von fünf auf fünfzehn Personen aufgestockt wurde, wobei die neuen Mitglieder Zivilisten waren. Außerdem trat Saddam Hussein als stellvertretender Vorsitzender in den RKR ein. An der Wende zu den 1970er Jahren war Saddam – neben der gerade erwähnten Funktion – Vizepräsident der Republik und stellvertretender Generalsekretär der Regional- sowie der Nationalleitung der Baʿthpartei (die Nationalleitung hatte nach dem Umsturz vom Juli 1968 das erste Flugzeug von Beirut nach Bagdad genommen) und damit zweitmächtigster Mann des Regimes. Für viele war er schon damals eine »graue Eminenz«, weil er den Parteiapparat beherrschte und sich die Kontrolle des allgemeinen *(al-amn al-amm)* und des RKR-Geheimdienstes *(maktaba al-amn al-qaumi)* sicherte. Ahmad Hassan al-Bakr war durch und durch Militär, ein ehemaliger »Freier Offizier« und – nachdem Hardan al-Takriti, Salih Mahdi Ammash und die meisten anderen der Militär-Granden der Partei in die Wüste geschickt worden waren – der einzige verbliebene Offizier in der engeren Führung, der schon vor 1963 einen nennenswerten militärischen Rang innegehabt hatte. Es sollte noch knapp zehn Jahre dauern, bis Saddam Hussein der Meinung war, diese wertvolle Galionsfigur nicht mehr zu benötigen.

Aber zurück zum Beginn, zu ihrer gemeinsamen Machtausübung. Das Hauptproblem der Baʿthpartei im Sommer 1968 war ihre geringe Mitgliederzahl, die in krassem Gegensatz zu ihrer Disziplin und organisatorischen Effizienz stand. Letztere waren hilfreich, konnten das erstgenannte Defizit aber nicht ausgleichen: Die Partei besaß nur etwa 5000 Mitglieder.[44] Um sich an der Spitze des Staates zu halten und die Fehler von 1963 zu vermeiden, mußte die Partei daher daran arbeiten, von möglichst vielen sozialen Schichten, politischen Organisationen, ethnischen Gruppen und konfessionellen Richtungen akzeptiert zu werden. Wie angedeutet, hatte die Partei schon vor dem 17. Juli jedem, der es hören wollte, signalisiert, daß dieses Mal eine »andere« Ba'thpartei, mit anderen Personen an der Spitze, anderem Programm und anderen Methoden angetreten war, um Irak zu führen. Konträr zum eigentlichen Parteiprogramm stellte die Partei jetzt »Irak« propagandistisch in den Mittelpunkt ihrer Bemühungen, sprach von sich als Interessenvertreterin aller Iraker, unabhängig von ethnischer und religiöser Zugehörigkeit. Die schwache Nationalleitung in ihrem neuen Bagdader Domizil besaß keine andere Wahl, als diese fundamentale Verletzung des Credos der Partei abzunicken, wodurch sich auch das Schisma mit der syrischen Regionalleitung vertiefte. Fast schien es so, als hätten sich die Erben Baqr Sidqis und Abd al-Karim Qasims, als hätte sich die alte *watani*-Fraktion der Nationalbewegung nun ein Parteibuch der irakischen Ba'th verschafft. Kulturfestivals, neue Schulbücher, Filme, Rundfunk und Fernsehen stellten eine direkte Linie zwischen den mesopotamischen Hochkulturen und dem modernen Irak her und legten damit sowohl den Arabern und Kurden als auch den Turkmenen und anderen Gruppen nahe, sich gemeinsam als Nachkommen der »semitischen Königreiche des Zweistromlands« zu betrachten.[45] Natürlich mußten Propaganda und Geschichtsklitterung – zumindest im Ansatz – auch durch konkrete Aktionen unterlegt werden, um ihre Wirkung zu entfalten. Die Ba'thpartei ging deshalb auf die einflußreichsten politischen Kräfte des Landes zu und unterbreitete Vorschläge für das zukünftige Miteinander.

Nach den Erfahrungen mit den Arif-Regierungen hatten die Kurden zunächst keine Veranlassung, den Überlegungen der neuen Machthaber nicht wenigstens zuzuhören. Kontakte waren schon vor Juli 1968 hergestellt worden. Nach dem erfolgreichen Umsturz beeilten sich die Ba'th-Offiziere, auch Kurden in die neue Regierung aufzunehmen. Dabei achteten sie darauf, die verschiedenen Fraktionen des kurdischen Widerstands zu berücksichtigen – keine Geste besonderer Generosität, sondern Mittel, um die traditionellen innerkurdischen Rivalitäten in der Zukunft wieder nutzen zu können. Tatsächlich zog der wichtigste Kurdenführer, Mullah Mustafa Barzani, seine Minister schon drei Wochen nach Regierungsbildung wieder zurück, weil er die Vertreter seines stärksten Rivalen, Djalal Talabanis, überrepräsentiert sah. Als Barzanis Männer im Dezember 1968 einen Militärtransport überfielen und dabei 20 Soldaten töteten, sah es ganz nach einem Wiederaufflammen des Krieges aus. Die »Zivilisten« um Saddam Hussein standen aber gerade im Begriff, die Macht im RKR und in der Ba'thpartei insgesamt zu übernehmen, und zeigten keinerlei Interesse an einer neuen bewaffneten Auseinandersetzung in Kurdistan, die zwangsläufig die Rolle der Armee und der Offiziere wieder stärken mußte. Überhaupt gehörte es zu den hervorstechendsten Merkmalen der Machtausübung Ahmad Hassan al-Bakrs und besonders Saddam Husseins, ihre Gegner *nacheinander* auszuschalten.

Im Januar 1970 begannen daher intensive Verhandlungen mit Barzani, für die sich auch Saddam Hussein eigens in den Norden begab. Sie mündeten am 11. März in ein Abkommen (Manifest vom 11. März), das den von al-Bazzaz 1966 erreichten Verhandlungsstand aufgriff, aber zum Teil weit darüber hinausging. In den fünfzehn Punkten des Manifests tauchte zum ersten Mal in einem von der Ba'thpartei unterzeichneten Dokument der Begriff »Autonomie« auf. Zusätzlich dazu wurde den Kurden angemessene Repräsentanz in den gesamtstaatlichen Institutionen, die Gleichberechtigung von kurdischer und arabischer Sprache in ihren Siedlungsgebieten, ein kurdischer Vizepräsident, ein Anteil an den Erdöleinkünften, kurdische Beamte in kurdischen Regionen, die Ausweitung der Agrarreform auf Kurdistan und vieles andere versprochen. Aus kurdischer Sicht war noch ein weiteres Zugeständnis von besonderem Interesse, nämlich das Ergebnis eines Referendums in Kirkuk zu akzeptieren. Es galt als sicher, daß die Erdölregion Kirkuk damit in den Geltungsbereich der Autonomieregelung gefallen wäre. Für die Ba'thregierung war besonders wichtig, daß sich Barzani verpflichtete, seine schweren Waffen abzugeben und seine Milizen, »die den Tod nicht fürchten *(peshmerga)*«, in die nationale Armee zu integrieren. Beide Seiten kamen allerdings überein, nicht alle Bestimmungen des Manifests sofort umzusetzen, sondern eine Vierjahresfrist zuzulassen, bis das Abkommen in Gänze Gültigkeit erhalten sollte. Trotzdem zogen sowohl al-Bakr und Saddam Hussein als auch Barzani unmittelbaren Nutzen aus dem Manifest. Die Ba'thführer gewannen Zeit für ihre Machtkonsolidierung und die Ausschaltung weiterer Gegner, Barzani hatte seine Vorherrschaft in der innerkurdischen Kräftekonstellation gestärkt. Auch wenn ein vergleichbares Angebot wie an die Kurden nicht an die Mehrheitskonfession des Landes, die Schiiten, ging, war doch der Beifall einer dritten Kraft für die »Lösung der Kurdenfrage« sicher: der IKP und anderer linker Gruppierungen.

Im Bestreben, die Vergangenheit vergessen zu machen und bei der Machtübernahme nicht behindert zu werden, waren auch zur IKP vor Juli 1968 wieder Verbindungen aufgebaut worden. Dahinter standen jedoch noch weitergehende Überlegungen. Die Ba'thpartei benötigte – für die dieses Mal hoffentlich »ewige« Herrschaft – ein überzeugendes Identitätsmerkmal, ein eingängiges Hauptziel. »Freiheit« im intendierten Sinn war 1958 erreicht worden und mußte nur noch verteidigt werden, arabische »Einheit« verbot sich angesichts der forcierten Betonung des Irakischen, blieb also »Sozialismus«. Im Gegensatz zum Ausgleich mit den Kurden, der vor allem aus taktischen Gründen gesucht wurde, war die Annäherung der Ba'thpartei an den Sozialismus und linke Strömungen im allgemeinen sowie die IKP im besonderen nach 1968 deshalb strategischer Natur.

5. Ein Flirt mit dem »Großen Bruder«

In diesem Sinne trat die Ba'thpartei 1968 mit dem Slogan an, die IKP »links zu überholen«. Irak sollte in absehbarer Zeit ein »sozialistischer Wohlfahrtsstaat« werden. Dazu galt es, eine sozialistische Wirtschaft aufzubauen, in deren Kern das Staatseigentum an den wichtigsten natürlichen Ressourcen, Banken und Versicherungen, dem Außenhandel sowie der Schwerindustrie stand. Das Privateigentum an Produktionsmitteln sollte zwar nicht gänzlich abgeschafft, aber entweder in einer gemischten Wirtschaft an den staatlichen Sektor gekoppelt oder als privater Sektor auf die Leichtindustrie, den Handel usw. beschränkt werden. Die bisherige Oberschicht aus Stammesscheichs, Großgrundbesitzern, Kontraktoren ausländischer Firmen, Großhändlern usw. sollte abgeschafft und damit der »Sumpf« ausgetrocknet werden, aus dem »Ausbeutung« sowie »koloniale und imperialistische Abhängigkeit« immer wieder neu entstehen könnten. Während also die bisherigen Regierungen seit 1958 dieser Schicht die *politische* Macht entzogen hatten, wollte die Ba'thpartei ihr nun auch *wirtschaftlich* das Rückgrat brechen. Da sie den Mittel- und Unterschichten gleichzeitig eine deutliche Steigerung ihres Lebensstandards in Aussicht stellte, schien diese Strategie ein hohes Machtsicherungspotential zu besitzen. Auch das Vorhaben, die eigene Wirtschaft so zu strukturieren und zu diversifizieren, daß sie vom »westlichen Imperialismus« unabhängig wird, paßte in diese

Stoßrichtung. Der zweifellos spektakulärste Schritt war in dieser Hinsicht die Verstaatlichung der Iraq Petroleum Company (IPC).

Zum Zeitpunkt der zweiten Machtübernahme der Ba'thpartei produzierte und vermarktete die IPC (einschließlich ihrer Tochterunternehmen, der Basra Petroleum Company – BPC – und der Mossul Petroleum Company – MPC) praktisch das gesamte Erdöl Iraks. Aufgrund der Schutzmechanismen der den Welterdölmarkt beherrschenden Multis war die INOC bis zu diesem Zeitpunkt nicht in der Lage gewesen, wirksam Paroli zu bieten. 1969 versuchte die Regierung, die IPC zur Unterstützung bei der Inbetriebnahme des ergiebigen Nord-Rumailah-Ölfeldes zu bewegen, ohne eine Konzession alten Stils dafür zu vergeben. Die IPC lehnte ab. Während sich Bagdad in der Frage der technischen Erschließung von Nord-Rumailah nun an die Sowjetunion wandte, setzte sich gleichzeitig die Überzeugung durch, mit der IPC »reinen Tisch« zu machen. Mit dem Gesetz Nr. 61 vom 1. Juni 1972 wurde sie nationalisiert. Das Gesetz sparte die Töchter BPC und MPC zunächst aus, aber bis zum Zeitpunkt des spektakulären Preisanstiegs auf dem Welterdölmarkt, 1973, war Irak Herr über Produktion und Vertrieb seines wichtigsten Rohstoffs. Die Maßnahme fand die begeisterte Unterstützung der irakischen Bevölkerungsmehrheit, war sie doch seit den 1920er Jahren ein elementares Ziel der Nationalbewegung gewesen.

Nicht ganz so spektakulär wie auf dem Erdölsektor erwiesen sich die Umgestaltungen in der Landwirtschaft. Trotzdem waren sie darauf angelegt, der Ba'thpartei aus der Masse der landlosen und Kleinbauern Zulauf und Zustimmung zu verschaffen. Dazu wurde am 21. Mai 1970 ein neues Agrarreformgesetz erlassen, das die seit 1958 begonnenen Ansätze aufgreifen und weiterführen sollte. Zumindest die Ausgangsabsichten waren radikaler als jemals zuvor. Der private Landbesitz wurde auf maximal 2000 Dunams unbewässerten und maximal 600 Dunams bewässerten Bodens begrenzt. Alle darüber hinausgehenden Agrarflächen fielen an den Staat. Zudem sollten für alle unter dem neuen Gesetz zu enteignenden Ländereien keine Entschädigungen mehr gezahlt werden: ein weiteres Indiz für den Plan, die Wirtschaftsmacht der Großgrundbesitzer zu brechen. Je nachdem, ob es sich um bewässertes oder unbewässertes Land handelte, konnten Bauern 100 bis 200 oder 40 bis 60 Dunams vom Staat erhalten, mußten sich aber verpflichten, einer Genossenschaft beizutreten. Bis Mitte der 1970er Jahre waren so knapp 72 Prozent der staatlichen Ländereien an etwa 250 000 Bauern verteilt. Die Zahl der Genossenschaften wuchs von 473 im Jahr 1968 auf 1852 im Jahr 1976.[46] Das hatte zwei intendierte Nebeneffekte: Zum einen konnte die Ba'thpartei durch das Eindringen ihrer Parteistrukturen in die Genossenschaften eine wesentlich stringentere Kontrolle der Bauernschaft ausüben, und zum anderen war sie durch ihre faktische Beherrschung des Staates parallel dazu auch indirekter Besitzer des genossenschaftlichen Landes.

Für die Partei bedeutete es einen historischen Glücksfall, daß der Höhepunkt ihrer sozialistischen Umgestaltungen mit der Preisexplosion auf dem Welterdölmarkt zusammenfiel und sie durch die Nationalisierung der IPC auch den finanziellen Nutzen daraus ziehen konnte. Waren dem Staat 1968 noch 600 Mio. US-Dollar an Abgaben von der IPC zugeflossen, so betrugen seine Einnahmen aus dem eigenen Erdölexport Mitte der 1970er Jahre 8,5 Mrd. US-Dollar.[47] Dadurch standen genügend Mittel zur Verfügung, um den Bürgern den versprochenen Wohlfahrtsstaat auch sichtbar zu machen. Die Ba'thpartei legte ein umfangreiches Sozialprogramm auf, führte Lebensmittel ein, die billig abgegeben wurden, engagierte sich für eine bezahlbare Energie- und Wasserversorgung, baute das Bildungs- und das Gesundheitswesen aus. Die Ausgaben dafür stiegen zwischen 1968 und 1974 um 40 Prozent.[48] Der Ausgleich mit den Kurden, das Agrarreformgesetz, der Ausbau des staatlichen Sektors mit der Nationalisierung der IPC als Herzstück und das umfangreiche Paket an sozialen Maßnahmen waren natürlich dazu angetan, den Beifall der IKP und anderer linker Kräfte zu finden. Zeitweilig hatte es wirklich den Anschein, als wolle die Ba'thpartei die IKP wenn schon nicht überholen, dann aber zumindest programmatisch ersetzen. Das betraf – zumindest oberflächlich – auch die Beziehungen zum Ostblock.

Entmachtung des Großkapitals, Nationalisierung ausländischen Besitzes, Kollektivierung der Landwirtschaft usw. waren im Kalten Krieg der 1970er Jahre, ob gewollt oder ungewollt, auch außenpolitische Positionsbestimmungen. Das Bestreben, einen besonders augenfälligen Bruch mit dem »imperialistischen Westen« zu vollziehen, der auch die eigene (halb)koloniale Vergangenheit geprägt hatte, führte ein Land wie Irak im damaligen bipolaren internationalen System fast zwangsläufig in die Arme des Ostblocks. Hinzu kam, daß diese Konstellation auch weitgehend dem zu diesem Zeitpunkt aktuellen Stand im Nahostkonflikt entsprach. Am 30. April 1969 nahm Irak als erstes arabisches Land demonstrativ offizielle diplomatische Beziehungen zur DDR auf. Insgesamt waren die Kontakte zur Sowjetunion natürlich von ungleich größerer Bedeutung. Am Beginn dieser expandierenden Beziehungen standen im Mai 1969 Vereinbarungen über sowjetische Waffenlieferungen an Irak, die das Land von den bisherigen westlichen Bezugsquellen unabhängig machen sollten. Rüstungslieferungen blieben fortan eine tragende Säule des bilateralen Verhältnisses. Im Juli 1969 wurden die Vereinbarungen durch ein Abkommen über wirtschaftliche und technische Zusammenarbeit ergänzt, in dessen Gefolge im März 1970 auch eine ständige gemeinsame Wirtschaftskommission entstand. Die Sowjetunion und der COMECON engagierten sich von da an massiv für die sozialistische Umgestaltung der irakischen Wirtschaft, vor allem der Schwer- und Erdölindustrie. Der *honeymoon* erreichte seinen Höhepunkt, als der sowjetische Ministerpräsident Kossygin anläßlich der Einweihung des mit Hilfe seines Landes erschlossenen Nord-Rumailah-Ölfelds am 9. April 1972 in Bagdad einen »Vertrag über Freundschaft und Zusammenarbeit« mit Irak unterzeichnete, der eine Laufzeit von fünfzehn Jahren besaß. Damit wurde nicht nur die sowjetische Militär- und Wirtschaftshilfe festgeschrieben, sondern auch ein Ende der traditionellen Unterstützung Moskaus für die Kurden, vor allem für Mullah Mustafa Barzani, der sich im Zweiten Weltkrieg in der Sowjetunion aufgehalten hatte und immerhin den Rang eines Obersten der Roten Armee führte.

Bei aller Zufriedenheit des Kremls über die positive Entwicklung in Irak mußte ihm doch – schon aus Gründen der Glaubwürdigkeit – daran gelegen sein, die IKP nicht obsolet werden zu lassen. In einem Gemisch aus eigenem Antrieb der Ba'thpartei und sanftem Druck aus Moskau entstand die Idee, eine traditionelle Form kommunistischer Politik in Irak wieder aufleben zu lassen, die linke Einheitsfront. Nach altem Komintern-Muster war diese Einheitsfront darauf angelegt, der kommunistischen Partei über die Instrumentalisierung anderer linker, demokratischer und liberaler Gruppen die politische Vormachtstellung in dem jeweiligen Land zu sichern. Die Ba'thpartei hatte genau das gleiche selbst vor und konnte mit der Einheitsfront zudem einen Wunsch der neuen sowjetischen Freunde erfüllen sowie gleichzeitig die IKP einbinden und kontrollieren. Beide Parteien sowie einige kleinere unabhängige Organisationen und kurdische Einzelpersonen (die KDP wurde eingeladen, verweigerte aber die Mitwirkung) gründeten daraufhin am 17. Juli 1973 die »Progressive Patriotische Nationale Front« (PPNF) und gaben ihr in der »Charta der Nationalen Aktion« ein Programm. Es sah grundsätzlich vor, die sozialistischen Umgestaltungen im Inland fortzusetzen und nach außen eine »konsequent antiimperialistische« Politik zu betreiben. Im einzelnen sollten u. a. der Ausnahmezustand aufgehoben, den Mitgliedsparteien freie Betätigungsmöglichkeiten eingeräumt und demokratische Wahlen vorbereitet werden. Die IKP beharrte auf der organisatorischen Selbständigkeit der Mitgliedsparteien, mußte dafür aber die Verankerung des Führungsanspruchs der Ba'thpartei in der Charta hinnehmen.

In der bipolaren Welt der 1970er Jahre führte ein Pendelausschlag der irakischen Entwicklung in Richtung auf Sozialismus und Ostblock fast automatisch zu einer Gegenreaktion des Westens. Die Nationalisierung der IPC galt als herber Verlust, ein Erfolg des irakischen Experiments hätte zudem auf die umliegenden Länder ausstrahlen können und den Warschauer Pakt näher an die Ölfördergebiete des Persischen Golfes gebracht. In den westlichen Hauptstädten, vor allem in Washington, entstand der Wunsch, die Politik der Ba'thpartei zum Scheitern zu bringen. Gemäß der von US-Präsident Nixon 1968 auf Guam verkündeten Konzeption, in bestimmten neuralgischen Regionen der Welt Stellvertreter amerikanischer Interessen agieren zu lassen (Nixon-Doktrin), kam in dieser Hinsicht auf den Schah von Iran eine tragende Rolle zu. Diese Funktion als »Golfgendarm« fügte sich nahtlos in seine eigenen »großiranischen« Pläne ein. Die amerikanische Unterstützung für den Verbündeten manifestierte sich vor allem in einer beispiellosen Aufrüstung. Zwischen 1965 und 1978 wuchs der Militäretat Irans von 0,536 Mrd. auf 8,92 Mrd. US-Dollar; damit war er größer als der Saudi-Arabiens und Iraks zusammengenommen. Der Schah versuchte zwar, die Furcht der arabischen Golfmonarchen vor einem Übergreifen des irakischen Ba'th-Sozialismus für die Etablierung eines von ihm geführten anti-irakischen Sicherheitspakts zu nutzen, konterkarierte seine Bemühungen aber u. a. dadurch, daß er 1971 die in der Straße von Hormuz gelegenen und daher strategisch wichtigen Inseln Großer und Kleiner Tomb sowie Abu Musa besetzte, die den Emiraten Shardjah und Ras al-Khaimah gehörten. Er unternahm aber auch direkte Schritte gegen Irak. Am 19. April 1969 kündigte er den 1937 geschlossenen Vertrag von Sa'dabad auf, den Irak bis dato so interpretiert hatte, daß der gesamte Schatt al-Arab zu seinem Territorium gehöre. Nun verweigerte Iran den Zutritt irakischer Lotsen auf iranische Schiffe und zahlte zudem keine Transitgebühren mehr. Um seinem Schritt Nachdruck zu verleihen, besetzte der Schah 1970 mit Zain al-Qaus und Saif Sa'ad kleinere »Brückenköpfe« auf irakischem Territorium. Die Ba'th-Führung versuchte, sich dafür mit der Ausweisung »persischer« Iraker zu rächen. Unter Berufung auf osmanisches Archivmaterial, das die Iraker entweder in »ottomanische« oder »persische« Untertanen einteilte, schob sie Tausende unschuldige Schiiten nach Iran ab. Versuche, die Eroberungen mit militärischen Mitteln rückgängig zu machen, scheiterten aber im April 1972 und im Dezember 1973 an der iranischen Übermacht. Das waren sicherlich Demütigungen für das Ba'th-Regime, aber erst die konkrete Umsetzung des »Manifests vom 11. März« nach der vierjährigen Übergangsperiode gab Mohammad Reza Pahlawi einen wirklich wirksamen Hebel in die Hand.

In Jahrzehnten des Kampfes gewachsenes Mißtrauen zwischen Kurden und jeweiliger irakischer Zentralregierung war nur schwer zu überwinden. So verweigerte die Ba'thpartei Barzanis Kandidaten das für die Kurden vorgesehene Amt des Vizepräsidenten und setzte auch sonst eher auf seine Rivalen. Zudem gab es endlosen Streit über die genauen Grenzen des autonomen Gebietes. In Absprache mit den USA versprach der Schah in dieser Situation Barzani massive militärische, wirtschaftliche und finanzielle Hilfe, wenn er den Versuch unternähme, die Autonomie mit Gewalt herzustellen. Der Kurdenführer ließ sich verleiten, und im April 1974 begann ein Krieg mit der Zentralregierung, der in seiner Grausamkeit und Intensität (wohl auch durch die erstmals so umfangreich gewährte Hilfe aus dem Ausland für die Kurden) alle früheren Auseinandersetzungen übertraf. Die irakische Armee setzte Phosphorgranaten ein und machte keinerlei Zugeständnisse an Zivilisten. Ba'th-Offiziere fungierten als »Kommissare« und hatten den Befehl, jeden zu erschießen, der zurückwich oder nicht genug Engagement zeigte. Aber auch von kurdischer Seite wurde der Krieg mit großer Brutalität geführt, die Verluste waren für beide Parteien enorm. Das Kalkül des Schahs und seiner Hintermänner ging insofern auf, als die Ba'thpartei ab Frühjahr 1974 einen großen Teil ihrer Ressourcen für den Krieg in Kurdistan aufwenden mußte. Trotzdem war die folgende Entwicklung Iraks nicht ausschließlich von außen beeinflußt.

Grundsätzliche Eigenschaften der Ba'thpartei wie ihr Allmachtsanspruch gingen auch im Gewand der PPNF nicht verloren. Die Zusammenarbeit mit Kommunisten und anderen politischen Kräften erwies sich als konfliktgeladen, vor allem, weil die Ba'thpartei den Einfluß der Kommunisten in deren traditionellen Reservoirs wie den Gewerkschaften und Berufsverbänden zu untergraben suchte. Im Hochgefühl ihres Erfolgs hatte sich die Ba'th-Führung unterdessen aber auch auf außenpolitische Abenteuer eingelassen. Als der Emir Kuwaits im Dezember 1972 einen Kreditwunsch Iraks abschlug, war das der Regierung in Bagdad willkommener Anlaß, Truppen in Richtung auf die gemeinsame Grenze in Marsch zu setzen. Sie erneuerte die Forderungen Qasims von 1961 und ließ – nach der erwarteten Ablehnung durch den Emir – ihre Soldaten am 20. März 1973 in Kuwait einmarschieren. Die Machtdemonstration, nicht die Besetzung Kuwaits, stand hierbei im Vordergrund. Deshalb zogen sich die Einheiten nach langwierigen Vermittlungen durch die Arabische Liga am 5. April 1973 schließlich wieder zurück. Die »windige« Aktion ist erwähnenswert, weil sie einerseits im Zusammenhang mit dem 2. Golfkrieg steht, andererseits aber auch das schrittweise Abrücken der Ba'thpartei von abgestimmter pro-sozialistischer Entwicklung schon andeutete.

Vereinfacht gesagt: Je umfangreicher die Summen wurden, die die Regierung durch den Erdölexport verdiente, um so mehr nahm die Begeisterung für ein sozialistisches Wirtschafts- und Sozialmodell ab. Durch die Kontrolle, ja faktisch den Besitz des staatlichen Sektors setzten die Spitzenfunktionäre der Ba'thpartei in den Jahren des devieseninduzierten Wirtschaftsbooms immense Summen um und bereicherten sich maßlos. Unterhalb der direkten Parteiführung gelang es vielen Parteikadern, sich als Makler, Agenten, »Broker« etc. für den gemischten bzw. den privaten Sektor anzubieten und an üppigen Provisionen zu verdienen. Dadurch hatten sie wiederum ein elementares Interesse daran, den privaten Sektor zu erweitern und zu stärken. Die Zahl privater Betriebe stieg zwischen 1973 und 1977 von gut 26 000 auf 41 000.[49] Noch aussagekräftiger ist eine andere Zahl: 1980 lebten in Irak mehr als 700 Dollar-(Multi)-

Millionäre.[50] Fortan galt in Irak der Slogan: »bereichert euch«, und nicht: »Sieg dem Sozialismus«. Der Trend ließ nur wenige der Reformvorhaben unberührt. Natürlich dachte in den Parteibüros niemand an eine Rücknahme der IPC-Verstaatlichung, die ja die Basis des Reichtums darstellte, aber im Agrarsektor galt die Prinzipientreue z. B. nicht mehr. Zunächst wurde der Prozeß der Umwandlung von Dienstleistungsgenossenschaften in Produktionsgenossenschaften abrupt abgebrochen, mit dem Gesetz Nr. 43 von 1977 verband sich das Ziel, aus den Agrargenossenschaften Aktiengesellschaften zu machen. Demnach durfte ein Mitglied bis zu 10 Prozent der Genossenschaftsanteile besitzen und wurde entsprechend dieser Anteile ausgezahlt und nicht nach der erbrachten Arbeitsleistung. Jetzt kauften sich Ba'th-Funktionäre, aber auch ehemalige Landlords – sei es über Strohmänner – wieder ein, vom ehemaligen Kollektivierungsplan blieb bestenfalls die Hülle.

Diese Entwicklung wurde in Teheran und natürlich auch im Westen mit großer Genugtuung zur Kenntnis genommen. Der sozialistische Eifer schien der Ba'thpartei genommen zu sein, gleichzeitig war sie durch den Kurdenkrieg geschwächt. Das bedeutete in einer Hinsicht, die Unterstützung des Aufstands der Kurden nicht unbedingt fortsetzen zu müssen, und in anderer Hinsicht, Irak einige Bedingungen diktieren zu können. In Algier schloß Schah Mohammad Reza Pahlawi mit Saddam Hussein am 6. März 1975 ein Abkommen, das, in der Quintessenz, ein Ende der iranischen Unterstützung für die Kurden gegen die Zubilligung der Talweglinie im Schatt al-Arab durch Irak vorsah: für den Schah ein enormer Prestigegewinn, für Saddam Hussein Ruhe an den Bürgerkriegsfronten und für den Kurdenaufstand das Aus. Im Sommer 1975 kapitulierte Mustafa Barzani und emigrierte in die USA, wo er 1979 starb. In den kurdischen Annalen prägte sich 1975 jedenfalls als einschneidendes Jahr ein. Mullah Mustafas 1946 geborener Sohn Mas'ud übernahm zwar die Führung der KDP, aber der langjährige Rivale Barzanis, Djalal Talabani, gründete mit dem Vorwurf, Mullah Mustafa habe die Kurden in die Katastrophe geführt, seine eigene Organisation, die »Patriotische Union Kurdistans« (PUK). Parteiübergreifend prägte sich ein, letztlich von den USA und nicht von deren »Gendarm«, Mohammad Reza Pahlawi, verraten worden zu sein.

Saddam Hussein hatte die Ruhe im Lande teuer erkauft. Die Talweglinie als Grenze im Schatt al-Arab engte Iraks nutzbare Transportwege zum Golf und damit zum Weltmeer weiter ein. Die Aussicht auf »Stabilisierung« im Norden ließ aber nun an ein neues Abenteuer im Süden denken. Erneut rückten etwa 4000 irakische Soldaten in die Grenzregion zu Kuwait ein. Am 12. März 1975 bot der Emir der irakischen Seite einen Pachtvertrag über Warbah mit einer Laufzeit von 99 Jahren an, wenn Bagdad dann endlich weitere Forderungen an sein Land einstellte. Verhandlungen über dieses Angebot fanden nicht statt, weil ein Pachtvertrag Kuwaits Hoheit anerkannt hätte, die Ba'th-Regierung aber immer noch an dem Emirat als Ganzem interessiert war, ohne sich stark genug zu wähnen, das Ziel jetzt anzupeilen. Statt dessen suchte und fand man neue Feinde im Inneren des Landes.

Obwohl die Schiiten als Mehrheitsbevölkerung Iraks von den ersten Anfängen der Nationalbewegung an in nahezu allen Organisationen vertreten waren, von deren Wirken sie sich ein Ende ihrer Diskriminierung versprachen, waren ihre Hoffnungen auch in den 1970er Jahren noch nicht erfüllt. Die Wurzeln dieser Zurücksetzung reichten weit zurück und waren im gesellschaftlichen Bewußtsein tief verankert. Immerhin hatten die Osmanen ihren Untertanen schiitischer Konfession erst 1908 das Recht auf freie Religionsausübung zugestanden, was keinesfalls soziale und politische Gleichstellung mit den Sunniten bedeutete. Die Gewohnheit wurde in Irak übernommen. Noch 1946 bestand das irakische diplomatische Korps bis auf zwei Ausnahmen ausschließlich aus Sunniten, von 80 Stabsoffizieren der Armee waren nur 3 Schiiten, hingegen gehörten 9 von 10 Soldaten der schiitischen Konfession an.[51] Die IKP besaß als prominente Oppositionspartei immer einen hohen schiitischen Mitgliederanteil, nach 1958 drängten Schiiten aber auch in die oppositionelle Ba'thpartei. 1963, zum Zeitpunkt ihrer ersten Machtübernahme, bestand die Führung immerhin zu 53,8 Prozent aus Schiiten. Sobald sie jedoch die Macht ausübte und in die alten Verhaltensmuster zurückfiel, verlor die Ba'thpartei für sie auch an Attraktivität. Mitte der 1970er Jahre waren nur noch 5,7 Prozent der höheren Führungsränge mit Schiiten besetzt.[52] Das korrespondierte mit der Tatsache, daß die Hauptsiedlungsgebiete der Schiiten südlich von Bagdad zum gleichen Zeitpunkt zu den Regionen mit dem geringsten staatlichen Investitionsvolumen gehörten.

Die IKP hatte, wie sich bald zeigen wird, zu dieser Zeit andere Sorgen, als sich der Schiiten anzunehmen, und vermied überdies selbstverständlich jeden Anschein, eine konfessionelle Partei zu sein. So mußten sich die nicht-kommunistischen Schiiten andere politische Leitinstanzen suchen. Die Mehrheit ihrer geistlichen Würdenträger kam dafür nicht in Frage, denn sie predigten – aus Klugheit oder Überzeugung – einen unpolitischen Islam. Zur Minderheit gehörte aber mit Muhammad Baqr al-Sadr ein durchaus namhafter Rechtsgelehrter. Dieser hatte 1968 die »Partei des islamischen Rufes« *(hizb al-daʿwa al-islamiyya)* gegründet, um schiitischen Belangen mehr politisches Gehör zu verschaffen. Die Wurzeln der Partei gehen aber bis in die letzten Jahre der Monarchie zurück, als Baqr al-Sadr damit begonnen hatte, aus der islamischen Doktrin und der *shariʿa* eine soziale und politische Lehre zu entwickeln, die Grundlage des Programms der *Daʿwa*-Partei wurde. Damit ist sie bis heute die einzige religiöse Partei Iraks, die über ein konsistentes Programm verfügt. Es fußt auf einer islamischen Interpretation der irakischen Geschichte und Sozialstruktur und zielt auf die Errichtung einer »islamischen« Wirtschaft und Gesellschaft. Wie andere irakische Oppositionsparteien bediente sich auch die *Daʿwa*-Partei von Beginn an konspirativer Methoden und Strukturen, einschließlich einer strikten Hierarchie. Ihre »Allgemeine Führung« *(al-qiyada al-amma)* ähnelt in vielem einem Politbüro.[53] Je deutlicher sich die Kluft zwischen dem Lebensstandard in den schiitischen Regionen und dem in der Boomregion um Bagdad in den 1970er Jahren vergrößerte, um so nachhaltiger baute sich Widerstand auf. 1974 kam es zu ersten offenen Unruhen, im Februar 1977 erhoben sich ganze Stadtviertel in Karbala und Nadjaf. Die Aufstände waren eher spontaner Natur, und die *Daʿwa*-Partei beanspruchte auch keinesfalls die Führungsrolle, aber die brutale Unterdrückung der Erhebungen durch die Regierung führte ihr zahllose neue Anhänger zu. Baqr al-Sadr entwickelte sich jedenfalls zu einem Symbol der schiitischen Opposition. Im März 1977 gehörte er aber noch nicht zu den acht Würdenträgern, die ein Standgericht der Baʿth zum Tode verurteilte. Das war zweifellos nur die Spitze des Eisbergs, denn im Februar und März 1977 kamen Hunderte Schiiten um: In jedem Fall war der Baʿthpartei neben den Kurden ein weiterer erbitterter Gegner entstanden.

Saddam Hussein nutzte den Schiitenaufstand hingegen zu einer Umstellung der Baʿth–Führungsmannschaft. Die mit der Verfolgung der schiitischen »Rädelsführer« beauftragten RKR-Mitglieder wurden wegen »zu großer Nachsicht« entlassen und aus der Partei ausgestoßen. Gleichzeitig erging an alle 22 Mitglieder der irakischen Regionalleitung der Ba'thpartei die Mitteilung, daß sie fortan auch Mitglieder des RKR seien. Damit war es auch optisch nicht mehr möglich, zwischen Partei und Staat zu unterscheiden. Dahinter stand durchaus eine Absicht der »grauen Eminenz«. In bewußter Verletzung der »Charta der nationalen Aktion« erklärte Saddam Hussein die Ba'thpartei nicht nur zur führenden Kraft im Staat, sondern auch in der Gesellschaft. Diese sollte durchgehend »ba'thisiert« werden. In den Worten Saddams klang das so: »Jeder irakische Bürger ist Ba'thist, auch wenn er nicht Mitglied der Ba'thpartei ist.«[54] Umgehend erschienen Gesetze, die Parteimitglieder in allen gesellschaftlichen und staatlichen Bereichen privilegierten, und bald wurde anderen Parteien jede politische Tätigkeit verboten. Auf der anderen Seite standen auf Austritt bzw. auf Veranlassung zum Austritt aus der Ba'thpartei die Todesstrafe. Beide Trends deuteten bereits in der zweiten Hälfte der 1970er Jahre auf das Vorhaben Saddam Husseins hin, eine totalitäre Diktatur zu errichten und das Instrument dafür zu schärfen.

Nach Lage der Dinge konnte zum damaligen Zeitpunkt nur die IKP der Hauptgegner dieses Trends sein. Sie zu bekämpfen bedeutete natürlich auch, sich mit Moskau zu überwerfen. Aber Irak war in der zweiten Hälfte der 1970er Jahre so reich und Saddam Hussein wähnte sich so stark, daß es meinte, auf die Hilfe und Unterstützung des Ostblocks verzichten und jeden anzunehmenden Bedarf auf dem freien Weltmarkt befriedigen zu können. So entfernte sich Irak mit zunehmender Geschwindigkeit aus dem Dunstkreis der Zweiten Welt, die Beziehungen waren alles in allem ohnehin nur ein Flirt und keine Herzenssache gewesen, um im Bild zu bleiben. Die nun weitgehend schutzlose IKP bekam den Kurswechsel am härtesten zu spüren, weil sie aus der größten Höhe, d. h. als Bündnispartner in der PPNF, abstürzte. Ein Plenum der Partei hatte die Ba'th noch im März 1978 verzweifelt aufgefordert, den Notstand aufzuheben, freie Wahlen durchzuführen und damit endlich das angekündigte Parlament einzurichten sowie die Säuberungen und Zwangsumsiedlungen in Kurdistan zu beenden. Die Reaktion der Ba'thführung darauf zeigte das ganze Ausmaß der Trendwende. Am 31. Mai 1978 wurden 31 Kommunisten unter der Anklage, verbotenerweise Parteizellen in der Armee unterhalten zu haben, exekutiert. Die IKP-Vertreter in der PPNF wurden verhaftet oder gezwungen, jegliche politische Betätigung einzustellen. In einer ihrer letzten Ausgaben beklagte die IKP-Zeitung *Tariq al-shaʻb* im April 1979 noch, daß die PPNF ihre ursprüngliche Funktion gänzlich verloren habe, bevor auch sie verboten wurde. Im Juli 1979 erklärte die IKP ihre offene Opposition gegen die Baʻthpartei und verband sich in den Bergen Kurdistans zu einem gemeinsamen Partisanenkrieg mit den *peshmerga* der KDP und der PUK.

III. Von der Diktatur zum Neubeginn (1979–2003)

1. Saddam Hussein nimmt sich die Macht

Saddam Hussein benötigte knapp ein Jahrzehnt, um seine persönliche Diktatur vorzubereiten. In den 1970er Jahren bekleidete er nahezu jede denkbare zweite Führungsposition in Irak, d.h. im RKR, in Staat und Baʿthpartei. Das bedeutete, nur noch eine Person zwischen sich und der Alleinherrschaft zu wissen, gleichzeitig aber »die Strippen ziehen« zu können, ohne selbst ständig im Rampenlicht zu stehen. Ähnlich wie Stalin begann er seinen Aufstieg mit seiner detaillierten Kenntnis und daher Beherrschung des Parteiapparats der Baʿth. In dem Maße, wie Staat und Gesellschaft »baʿthisiert« wurden, wuchs damit auch seine Macht. Nach dem Abschluß dieser Etappe wandte sich Saddam Hussein anderen Machtinstrumenten zu. Obwohl selbst ohne militärischen Hintergrund, veranlaßte er im Januar 1976 – rückwirkend zum 1. Juli 1973 – seine Ernennung zum General. Dabei lag ihm nicht so sehr die reguläre Armee am Herzen, sondern die »Volksmiliz«, die bewaffnete Truppe der Baʿthpartei. Unter dem Kommando seines Bekannten aus Takriter Kindertagen, Taha Yasin Ramadan, sollte die »Volksmiliz« ihre Mannschaftsstärke verdoppeln und waffentechnisch so ausgestattet werden, daß sie jedem Putschversuch der Armee erfolgreich entgegentreten könnte. Das war lediglich eine doppelte, oder besser dreifache Sicherung, denn die Armee war ebenfalls »baʿthisiert« und wurde von Adnan Khairallah als Verteidigungsminister geführt, Saddams Cousin und Spielkameraden aus Kindheitstagen. In der zweiten Hälfte der 1970er Jahre ließ dieser auch die verschiedenen Nachrichtendienste unter einem »Allgemeinen Direktorat der Geheimdienste« zusammenfassen, dessen Chef nur ihm berichtete: Saʾdun Shakir, ebenfalls ein Cousin.

1979 sah Saddam Hussein seine Stunde schließlich gekommen. Ahmad Hassan al-Bakr, die einzige Person zwischen ihm und dem Gipfel der Macht, war zermürbt auf dem Abstellgleis gelandet. Zudem zeigte er sich physisch und psychisch erschüttert, weil er 1978 in zwei voneinander unabhängigen Autounfällen seinen Sohn und seinen Schwiegersohn verloren hatte. (Natürlich entstanden umgehend Gerüchte, die an eine irakische »Tradition« seit dem Tod König Ghazis erinnerten.) In einer RKR-Sitzung am 11. Juli 1979 bot al-Bakr seinen Rücktritt an und schlug Saddam Hussein als Nachfolger in allen Ämtern vor. Dagegen habe sich – einigen Quellen zufolge – verhaltener Widerspruch geäußert. Vor allem RKR-Sekretär Muhi Abd al-Hussein Mashhadi habe die Machtkonzentration in den Händen einer Person und den Aufbau einer »dynastischen Machtbasis« beklagt.[55] Mashhadi wurde noch im Sitzungszimmer verhaftet, ins Gefängnis geworfen und durch Tariq Hamad al-Abdullah ersetzt. Präsident al-Bakr trat am 16. Juli, dem Vorabend des Revolutionsjubiläums, vor die Fernsehkameras und verkündete seinen Rücktritt aus allen Ämtern »wegen gesundheitlicher Probleme«. Saddam Hussein wurde umgehend als Präsident vereidigt, ein anderer treuer Vasall aus Takrit, Izzat al-Duri, ersetzte ihn als Vizepräsident.

Für Saddam Hussein hatte sich damit aber erst der formale Akt der Machtübernahme vollzogen. Jetzt galt es, jeden innerparteilichen Widerstand zu brechen. Mashhadi gestand unter der Folter die Beteiligung an einem von der syrischen Ba'thpartei organisierten Komplott mit dem Ziel, auch die Macht in Bagdad zu übernehmen. In der Fachwelt herrscht Einigkeit darüber, daß die »syrische Verschwörung« ein Vorwand wie jeder andere war, um Anklagepunkte gegen tatsächliche oder vermeintliche innerparteiliche Gegner zu konstruieren. Wenn dem Vorgang aber wirklich noch ein Subtext zugehörte, dann der, daß Saddam Hussein keinesfalls gedachte, sich dem syrischen Präsidenten und Ba'thführer Hafiz al-Assad unterzuordnen, sondern selbst die Führerschaft in der »nationalen« Ba'thpartei und der arabischen Welt anstrebte. Mashhadi wurde während einer außerordentlichen Konferenz der Regionalleitung am 22. Juli aufgefordert, die Verschwörung offenzulegen und die Namen der Beteiligten zu nennen. Unter den Anwesenden brachen hysterische Tumulte aus, denn die erwähnten Personen wurden umgehend von Sicherheitskräften aus dem Saal geführt.

Am 28. Juli trat ein Parteigericht unter Vorsitz des RKR-Mitglieds Naim Haddad zusammen, um über die unter der Folter Denunzierten ein Urteil zu sprechen. Es stand bereits fest, wurde aber erst – nach einer »Schamfrist« – am 6. August verkündet. Das Gericht erließ 22 Todesurteile, darunter für Mashhadi und vier weitere RKR-Mitglieder, aber auch für andere mögliche Rivalen und Herausforderer Saddam Husseins wie den wegen eines angeblichen Putschversuchs seit 1973 einsitzenden Abd al-Khaliq al-Samarrai. Die Botschaft an Partei und Volk war sonnenklar: Saddam Hussein besaß eine so absolute Macht, daß er willkürlich über Leben und Tod entscheiden konnte. Mit dem Ziel, diese Botschaft noch zu vertiefen, fügte er dem Urteil ein besonders perfides Ausführungsverfahren an. Unter dem Vorwand, daß so hohe Parteifunktionäre nur durch ihresgleichen gehenkt werden dürften, wurden die verbliebenen RKR-Mitglieder und einige »Delegierte« aus den Parteigliederungen am 7. August gezwungen, die Exekutionen im Beisein Saddam Husseins selbst durchzuführen. Mashhadis »Geständnisse«, die Urteilsverkündung wie auch die Hinrichtungen wurden zudem gefilmt und auf den verschiedenen Parteiebenen vorgeführt: ein mahnendes, eher noch abschreckendes Beispiel. Außerdem wurde dadurch die Mitschuld vieler Parteifunktionäre dokumentarisch festgehalten; sie müssen deshalb bis heute fürchten, bei einem Sturz Saddam Husseins selbst zur Verantwortung gezogen zu werden.

Der RKR besaß nach den Säuberungen nur noch sechzehn Mitglieder und durchlief in der Folgezeit noch mehrere personelle Umgruppierungen: die nächste im Juni 1982, bei der gleich die Hälfte der Mitglieder ausgetauscht wurde. Oberstes Ziel des Personalwechsels war stets die Verhinderung von Fraktionsbildung und die Präsenz besonders treuer Anhänger Saddam Husseins. Auf jeden Fall hatten der RKR und die gesamte Ba'thpartei jetzt die Fähigkeit zu autonomen Entscheidungen verloren. Im Kalkül des Präsidenten kam der Partei fortan eine andere Funktion zu. Sie sollte sowohl Kontroll- und Bespitzelungsapparat, Puffer zwischen ihm und dem Volk, als auch Transmissionsriemen von zentral gefällten Entscheidungen nach unten sein. Damit ging eine vollkommene Deformation ihrer ursprünglichen Ziele einher. Anstatt für ein einheitliches, freies und sozialistisches Arabien zu kämpfen, behaupteten die Parteimedien nun, schon seit den sumerischen Königen führe eine gerade Linie zu Saddam Hussein und Irak sei der »natürliche Führer« aller Araber. Kurzum, was Irak nutze, sei auch nützlich für alle Araber. Damit sollten – auch in der Zukunft – Aktionen legitimiert werden, die entweder vom gemeinsamen Handeln im Nahostkonflikt (1. Golfkrieg) ablenkten oder die innerarabische Solidarität ad absurdum führten (2. Golfkrieg). Zunächst jedoch, wie viele Diktatoren gleich ihm, offerierte Saddam Hussein nach der Peitsche das Zuckerbrot.

Am 16. August 1979 verkündete er eine Generalamnestie und hob zugleich die Gehälter von Arbeitern und Angestellten in Behörden sowie im staatlichen Sektor, aber auch im Militär-und Sicherheitsapparat um pauschal 25 Prozent an.[56] Geld dafür war reichlich vorhanden: 1980 verbuchte Irak Rekordeinnahmen aus dem Erdölexport von 21,3 Mrd. US-Dollar und besaß Devisenreserven in Höhe von mehr als 35 Mrd. US-Dollar.[57] Im Januar 1980 erklärte Saddam außerdem, Irak trete nun in eine »neue demokratische Phase« ein, womit er – selbstverständlich unbeabsichtigt – die Frage aufwarf, was Irak denn bis dahin für ein Staat gewesen war. Die Wortwahl des Präsidenten umschrieb aber lediglich den Plan, jetzt endlich das Parlament einzurichten. Im März 1980 erging ein Wahlgesetz, wonach alle Iraker über achtzehn Jahre das Recht hatten, die 250 Abgeordneten des Parlaments zu wählen. Die Kandidaten unterlagen strengen Auswahlkriterien, um ihr Wirken auf der Parteilinie zu gewährleisten. Außerdem gab es nur eine Wahlliste, wodurch andere Parteien und Personen von vornherein ausgeschlossen waren. Auf dieser Grundlage wurde am 20. Juni 1980 das erste – wenn auch »zahnlose« – Parlament seit 1968 gewählt. Ansonsten diktierten aber außenpolitische Ereignisse die unmittelbare irakische Entwicklung nach der Machtübernahme durch Saddam Hussein.

Die enorm gewachsenen finanziellen Möglichkeiten Iraks hatten in der zweiten Hälfte der 1970er Jahre nicht nur zu einem Abbruch der sozialistischen Orientierung im Inland geführt (obwohl einige Institutionen, Begriffe und programmatische Versatzstücke bestehen blieben), sondern auch zu einem außenpolitischen Kurswechsel. Die Absetzbewegung von der Sowjetunion und deren Lager stellte dabei nur eine Facette dar. Der Kurswechsel wurde außerdem von einer Wiederannäherung an die Erdölmonarchien auf der Arabischen Halbinsel geprägt. Vergessen waren die Tage, in denen Bagdad Oppositionsbewegungen am Golf unterstützt hatte, jetzt gehörte das Land selbst zum Klub der Reichen. Generell war die Außenpolitik nun dem Ziel untergeordnet, das riesige finanzielle Potential in politische und militärische Macht umzusetzen. Iraks Ambitionen erhielten durch den 1979 in Camp David geschlossenen ägyptisch-israelischen Friedensvertrag, der Ägypten in der arabischen Welt isolierte, zusätzliche Nahrung. War Irak nicht wie kein zweites arabisches Land prädestiniert, die Führungsrolle von Ägypten zu übernehmen? Zu Beginn des Jahres war aber ein Ereignis eingetreten, das den weiteren Verlauf der Dinge noch weitaus nachhaltiger beeinflußte als Camp David: der Sturz Mohammad Reza Pahlawis durch die islamische Revolution in Iran. Auch das schien den Plänen des Ba'th-Regimes vorerst entgegenzukommen, weil der bevölkerungsreiche, relativ entwickelte, reiche und militärisch starke Irak für viele der arabischen Nachbarstaaten offensichtlich unentbehrlich war.

Das außenpolitische Credo von Revolutionsführer Ajatollah Khomeini und seinen Anhängern hieß »Export der islamischen Revolution«. Damit befanden sie sich, wie schon Crane Brinton in seinem bahnbrechenden, 1953 erstmals erschienenen Buch »The Anatomy of Revolution« feststellte, in guter Gesellschaft. Denn das Bestreben, mit ihren Idealen die gesamte Menschheit zu »beglükken«, zeichnete alle großen Massenrevolutionen aus, sei es die französische von 1789, die russische von 1918 oder eben die iranische von 1979. Im Zentrum des außenpolitischen Denkens Khomeinis stand das »Haus des Islam« *(dar al-Islam)*, die Gemeinde der Muslime, deren Grenzen er auf der Erde für unendlich hielt, jedenfalls nicht durch – meist in westlichem Interesse gezogene – Territorialgrenzen von Nationalstaaten eingeengt. Saudi-Arabien, Bahrain und andere Golfstaaten wähnten sich genauso im Visier des Revolutionsexports wie Libanon, Jordanien u.a. Da tat es gut, Irak auf seiner Seite zu wissen, zumal das Land sogar selbst in das Zentrum der iranischen Pläne rückte. Mit dem Schiismus als Staatsreligion in Iran seit 1501 durfte nicht überraschen, daß der Aufruf, sich der Revolution anzuschließen, zunächst implizit an die Schiiten der Welt gerichtet war, obwohl eine Gefolgschaft der sunnitischen Muslime gern gesehen war. Aber ein Nachbarland mit einer schiitischen, zudem unterdrückten Mehrheitsbevölkerung mußte sich per se maximaler Aufmerksamkeit erfreuen. Wiederholt äußerte Khomeini Forderungen wie: »Das irakische Volk darf nicht in die Hände des Aggressors fallen. Seine Pflicht, ebenso wie die der Armee, ist es, die Ba'th, die nichtislamische Partei, zu stürzen.«[58] Teheran versprach maximale Hilfe bei diesem Vorhaben. Hauptansprechpartner in Irak wurden die *Da'wa*-Partei und ihr Führer Muhammad Baqr al-Sadr. Obwohl 1979 und im Frühjahr 1980 ein schiitischer Massenaufstand in Irak ausblieb, war die Lage in ihren Siedlungsgebieten doch sehr gespannt, und es kam immer wieder zu spontanen Demonstrationen und Auseinandersetzungen mit den Sicherheitskräften. Einen Höhepunkt markierte zweifellos der Bombenanschlag auf dem Gelände der Bagdader Universität am 1. April 1980, der mehrere Todesopfer forderte. Das eigentliche Ziel, Außenminister Tariq Aziz, blieb aber unverletzt. Wenige Tage später erlag jedoch Informationsminister Djasim einem ähnlichen Attentat. Beide Anschläge waren der Anlaß für einen massiven Gegenschlag des Regimes. Am 10. April verbot der RKR die *Da'wa*-Partei und verkündete die automatische Verhängung der Todesstrafe für die Mitgliedschaft in der Partei. Auf dieser Grundlage wurden Hunderte ihrer Mitglieder verhaftet und hingerichtet. Parteiführer Muhammad Baqr al-Sadr geriet mit seiner Schwester in Gefangenschaft: Beide wurden nach kurzem Prozeß am 13. April ermordet. In einer Art kollektiver »Sippenhaft« deportierte Saddam Hussein Zehntausende Schiiten nach Iran,[59] Tausende weitere flohen von sich aus. Es zeigte sich, wie bei früherer und späterer Gelegenheit auch, daß es den Schiiten vor allem an einer einheitlichen und straffen Führung, aber ebenso an einer ausreichenden Aufstandsplanung mangelte.

Saddam Hussein argumentierte später, er habe sich im Sommer 1980 in einer »Notwehrsituation« befunden und keine andere Wahl gehabt, als Iran »präventiv« anzugreifen. Da war die Hauptbedrohung zwar schon zerschlagen und massakriert, aber es ging dem irakischen Diktator auch um etwas ganz anderes: die Nutzung einer aus seiner Sicht einmaligen Chance, das Kräfteverhältnis in der Region radikal zu seinen Gunsten zu ändern. Um die Kirche zu demütigen und den Glauben zu karikieren, hatte Josef Stalin einmal süffisant gefragt, wieviele Divisionen der Papst kommandiere. Dem sowjetischen Despoten im Denken und Handeln ähnlicher als ihm selbst bewußt, fragte auch Saddam Hussein im Juli/August 1980 nicht nach Khomeinis Visionen vom Revolutionsexport, sondern danach, wieviele Divisionen der Ajatollah einsetzen könne. Der langjährige Widersacher Iran, der ihm 1975 noch das Algier-Abkommen oktroyieren konnte, schien durch die Revolution in dieser Hinsicht extrem geschwächt zu sein. Durch »Säuberungen«, Flucht und Lynchjustiz waren von der ehemals so übermächtigen Armee des Schahs ganze zwei, maximal drei kampffähige Divisionen geblieben, die zudem von amerikanischem Nachschub abgeschnitten waren. Hinzu kam ein unübersehbarer Machtkampf in der iranischen Führung, verbunden mit beginnender Desillusionierung großer Teile der Bevölkerung und außenpolitischer Isolierung, weil das Vorhaben des Revolutionsexports in den Nachbarstaaten auf strikte Ablehnung stieß. Konträr zu den Behauptungen Bagdads, in den Krieg mit Iran gezwungen worden zu sein, konstatierten Beobachter denn auch eine frühe und *aktive* materiell-technische Vorbereitung durch das Ba'th-Regime. Schon 1979 habe eine Erhebung des Luftfrachtverkehrs nach Bagdad und Amman erwiesen, daß sich Irak langfristig mit Medikamenten, Blutplasma, Verbandsmaterial, Decken, Zelten etc. versorgt habe.[60] Saddam Hussein erklärte Anfang September 1980, Irak habe für einen Zeitraum von zwei Jahren Reserven kriegswichtiger Güter angelegt, auch die Devisenreserven seien mit über 35 Mrd. US-Dollar mehr als ausreichend gewesen. Unmittelbar vor Kriegsausbruch verfolgte Saddam Hussein mehrere Ziele, die regionale, bilaterale und innenpolitische Dimensionen besaßen.

Zu den regionalen Plänen gehörte – wie gesagt – das Erzielen einer hegemonialen Position. Irak hatte sich z. B. am Golf seit Mitte der 1970er Jahre durch zahlreiche Wirtschafts- und Finanzabkommen vernetzt, war aber aus Sicht der Monarchen immer noch im Stadium der »Bewährung«. Das Schutzbedürfnis der Golfstaaten nach der iranischen Revolution aufgreifend, hatte Saddam Hussein ihnen 1980 einen gemeinsamen Sicherheitspakt vorgeschlagen. Die Mehrheit war zwar durchaus bereit, Irak als Schutz vor iranischem schiitischem Expansionismus zu akzeptieren, nicht jedoch als Primus in der Region. Ernüchtert mußte der irakische Präsident feststellen, daß sein Paktangebot ausgeschlagen wurde. Krieg im allgemeinen hätte im Kalkül Saddams zu einem Umdenken in dieser Hinsicht geführt, sein Sieg im besonderen hätte die Monarchen veranlaßt, um Aufnahme zu »betteln«. Im regionalen Kontext ist auch das Verhältnis zu Syrien zu sehen. Was war besser geeignet, dem syrischen Präsidenten den Rang abzulaufen, als ein Sieg gegen die Perser und Revolutionsexporteure?

Im bilateralen Rahmen stand eine – möglichst dauerhafte – militärische Schwächung Irans an erster Stelle. Dieses Ziel besaß überdies regionale Aspekte, denn ein schwacher Iran war nicht in der Lage, die regionalen Vormachtbestrebungen zu stören. Darüber hinaus stand in politischer Hinsicht die Ersetzung der iranischen

106

Revolutionsführung durch ein »genehmeres« Regime auf dem Programm. Der letzte Premier des Schahs, Schahpur Bachtiar, und mehrere kaiserliche Generäle hielten sich bereit, diese Aufgabe zu übernehmen. Nicht zuletzt ging es aber auch um eine nachhaltige wirtschaftliche Schwächung Irans, die vor allem durch die Zerstörung der Erdölwirtschaft erreicht werden sollte. Gleichzeitig konnte man das eigene Wirtschaftspotential durch die Nutzung der Ressourcen des Gegners stärken, z. B. durch die Annexion der iranischen Erdölprovinz Khuzestan.

Bei den innenpolitischen Überlegungen stand die »klassische« Methode, einen Krieg nach außen für die Stabilisierung im Inneren zu benutzen, im Mittelpunkt. Der Krieg gegen Iran schien hervorragend geeignet, die noch junge Diktatur zu festigen und unter Verweis auf die Ausnahmesituation noch unnachsichtiger gegen tatsächliche oder vermeintliche Oppositionelle vorzugehen. Die Aufzählung ist nicht vollständig, aber die hier genannten Ziele waren für das Baʿth-Regime ausreichend, um einen Krieg zu beginnen. Zwischen April und September 1980 kam es zu Dutzenden von Grenzverletzungen, am 2. September befahl Saddam Hussein seinen Truppen die Rückeroberung von Saif Saʿad und Zain al-Qaus. Iran brach daraufhin postwendend am 4. September an anderer Stelle durch die gemeinsame Grenze (Irak versuchte deshalb später – wenn auch vergeblich – den Kriegsbeginn auf diesen Tag zu datieren). Der nächste Eskalationsschritt ging wiederum von Saddam Hussein aus. Am 21. September 1980 kündigte er den Vertrag von Algier auf. Es war der Vorabend des offenen Kriegsausbruchs.

2. Der irakisch-iranische Krieg (1. Golfkrieg)

Angesichts der Fülle ständig neuer Konflikte und Krisenszenarien im Nahen Osten und insbesondere in der Golfregion, geriet der irakisch-iranische Konflikt international weitgehend ins Vergessen. Dazu trug sicherlich auch bei, daß er schon im Jahrzehnt seines Stattfindens vergleichsweise wenig Aufmerksamkeit auf sich zog, weil er so gar nicht in die Interessen- und Reaktionsmuster des ausgehenden Ost-West-Konflikts paßte. Dabei war der Krieg – für sich genommen – die längste und blutigste Auseinandersetzung, die je zwischen Entwicklungsländern ausgetragen wurde. Härte und Erbitterung der Kämpfe lassen sich deshalb auch nicht ausschließlich aus den konkreten Entwicklungen des bilateralen Verhältnisses zwischen 1979 und 1980 ableiten. Im Gegenteil, bei genauer Betrachtung findet sich ein komplexes Bündel langfristig wirkender Kriegsursachen, vor deren Hintergrund sich die Ereignisse von 1979 und 1980 erst entfalten konnten. Dazu gehören neben den ethnischen Unterschieden zwischen den Völkern beider Staaten, die seit der Eroberung des persischen Sassanidenreiches durch die islamisierten Araber und spätestens seit der Rückkehr Persiens zur staatlichen Souveränität 1501 unter Isma'il al-Safawi konjunkturell immer wieder – teilweise enorme – politische Brisanz entwickelten, vor allem die umstrittenen Hoheitsrechte am Schatt al-Arab, die staatliche Zugehörigkeit der iranischen Erdölprovinz Khuzestan, die sunnitisch-schiitischen Gegensätze und am Ende auch die bereits erwähnte iranische Hegemoniepolitik der Pahlawi-Dynastie im Golfgebiet.

Der Schatt al-Arab bildet auf einer Länge von etwa 250 Kilometern seit 1534, dem Jahr der Eroberung Bagdads durch die Osmanen, die Grenze zwischen Osmanischem Reich und Persien bzw. später Irak und Iran. Im 19. Jahrhundert entstand ein durch die britisch-russische Konkurrenz um Einflußsphären in der Region entfachter und geschürter Disput über die Flußgrenze am Schatt al-Arab, der bis in die Gegenwart aus unterschiedlichen Gründen nicht beigelegt werden konnte. Die Verträge von Erzurum 1823 und 1847, Konstantinopel 1913 und Teheran (Sa'dabad) 1937 fixierten die Grenze auf dem Ostufer des Flusses, bis im Vertrag von Algier 1975 zwischen Irak und Iran die Talweglinie als Staatsgrenze vereinbart wurde.

Ein weiteres die bilateralen Beziehungen lange belastendes Problem war der irakische Anspruch auf die iranische Provinz Khuzestan (Arabistan in irakischer Lesart). In der 118 000 Quadratkilometer großen Provinz mit der Hauptstadt Ahwaz wird der Löwenanteil des iranischen Erdöls gefördert. Zu ihrer ethnisch sehr heterogenen Bevölkerung zählen neben Persern, Juden und Nestorianern auch etwa 1 bis 1,5 Mio. Araber, deren Vorfahren seit dem 6. Jahrhundert einwanderten und die mehrheitlich Schiiten sind. Deshalb und weil das heutige Khuzestan einmal Bestandteil des arabischen Abbassidenreiches war, beanspruchte Irak die Hoheit über die Provinz. Obwohl das Problem in Vorbereitung auf die Verträge von Erzurum und Konstantinopel verhandelt wurde, konnte völkerrechtlich an der iranischen Souveränität über Khuzestan nie ein überzeugender Zweifel aufkommen, zumal auch die arabische Bevölkerung der Provinz seit dem Scheitern ihrer Autonomiebestrebungen unter Scheich Khazal 1925 gegen Reza Pahlawi – bis auf wenige Ausnahmen – kaum Ambitionen zeigte, sich der sunnitisch geprägten irakischen Regierung unterzuordnen. Obwohl die Ursachen des Konfliktes damit eindeutig aus der Periode vor der Fremdbeherrschung stammen, kann nicht geleugnet werden, daß sie in der Phase (halb)kolonialer Abhängigkeit weiter zugespitzt wurden. Die Grenzziehungen von San Remo 1920 und Muhammarah/Uqair 1922 verschärften vor allem für den entstehenden Irak die Problematik einer akzeptablen Definition seines Territoriums.

Als besonders gravierend für das bilaterale Verhältnis erwiesen sich darüber hinaus die religiösen Differenzen zwischen beiden Ländern. Obwohl sich die bedeutendsten schiitischen Heiligtümer und Wallfahrtsorte (Nadjaf, Karbala) in Irak befinden, werden die Schiiten dort bekanntlich unterdrückt und benachteiligt. Im Gegensatz dazu bedeutete die Aufwertung des Schiismus zur Staatsreligion in Iran den Höhepunkt in der Abgrenzung des Landes von den Arabern auch im Bereich des Islam. Der schiitische Klerus besaß unter den Safawiden und Kadscharen enorme Privilegien und weitgehende wirtschaftliche Sicherheit. Außerhalb Irans hingegen bedeutete gerade die dortige Begünstigung der Schiiten einen ständigen Anlaß zu Mißtrauen, zum Verdacht, »nicht-arabisch« zu denken und zu handeln bzw. zur jeweiligen Staatsmacht latent in Opposition zu stehen. Die iranische Revolution von 1979 katapultierte das alte Problem in eine neue Größenordnung. Zwar bestand der grundsätzliche Gegensatz zwischen sunnitisch profilierter irakischer Führung und schiitisch motiviertem iranischen Revolutionsregime fort, aber jetzt wurde er durch zusätzliche, sich diametral gegenüberstehende außenpolitische Doktrinen überlagert und modifiziert. Ein die Nation in den Mittelpunkt rückender ba'thistischer Pan-Arabismus und ein auf die (schiitische) Religion setzender iranischer Pan-Islamismus schließen sich praktisch aus. Als sich das anfängliche Kriegsglück Iraks zu wenden begann und Saddam Hussein sich der Loyalität seiner schiitischen Bevölkerungsmehrheit versichern wollte, investierte er massiv im Süden des Landes, baute und renovierte Moscheen, nahm die Losung »Allah ist groß« *(Allahu Akbar)* in die Landesfahne auf und wurde mehrfach betend im Fernsehen gezeigt. Das beweist jedoch eher seinen opportunistischen Machtinstinkt als die Bekehrung des strammen Nationalisten zum frommen Muslim.

Vor diesem Hintergrund gewinnen die von Radio Bagdad am 22. September 1980 verkündeten vier offiziellen Kriegsziele Iraks ein anderes Gewicht. Dort wurden die Anerkennung der irakischen Hoheitsrechte an der Grenze zu Iran (betraf Saif Sa'ad und Zain al-Qaus), die Wiederherstellung der Souveränität und der legitimen Rechte Iraks im Gebiet des Schatt al-Arab (d. h. Rückkehr zu den Verhältnissen vor dem Abschluß des Algier-Vertrages), die Rückgabe Abu Musas und der Tomb-Inseln an »die Araber« (Werben um Beifall und Unterstützung bei den Golfmonarchien) und der Verzicht Irans auf die Einmischung in die inneren Angelegenheiten Iraks und anderer arabischer Länder (Anspruch, als wichtigster Sachwalter arabischer Interessen zu gelten) aufgezählt.[61] Die Ziele sind nicht nur deshalb so vage und nichtssagend formuliert, weil Saddam Hussein von seinen eigentlichen Vorhaben ablenken wollte, sondern auch, weil er in einem – maximal mehrwöchigen – Blitzkrieg vollendete Tatsachen zu schaffen gedachte, die für sich selbst sprechen. Sein Wunschdenken basierte auf einem bizarren Szenario. Sich unversöhnlich gegenüberstehende Fraktionen im nachrevolutionären Machtkampf, eine demoralisierte und in Auflösung befindliche kaiserliche Armee und machtvolle Forderungen der vielen ethnischen Minderheiten in Iran nach größerer Autonomie und Selbstbestimmung hatten das Land nach irakischer Einschätzung so geschwächt, daß es nur noch eines geringfügigen äußeren Anstoßes bedürfte, um es implodieren zu lassen. Die Araber Khuzestans würden sich dem »Befreier« Saddam Hussein anschließen, mit Schahpur Bachtiar und prominenten Schah-Generälen stand praktisch eine Exilregierung bereit, die die Verhältnisse in irakischem Sinne rasch neu ordnen könnte. Die neun irakischen Divisionen (ca. 100 000 Mann), die am 22. September 1980 um 14.00 Uhr Ortszeit – nach massiven Vorbereitungen durch die Luftwaffe – die Grenze überschritten, waren deshalb auf einen »Spaziergang« eingestellt.

Einzelne Keile stießen im Norden bei Qasr-e Shirin vor, andere in der Mitte bei Mehran mit dem Ziel Zagros-Gebirge. Aber die Hauptstoßrichtung war die Erdölprovinz Khuzestan mit ihrer Hauptstadt Ahwaz. Der Angriff verlief jedoch viel mühsamer als anfangs erwartet, der Widerstand zeigte sich zäher als angenommen. Auf dem flachen Land gelangen noch relativ rasch Geländegewinne, aber alle größeren Städte blieben umkämpft. Erst am 24. Oktober wurde mit Khorramshahr die einzige nennenswerte, und zudem die grenznächste, iranische Stadt eingenommen. Da war der Zeitplan schon um 100 Prozent überschritten, denn bei gefangenen irakischen Offizieren fand man Dokumente, die bestätigten, daß die militärischen Ziele nach 10 bis 14 Tagen erreicht sein sollten. Am 19. Dezember befanden sich etwa 14 000 Quadratkilometer iranischen Territoriums in irakischem Besitz. Das lag zwar weit unter den erstrebten Zielsetzungen, ist aber deshalb erwähnenswert, weil es gleichzeitig schon den Höhepunkt der irakischen Eroberungen markierte. Nicht nur der überraschende Widerstand, sondern auch die jetzt massiv einsetzende Regenzeit machten bis April 1981 weitere Geländegewinne unmöglich: Die Gegner gruben sich ein.

Saddam Hussein hatte sich mehrere kleine und eine entscheidende große Fehlkalkulation geleistet. Zu den kleineren gehörte, daß seine Truppen ausgerechnet die Gebiete zerstörten, deren Bewohner er auf seine Seite ziehen wollte. Bis Dezember 1980 waren über 250 Dörfer und kleinere Städte in Khuzestan dem Erdboden gleichgemacht worden. Die schiitischen Araber sahen also nicht den »Befreier«, sondern den sunnitischen Zerstörer ihrer Heimat. Ihr Führer, Scheich Khaqani, wiewohl von Khomeini unter Hausarrest gestellt, rief seine Landsleute zum Widerstand gegen Saddam Hussein auf. Zu den kleineren Fehlwahrnehmungen kann auch gezählt werden, daß die irakische Führung zu stark auf die iranische Armee fixiert war. Khomeini hatte aber bereits im April 1979 damit begonnen, mit den »Revolutionswächtern *(Pasdaran)*« eine Parallelstreitmacht aufzubauen, um sich vor Umsturzversuchen der Regulären zu schützen. Die *Pasdaran* ergriffen begeistert die Gelegenheit, ihren Nutzen zu beweisen. Schon im September 1980 hatten sich 125 000 Revolutionswächter den Angreifern entgegengeworfen, bis Ende November wuchs ihre Zahl auf 200 000. Damit schufen sie ein ausgeglichenes Kräfteverhältnis; ihre mangelnde Kampfpraxis machten sie durch hohe Motivation wett.

Vor der großen Fehlkalkulation hätte Saddam ein simpler Blick in die Geschichtsbücher bewahren können. Alle großen Massenrevolutionen der Neuzeit entwickelten, wenn von außen angegriffen, eine enorme Widerstandskraft. Das numerische Kräfteverhältnis sprach genauso gegen die französischen Revolutionäre wie gegen die russischen und eben die iranischen. Bei den blutigen inneren Machtkämpfen ging es aber meistens um die Richtung der Revolution, nicht um ihre Negierung: Und selbst »Konterrevolutionäre« waren in der Regel Patrioten. Auch in Iran vereinigte sich das ganze Land zu seiner Verteidigung. Die linken »Märtyrer des Volkes« *(Feday-yin-e Khalq)* informierten Khomeini über den genauen Tag des irakischen Angriffs und erlaubten so den Schutz der verbliebenen Kampfflugzeuge in gehärteten Hangars. Piloten der kaiserlichen Luftwaffe meldeten sich aus den Gefängnissen heraus freiwillig, um diese Maschinen zu fliegen, iranische Kurden, deren Autonomiebestrebungen noch wenige Monate zuvor grausam unterdrückt worden waren, baten um eine Gelegenheit, im Norden – gemeinsam mit ihren irakischen Brüdern – für Entlastung zu sorgen: Kurzum, der militärisch halbherzig vorbereitete, auf diesen Widerstand in keiner Weise eingestellte irakische Kriegsplan mußte scheitern. Kleinlaut bot Saddam Hussein deshalb schon am 25. Dezember 1980 einen Waffenstillstand an, wenn Iran der endgültigen Räumung von Saif Sa'ad und Zain al-Qaus sowie der Einrichtung einer »neutralen Zone« im Süden zustimme. Teheran lehnte ab.

Über einen »Nebeneffekt« ist sich die internationale Fachwelt deshalb einig. Mit seinem Angriff verhalf Saddam Hussein – wie unfreiwillig auch immer – der Mullah-Herrschaft in Iran zum endgültigen Durchbruch. In sicherer Gewißheit, daß die irakische Armee ihre Offensivkraft längst eingebüßt hatte, entmachteten die Geistlichen mit Präsident Abolhassan Banisadr die letzte demokratisch gewählte unabhängige Instanz im Land. An der Front fand kaum Bewegung statt, denn Irak »leckte die Wunden«. Der Suche nach Schuldigen fielen Dutzende Offiziere zum Opfer, darunter mehrere Generäle. Dabei waren es in den seltensten Fällen individuelle Fehler, die die Kriegspläne vereitelten. Aber die irakische Armee hatte den Bürgerkrieg trainiert und nicht den Angriff in die Tiefe eines gegnerischen Landes. Außerdem waren beständig erhebliche und zudem Eliteverbände in Kurdistan und Bagdad kaserniert, um das Regime zu schützen; die Angriffe waren also nie mit vollem Einsatz geführt worden.

Nachdem der Machtkampf entschieden war, bereitete sich die iranische Führung auf den Gegenschlag vor. Zwischen Februar und Mai 1982 warf sie die irakischen Truppen in mehreren Kampagnen wieder hinter die Ausgangslinien zurück. Dabei bewährte sich das Zusammenwirken von rehabilitationswilligen regulären Einheiten und fanatisch kämpfenden *Pasdaran*. Am 24. Mai wurde Khorram-shahr zurückerobert, am 20. Juni befahl Saddam seinen Generälen, sich innerhalb von zehn Tagen hinter die internationalen Grenzen zurückzuziehen, und verkündete einen einseitigen Waffenstillstand. Er hatte zwischen 60 000 und 100 000 Soldaten verloren, 50 000 waren in Gefangenschaft geraten, die Kriegskosten beliefen sich auf insgesamt etwa 100 Mrd. US-Dollar, aus den Devisenreserven waren 40 Mrd. US-Dollar Auslandsschulden geworden. Spätestens jetzt hätte der Krieg beendet werden müssen. Die Entscheidung darüber war Saddam Hussein aber längst aus der Hand genommen worden.

Ab dem Sommer 1982 sorgte ausschließlich Iran für die Verlänge-rung des Krieges, weil Khomeini und seine Getreuen glaubten – auf anderer Grundlage, aber ähnlich verblendet wie der irakische Präsi-dent –, nun die einmalige Chance zu besitzen, ihre Revolution mi-litärisch zu exportieren. Die folgenden Offensiven standen unter der Losung: »Der Weg nach Jerusalem führt über Bagdad.« Jetzt mußten die Planer in Teheran aber die gleichen Erfahrungen machen wie ihr Gegenüber in Bagdad. Iran entfaltete seine größte Kraft, als Revolution bzw. Land angegriffen wurden. Zu einem Eroberungs-krieg unter islamischer Flagge zeigten sich letztlich aber nur geist-liche Führung und *Pasdaran* bereit. Berufsoffiziere wie Armeebe-fehlshaber Sayyid Schirazi oder Generalstabschef Zahirnedjad, die noch im Frühjahr das effiziente Zusammenwirken der Waffen- und Streitkräftegattungen organisiert hatten, demissionierten oder pro-vozierten ihre Entlassung. Die Offensiven wurden ab Sommer 1982 fast ausschließlich von *Pasdaran* vorgetragen, als die Verluste auch von Freiwilligen *(Basidj)* und Kindersoldaten stiegen, während die Armee bestenfalls den Rückraum sicherte und die Artillerie be-diente. Auf irakischer Seite bewirkte der Angriff von außen jetzt einen ähnlichen Motivationsschub wie vordem auf der iranischen. Das Land rückte zusammen, die iranischen Geländegewinne waren minimal und unter großen Verlusten erkauft. Ähnlich wie Saddam sich in den Arabern Khuzestans geirrt hatte, mußte jetzt auch Kho-meini feststellen, daß die Schiiten Südiraks sich in allererster Linie als Iraker und erst danach als Schiiten definierten, also nicht in Scha-ren zu den Revolutionsexporteuren überliefen.

Zwischen Mitte 1982 und 1987 entwickelte sich aus dieser Kon-stellation ein erbitterter Stellungskrieg, bei dem Iran jeweils – witte-rungsbedingt – zwei größere Offensiven pro Jahr vortrug, ohne seine Ziele auch nur ansatzweise zu erreichen. Der Krieg mutierte zu einem statischen Grabenkrieg, dem Ersten Weltkrieg viel ähnlicher als dem Zweiten mit seinen weiträumigen Bewegungen. Die menschlichen Verluste stiegen allerdings in schwindelerregende Höhen, vor allem auf Seiten der iranischen Angreifer. Der Stellungskrieg der Jahre 1982 bis 1987 wurde von weiteren Kampfformen begleitet, die seinen Ausgang zwar nicht entschieden, aber zu einem erheblichen Anstieg der menschlichen und materiellen Verluste führten: dem »Krieg der Städte« und dem »Krieg der Tanker«. Der erste Begriff beschreibt den planmäßigen Beschuß von städtischen Ballungszentren und Industrieanlagen des Gegners mit Raketen, der zweite die Aufbringung und Zerstörung auch unter fremder Flagge fahrender Tanker, wenn sie im Verdacht standen, Exporterdöl des Gegners zu transportieren. Auch aufgrund der geographischen Situation betraf das zu mehr als 90 Prozent iranisches Erdöl. Bis 1987 wurden 334 Schiffe angegriffen, wenn auch nicht in jedem Fall versenkt.[62] Trotz eines hohen Maßes an Autonomie hätte dieser Krieg vor allem von Seiten Iraks ohne äußere Hilfe nicht so lange fortgesetzt werden können. Insbesondere seitdem er sich in der Defensive befand, verkündete Saddam Hussein die Botschaft, daß er sofort Frieden schließen würde und daß er die arabischen »Bruderländer« wie auch die westlichen Erdölimporteure vor der ungehinderten Ausbreitung der iranischen Revolution schütze. Die Botschaft blieb nicht ungehört.

Was jahrelange Bemühungen nicht geschafft hatten, weil Zwist und Rivalität stärker waren als Gemeinschaftsgefühl, vermochte der gescheiterte irakische Blitzkrieg innerhalb weniger Monate: Die konservativen arabischen Golfmonarchien schlossen sich im Mai 1981 zu einem Pakt, dem Golf-Kooperationsrat (GKR), zusammen, weil sie die akute Gefahr eines Durchstoßens iranischer Truppen zu Lande, zu Wasser und in der Luft sahen. Deshalb verhielt sich der GKR von Beginn an prononciert proirakisch, ohne allerdings den Status eines offiziellen Verbündeten anzustreben und damit iranische Angriffe zu provozieren. Die hauptsächlichen Hilfeleistungen für Irak lagen im finanziellen Bereich, etwa 50 Mrd. US-Dollar flossen aus den GKR-Staaten im Verlauf des Krieges nach Irak, sowohl in Form von günstigen Krediten als auch von Schenkungen. Allein Kuwait war an diesen Zahlungen mit mindestens 15 Mrd. US-Dollar beteiligt.[63] In den ersten Kriegsmonaten waren die finanziellen Zu-

wendungen an Irak neben dem politischen Kalkül auch wirtschaftlich tolerierbar. Der Ausfall des irakischen und des iranischen Erdöls
auf dem Weltmarkt ließ den Ölpreis auf mehr als 30 US-Dollar pro
Barrel steigen, was 1980 zu Rekordeinnahmen für den GKR führte.
Außerdem verdienten die Mitgliedsländer an vielfältigen Dienstleistungen für beide Kriegsparteien.

Mit der Fortdauer des Krieges und dem Verfall der Rohölpreise
auf dem Weltmarkt entwickelten sich die militärischen Auseinandersetzungen zwischen Irak und Iran aber immer nachhaltiger zu
einer Belastung für den GKR. Schon ab 1982 trat der Rat für eine rasche Beilegung der Kampfhandlungen ein. Er bot Irak in diesem Fall
Wiederaufbaukredite an und offerierte der iranischen Seite im Dezember 1982 auf geheimem Weg eine Reparationssumme zwischen
25 und 30 Mrd. US-Dollar,[64] die aber nur einem Viertel der iranischen Forderungen entsprach. Da nach Meinung der Monarchen die
Gefahr eines iranischen Revolutionsexports auch nach der Mitte des
Jahrzehnts nicht gebannt war, fuhren sie jedoch auch unter den sich
ständig verschlechternden Finanzbedingungen mit der Unterstützung Iraks fort. Für Saudi-Arabien und seine Klientel bedeutete die
Hilfe für Irak so in erster Linie eine Abwehr des Rivalen Iran, dessen
Bedrohung zum damaligen Zeitpunkt als unmittelbarer empfunden
wurde als die Ambitionen Iraks. Zudem waren im irakisch-iranischen Krieg die beiden Hauptkonkurrenten um die Vormacht am
Persischen Golf miteinander und nicht gegen Dritte im Konflikt. Je
nach empfundener Gefährdung verhielten sich die GKR-Mitglieds-
staaten im 1. Golfkrieg allerdings differenziert. Während die nördlichen unmittelbaren Nachbarn Iraks, d. h. Saudi-Arabien, Kuwait
und Bahrain, die irakischen Kriegsanstrengungen am nachhaltigsten
unterstützten, suchten die südlichen GKR-Staaten, die Vereinigten
Arabischen Emirate, Katar und Oman, ungeachtet der militärischen
Entwicklung immer auch den Kontakt zu Teheran.

Ohne hier auf die Haltung jedes einzelnen arabischen Landes eingehen zu können, lohnt sich doch ein Blick auf Ägypten, bis 1967
der unangefochtene Meinungsführer der arabischen Welt. Kairo sah
in einer Unterstützung Iraks in seinem »gesamtarabischen Krieg«
gegen Iran eine willkommene Gelegenheit, die nach Camp David
eingetretene Isolierung zu durchbrechen. Allein bis zum 30. Juni
1982, dem Tag des irakischen Rückzugs aus Iran, lieferte Ägypten
Waffen im Wert von 1,5 Mrd. US-Dollar an den Verbündeten. Bis zu

115

zwei Millionen Ägypter arbeiteten zeitweilig in der irakischen Wirtschaft, um Plätze auszufüllen, die durch Rekrutierungen vakant geworden waren. Tausende ägyptische Freiwillige standen an vorderster Front in den Schützengräben.[65]

Um das Bild zu vervollständigen muß allerdings auch erwähnt werden, daß andere arabische Staaten, namentlich Syrien, Libyen und Südjemen – wenn auch mit unterschiedlicher Intensität –, Partei für Iran nahmen. Alle drei Staaten begrüßten 1979/80 die gegen den Westen gerichteten Tendenzen der iranischen Revolution und werteten den irakischen Angriff als Aktion, die Israel und den USA zuarbeite, insbesondere weil sie vom Nahostkonflikt und einer gerechten Lösung der Palästinafrage ablenke. Vor allem Syrien und Libyen sicherten Iran in den ersten Kriegsmonaten einen kontinuierlichen Nachschub. Die Syrer stellten auch Militärberater und -technik zur Verfügung. Im März 1982 verpflichtete sich Iran, jährlich 8,7 Mio. Tonnen Erdöl an Syrien zu liefern, um dafür im Gegenzug Nahrungsmittel zu erhalten. Am 8. April 1982 schloß Syrien seine Grenzen zu Irak, zwei Tage später unterband das Land den irakischen Erdöltransport durch die über syrisches Territorium verlaufende Pipeline nach Banyas am Mittelmeer. Die damit erzwungene irakische Exportdrosselung ließ die Deviseneinnahmen erheblich schrumpfen. Vor allem das syrische Handeln zeigte die ganze Tiefe der Kluft, die in der Zwischenzeit zwischen den beiden regierenden Flügeln der Ba'thpartei entstanden war, das Verhalten aller drei Länder hingegen eher das reflexhafte Agieren entlang der Bruchlinien des Ost-West-Konflikts. Denn der Westen – allen voran die USA – verhielt sich ganz nach dem Kalkül Saddam Husseins.

Gerade angesichts der Zuspitzung des irakisch-amerikanischen Verhältnisses nach dem 11. September 2001 scheint es angezeigt, darauf zu verweisen, daß die USA zu großen Teilen selbst dafür gesorgt haben, daß Saddam Hussein sein heute beklagtes Vernichtungspotential aufbauen konnte; das geschah, um die iranischen Revolutionäre einzudämmen und sich für die schwere strategische Niederlage, die der Sturz des Schahs und das Ende der CENTO bedeuteten, sowie für die Schmach, die in der Geiselnahme von Dutzenden US-Botschaftsangehörigen in Teheran lag, zu revanchieren.

Obwohl weiterhin keine offiziellen diplomatischen Beziehungen zwischen beiden Ländern bestanden, war die amerikanische »Interessensektion« in Bagdad 1979/80 größer als die meisten anderen

Botschaften und bestand ein lebhafter Handel. Im Frühjahr 1980 veröffentlichten die führenden Medien der USA ganze Artikelserien über die Schwäche und Labilität des iranischen Regimes und bestärkten damit (gewollt?) Saddam Hussein in seiner Gewißheit, vor einem leichten militärischen Sieg zu stehen. Im Juni erklärte Sicherheitsberater Brzezinski, daß die USA Verständnis für den irakischen Wunsch nach einer endgültigen Klärung der Schatt-al-Arab-Frage und des »Arabistan«-Problems hätten. Über diverse Kanäle, darunter exilierte Generäle des Schahs, aber auch Staaten des GKR, leiteten die USA Satellitenaufnahmen und andere Geheimdienstinformationen an Irak weiter, die detailliert Auskunft über Stärke und Stellungen des Gegners gaben. Präsident Ronald Reagan ordnete im April 1984 an, diese »Aufklärungshilfe für Irak zu verstärken sowie Maßnahmen für die Sicherheit der Golfstaaten und die Verhinderung eines irakischen Zusammenbruchs einzuleiten«.[66] Diese deutliche – wenn auch immer noch formal indirekte – Parteinahme bereitete die Wiederaufnahme diplomatischer Beziehungen im Dezember 1984 vor. Danach begann eine stetige Belieferung Iraks mit amerikanischen Rüstungsgütern. Allein 1985 wurden 45 moderne Kampfflugzeuge vom Typ F-15 und F-16 ausgeliefert, begleitet von Radarsystemen, Flugabwehrraketen usw., hinreichend, »um die gesamte Grenze zu Iran zu schützen«,[67] wie ein Sprecher Reagans erklärte. Als Irak später nicht mehr in der Lage war, die Lieferungen zu bezahlen, setzten sich die USA für mehrere Umschuldungsverfahren ein und vergaben selbst neue Kredite. 1987 war Irak der größte Einzelimporteur amerikanischer Nahrungsmittel, finanziert mit einem Lieferantenkredit in Höhe von einer Milliarde US-Dollar.[68]

Im gleichen Jahr ging die indirekte Parteinahme Washingtons für Irak zunehmend in eine direkte über. Ausdruck dafür war das Eingehen (später auch das anderer westlicher Staaten) auf ein Ersuchen der kuwaitischen Regierung, große Teile ihrer Tankerflotte unter den Schutz der amerikanischen Flagge zu stellen. Im Ergebnis wurden nicht nur kuwaitische Tanker umgeflaggt, sondern es mußten auch Kriegsschiffe bereitgestellt werden, um diese Tanker zu schützen. Angesichts der offenen Parteinahme Kuwaits für Irak war es somit nur eine Frage der Zeit, bis es in dieser Konstellation zu ersten direkten Konfrontationen zwischen den USA und Iran kam. Im Herbst 1987 gab das Komitee für Auswärtige Beziehungen des amerikanischen Senats eine Studie über die möglichen Folgen des Umflaggens in Auftrag. Die Autoren kamen zu dem eindeutigen Schluß, daß die USA jetzt regional und international als eindeutiger Partner Iraks wahrgenommen würden. Die ausgedehnte Marinepräsenz würde die Iraner zu Angriffen einladen bzw. eine Lage entstehen lassen, in der sich die iranische Marine für irakische Angriffe an amerikanischen Schiffen rächen würde. Die USA wären damit zur Geisel der irakischen Kriegführung geworden.[69] Ganz so drastisch kam es nicht, wohl aber zu gegenseitigem Raketen- und Bordkanonenbeschuß vor allem im Zusammenhang mit US-Angriffen auf iranische Bohrinseln. Die iranisch-amerikanischen Konfrontationen fanden erst am 3. Juli 1988 mit dem irrtümlichen Abschuß eines Linienflugzeuges der Iran Air durch die USS Vincennes ihren blutigen Abschluß.

Iran stand 1988 – per Saldo selbst verschuldet – praktisch »gegen den Rest der Welt«. Ausgehöhlt im Innern und von fast allen wichtigen äußeren Bezugsquellen abgeschnitten, mußte es hinnehmen, daß irakische Streitkräfte, mit stillschweigender internationaler Billigung, bis zum Sommer 1988 die bescheidenen iranischen Territorialgewinne zunichte machten und ihrerseits wieder auf iranisches Gebiet vorstießen. Jetzt mußte die iranische Führung ihr Sträuben aufgeben und die am 20. Juli 1987 vom UNO-Sicherheitsrat verabschiedete Waffenstillstandsresolution Nr. 598 anerkennen (Saddam Hussein hatte das wohlweislich umgehend getan). Am 18. Juli 1988 leerte Khomeini den »Schierlingsbecher«, wie er es selbst beschrieb, und ließ der UNO das Einlenken Irans mitteilen. Am 20. August 1988 trat der Waffenstillstand in Kraft.

Danach setzte sich der Krieg auf diplomatischem Parkett fort. Es ging um die Umsetzung der Resolution, vor allem um die Zahlung von Reparationen, die sich direkt aus der Frage der Kriegsschuld ergab. Auch wenn das irakische Regime am 22. September 1980 mit seinem massiven Überfall auf Iran einen Tatbestand schuf, der gemäß der gültigen UNO-Resolution Nr. 3314 (XXIX) von 1974 alle Merkmale einer Aggression aufwies, so trifft auch die iranische Seite ein gehöriges Maß an Mitschuld. Sie trug mindestens ebenso wie der irakische Gegenpart zur Zuspitzung der Widersprüche zwischen beiden Ländern bei und beging ab 1982, nach dem Wiedererreichen der Grenze von 1980, ebenfalls aggressive Aktionen gegen Irak. Die Klärung von Punkt 6 der Resolution, der die Frage nach der Verantwortung für den Kriegsausbruch aufwirft, steht deshalb bis in die

Gegenwart aus. Iraks Verhandlungsführer betonten ständig, daß es galt, die Kriegsschuld zu untersuchen, während die iranischen Delegierten lediglich die Frage diskutieren wollten, wer in dem Krieg als Aggressor zu bezeichnen sei. Bei der Lösung des Problems standen immerhin erhebliche Summen in Aussicht: wichtig für zwei Länder, die der achtjährige Krieg ökonomisch restlos ausgeblutet hatte. Die irakischen Auslandsschulden beliefen sich auf mehr als 80 Mrd. US-Dollar[70]. Insgesamt hatte der Krieg das Land 452,6 Mrd. US-Dollar gekostet. Die Summe umfaßt auch die Inflationsverluste, die Werte, die die Hunderttausende Kriegstoten hätten schaffen können, die Vergeudung nationaler Ressourcen, die zeitliche Verschiebung vitaler Entwicklungsprojekte, die Folgekosten der unzureichenden Bildung der jungen Generation und die Wohlfahrtsleistungen für die Kriegsinvaliden. Auf iranischer Seite summierten sich – bei Anlegen dieser Maßstäbe – die Kriegskosten sogar auf 644 Mrd. US-Dollar. Iran und Irak hatten gemeinsam aus ihrem bisherigen Erdölexport nur 418,5 Mrd. US-Dollar eingenommen.[71]

Der Zwang für beide Regimes, diese immensen Verluste in einem überschaubaren Zeitraum auszugleichen, um existenzgefährdenden Unmutsbezeugungen der eigenen Bevölkerung zuvorzukommen, stellte sie vor eine ungemein schwierige Aufgabe. Schon vor dem Waffenstillstand stagnierten die Preise auf dem Welterdölmarkt und durchlief die OPEC (Organization of Petroleum Exporting Countries) mehrere Zerreißproben. Es sollten nur ein Jahr und 347 Tage vergehen, ehe Saddam Hussein den Ausweg in einem neuen Krieg suchte.

3. Die Annexion Kuwaits (2. Golfkrieg)

Auf den ersten Blick haben erster und zweiter Golfkrieg nicht viel miteinander gemein. Zwar fanden sie – wie schon der Name sagt – in der gleichen Region statt und sahen beide Irak in einer Hauptrolle, aber die Rahmenbedingungen hatten sich fundamental geändert. Der irakisch-iranische Krieg stand in seinem gesamten Verlauf unter dem Einfluß des auf sein Ende zulaufenden Ost-West-Konflikts. Da Irak und Iran sich darin nicht eindeutig positionierten, ließ man sie weitgehend gewähren und hielt die internationale Aufmerksamkeit gedämpft. Abseits der Schlagzeilen fand durch die Belieferung beider Kriegsparteien ein gigantisches Petro-Dollar-Recycling statt, an dem sich – neben vielen anderen – auch die Hauptprotagonisten des Kalten Krieges bzw. die fünf Vetomächte des UNO-Sicherheitsrats beteiligten. Gleichzeitig suchten alle fieberhaft nach günstigen Positionen bei der anstehenden Neuordnung des internationalen Systems nach dem Ende des Ost-West-Konflikts. Diese Neuordnung begann – historisch eher zufällig – ausgerechnet mit dem Ausbruch des 2. Golfkriegs. Gespannt versuchte die Weltöffentlichkeit zu erkennen, wie die »Neue Weltordnung« aussehen sollte, die Präsident Bush, der strahlende Sieger des Kalten Krieges, als Grundlage zukünftigen internationalen Miteinanders, d.h. auch als Basis für die Lösung der Kuwaitkrise, ausgegeben hatte. Kurzum: Im Gegensatz zum 1. fand der 2. Golfkrieg ein enormes Medienecho.

Auf den zweiten Blick offenbaren beide Golfkriege aber viele Gemeinsamkeiten oder besser: Kausalzusammenhänge. Dabei fällt zuerst auf, daß keiner der Widersprüche, die zum irakisch-iranischen Krieg führten, in seinem Verlauf gelöst, sondern daß sie vielmehr durch den Krieg potenziert und durch neue Widersprüche überlagert wurden, die wesentliche Grundlagen für die Kuwaitkrise schufen. Mindestens vier Hauptverbindungsstränge schälen sich heraus:

Erstens hat der 1. Golfkrieg die Beziehungen der regionalen Staaten zueinander gründlich verändert. Alte Differenzen vertieften sich, neue entstanden, ebenso aber auch veränderte bzw. gänzlich neue Koalitionen und Bündnisse. Erinnert sei z.B. an das tiefe Schisma zwischen den regierenden Ba'thparteien in Syrien und Irak, die, obwohl aus einer gemeinsamen Wurzel stammend, mittels des nichtarabischen Iran gegeneinander Krieg geführt hatten; oder die Etablierung des GKR, der als »Klub der Reichen« gesamtarabischer Solidarität, die mehr als die Verteilung von milden Gaben war, endgültig eine Absage erteilte. Andererseits gab es aber auch Ägypten, das durch seine Unterstützung Iraks die regionale Isolation nach dem Friedensvertrag mit Israel wieder gelockert hatte, obwohl es weit davon entfernt war, erneut das unumstrittene Gravitationszentrum der arabischen Welt darzustellen. Immerhin reichte es, um im Februar 1989 mit Irak, Jordanien und Nordjemen einen weiteren arabischen Separatpakt, den »Arabischen Kooperationsrat« (AKR), zu gründen. Zusammen mit GKR und Maghreb Union hatte der AKR damit die sichtbare Zerrissenheit der arabischen Welt formalisiert.

Zweitens leiteten die GKR-Staaten aus dieser Konstellation ab, ihre Schuldigkeit getan zu haben und das Recht zu besitzen, sich nun, nach der Eliminierung der »iranischen Gefahr«, wieder der Gewinnmaximierung widmen zu dürfen. Auch Iraks Interessen schienen sich ja mit der Gründung des AKR vom Golf weg zu bewegen. So begannen GKR-Mitglieder schon im August 1988, also unmittelbar nach dem Waffenstillstand, ihre Erdölproduktion anzukurbeln und z.T. weit über die innerhalb der OPEC vereinbarten Quoten hinaus zu exportieren. Der damit einhergehende Druck auf die Preise schien angesichts der gewaltigen Produktions- und Exportkapazitäten tolerierbar. Außerdem bemühte sich der GKR sichtlich um eine Verbesserung des Verhältnisses zu Iran. Es setzte eine intensive Reisediplomatie kreuz und quer über den Golf ein, die mindestens die Wiederaufnahme offizieller Beziehungen, zumeist aber auch lukrative Wirtschaftsverträge zur Folge hatte. Offensichtlich sollte so schnell wie möglich »Normalität« einkehren und Iran mittelfristig in die Lage versetzt werden, das fragile Gleichgewicht in der Golfregion wiederherzustellen.

Drittens war Irak durch den Ausgang des 1. Golfkriegs – vor allem durch seine Internationalisierung, aber auch durch die finanzielle Hilfe des GKR – ein militärischer Koloß geworden. Umfaßte die irakische Armee noch 1979/80 220 000 Mann, so war sie bis zum Ende des 1. Golfkrieges auf nahezu eine Million Soldaten in 55 Divisionen angewachsen. Der Zuwachs erfolgte allerdings nicht nur quantitativ, sondern auch qualitativ und umfaßte modernes, zumeist aus dem Westen, namentlich den USA, stammendes Kriegsgerät einschließlich biologischer und chemischer Waffen. Letztere hatte Saddam Hussein schon vor dem Waffenstillstand eingesetzt, und zwar nicht nur gegen Kombattanten. Des für ihn glücklichen Ausgangs des Krieges gewiß, begann er sich ab Frühjahr 1988 an den Kräften im Inland zu rächen, denen er Kollaboration mit dem Feind vorwarf: in erster Linie den Kurden. Im März starben im Dorf Halabdja etwa 5000 kurdische Zivilisten durch chemische Waffen. Die Vergasung von Frauen und Kindern war dabei nur ein besonders grausames Beispiel seines Rachefeldzugs. Nachdem die Operation »Beute« (Pl. *anfal*) offiziell beendet war, galten über 150 000 Kurden als tot oder vermißt und Hunderte ihrer Siedlungen im irakischen Norden als zerstört oder verwaist.

Wichtiger als blutige Vergeltung im Inland war Saddam Hussein aber die Nutzung seiner neuen militärischen Stärke nach außen.

Sollte die Umsetzung der ursprünglichen Ziele im Krieg gegen Iran jetzt nicht – auf welchen Umwegen und durch welch glückliche Fügung auch immer – doch noch möglich sein? Die irakische Propaganda begann spätestens zum Jahreswechsel 1989/90 unverhohlen hegemoniale Ansprüche zu stellen. Medien und Regierungsbulletins verwiesen auf die Langstreckenraketen, auf die hochmoderne, zahlenmäßig starke Luftwaffe sowie wohlgefüllte Arsenale mit chemischen Waffen und die Fähigkeit, demnächst die »Tür in den Kosmos« aufzustoßen. Darüber hinaus behauptete die Propaganda immer wieder, Irak habe unter enormen menschlichen Opfern (*anhar ad-damm*, Ströme von Blut) die östliche Grenze der arabischen Welt vor den »Horden Khomeinis« gehalten und damit die arabischen Golfanrainerstaaten, vor allem Kuwait, vor dem sicheren Untergang gerettet. Die Monarchen am Golf stünden daher in tiefer materieller und moralischer Schuld gegenüber Irak und Saddam Hussein. Gleichzeitig habe diese »übermenschliche Leistung« Iraks historische Aufgabe bekräftigt, als »Erbe der Abbassiden« die Hierarchie der Golfstaaten anzuführen. Letzten Endes sei jetzt auch Irak, und nicht etwa Syrien oder Ägypten, ermächtigt, die gesamte arabische Welt zu führen. Nur Irak verfüge im Ergebnis des irakisch-iranischen Krieges über die Fähigkeit, Israel in die Schranken zu weisen, eine Aufgabe, an der alle anderen arabischen Länder bisher gescheitert seien. Um diese Behauptung zu bekräftigen, drohte Saddam Israel im April 1990 mit dem Einsatz binärer Waffen. Das Propagandafeuerwerk mündete stets in die Aufforderung an die arabischen und insbesondere die GKR-Staaten, Irak beim umgehenden Wiederaufbau zu helfen. Nötig sei eine Art arabischer »Marshallplan«, mit dem die reichen »Nutznießer des irakischen Schutzschildes gegen Khomeini« ihre moralische Schuld abtragen könnten. Sie müßten mit einem generellen Erlaß der irakischen Schulden bei ihnen beginnen.

Viertens zeigte diese kaum verhohlene »aggressive Bettelei« zusammen mit den Angaben der eigenen Verluste, daß der 1. Golfkrieg nur die militärische, nicht aber die materielle Basis des irakischen Führungsanspruchs gestärkt hatte. Der militärische Koloß stand wirtschaftlich auf tönernen Füßen. Wie an früherer Stelle schon angeführt, hatte Irak seit 1973 erheblich von der Veränderung der internationalen Marktpreise für Rohöl profitiert. Noch 1980, vor dem Einmarsch in Iran, verfügte die irakische Regierung bekanntlich über Währungsreserven von über 35 Mrd. US-Dollar. Ihre Rücklagen überstiegen damit die der USA oder Japans. Die Wiederholung der Angaben an dieser Stelle ist deshalb wichtig, weil sie die Fallhöhe des nachfolgenden Absturzes illustrieren. Allein die direkten Kriegskosten hatten die immensen Summen schon bis Ende 1982 aufgezehrt. Irak war vollständig von den Zuschüssen der GKR-Staaten abhängig geworden. Auch gegenüber Lieferanten militärischer oder ziviler Güter aus dem OECD-Bereich mußten erhebliche finanzielle Verpflichtungen eingegangen werden. Zwischen 1980 und 1988 entstand so die gewaltige Verschuldung des irakischen Staates. Während des 1. Golfkriegs hatte es das Regime in Bagdad noch weitgehend vermeiden können, diese Schuldenbelastung direkt an die Bevölkerung weiterzugeben. Ein ruhiges Hinterland gehörte zu den vordringlichen strategischen Zielen und wurde deshalb entsprechend subventioniert. Die regelmäßigen Zahlungen der Gläubiger flossen nicht ausschließlich in den Warenimport und in den Unterhalt der Streitkräfte, sondern wurden auch für beträchtliche Investitionen in der Industrie und in der Infrastruktur verwendet.

Diese Lage änderte sich drastisch, als mit dem Waffenstillstand für die Hauptfinanziers auf der Arabischen Halbinsel die politischen Gründe entfielen, mit ihren regelmäßigen Überweisungen fortzufahren. Man kann nur erahnen, welche Gedanken Saddam Hussein gehegt haben mag, als die GKR-Staaten schon unmittelbar nach dem Waffenstillstand begannen, mit Iran zu fraternisieren und die Ölfördermengen zu erhöhen, wodurch sie die Preise ruinierten. Angesichts seiner zerstörten Förderanlagen und Infrastruktur war Irak vielmehr auf hohe Preise für niedrige Fördermengen angewiesen. Der »Undank« ging noch weiter: Anstatt den geforderten »Marshallplan« anzubieten, erreichten Bagdad erste Anfragen, wie Irak gedenke, seinen Schuldendienst zu gestalten. Damit war nicht nur die Führungsrolle in der arabischen Welt in weite Ferne gerückt, selbst die politische Stabilität Iraks stand nun auf dem Spiel. Denn ohne die Möglichkeit, die wirklichen Folgen des Krieges für die Wirtschaft weiter durch äußere Finanzhilfen zu kaschieren, offenbarte sich das ganze Ausmaß der ökonomischen Katastrophe. Präsident und Regime zeigten sich immer ohnmächtiger, die hohen Erwartungen der Bevölkerung zu erfüllen, die nach acht Jahren der Leiden und Entbehrungen nunmehr ohne Verzögerungen die Früchte des landesweit unzählige Male propagierten »überwältigenden Sieges« über Iran zu genießen hofften. Statt dessen stiegen Inflationsrate und Lebenshaltungskosten weiter und hofften Tausende demobilisierter Soldaten so vergeblich wie frustriert auf eine existenzsichernde Anstellung. Leere Kassen und wachsender Unmut in der Bevölkerung ließen Saddam Hussein über eine neue Taktik nachdenken. Anstatt auf die Dankbarkeit der arabischen Nachbarn zu setzen, sollte deren Hilfe erzwungen werden.

Auf einer Tagung des AKR forderte der irakische Präsident Saudi-Arabien und Kuwait am 24. Februar 1990 unmißverständlich auf, Irak eine Schuldsumme von 30 Mrd. US-Dollar zu erlassen und den gleichen Betrag noch einmal als Kredit zur Verfügung zu stellen. Als sich am 28. Mai 1990 21 arabische Staatschefs in Bagdad zu einem Gipfeltreffen zusammenfanden, nutzte Saddam Hussein das repräsentativere Forum, um sein Ersuchen zu erweitern und zu präzisieren. Diesmal forderte er neben einem vollständigen Schuldenerlaß von allen arabischen Gläubigerländern einen Sofortkredit von 10 Mrd. US-Dollar. Beide Forderungen stießen auf taube Ohren. Hinter verschlossenen Türen wurde der irakische Präsident jetzt deutlicher. Er bezeichnete die Ölpolitik des GKR als »Krieg mit ökonomischen Mitteln« und warnte eindringlich, daß »wir jetzt einen Punkt erreicht (haben), an dem wir keinen weiteren Druck mehr ertragen können«.[72] Der durch die Überproduktion des GKR erzeugte Preisverfall habe zu einem Rückgang der irakischen Einnahmen aus dem Erdölexport auf 7 Mrd. US-Dollar pro Jahr geführt. Das entspräche exakt dem vereinbarten Schuldendienst seines Landes. Eine Rückzahlung der Schulden oder etwa das Erwirtschaften von Investitionsmitteln wäre damit jedenfalls nicht möglich.

In den folgenden Wochen schoß sich Saddam Hussein verstärkt auf Kuwait ein. Das entsprach einerseits seiner eigenen Tradition und der seiner Vorgänger Ghazi und Qasim im Umgang mit dem Nachbarland und versprach andererseits, die Front der Verweigerer aufzubrechen. Er erhob gegenüber der kuwaitischen Regierung den Vorwurf, am eifrigsten für die Dumpingpreise auf dem Rohölmarkt zu sorgen. Gleichzeitig klagte er sie an, während des 1. Golfkriegs das sich unter beiden Staaten erstreckende Rumailah-Erdölfeld schräg angebohrt zu haben, als sich iranische Truppen für einige Jahre der Halbinsel Fao bemächtigt hatten. Dadurch seien dem irakischen Staat Gewinnausfälle von 2,4 Mrd. US-Dollar entstanden.[73] Die Al Sabah unterschätzten zunächst die Gefahr. Durch die riesi-

124

gen Summen, mit denen Irak bei ihnen »in der Kreide« stand, vermeinten sie, am längeren Hebel zu sitzen. Saddams Forderungen aus dem Herbst 1988, ihm nun endlich Bubiyan und Warbah zu überlassen, ignorierten sie genauso geflissentlich wie die später geäußerten Vorwürfe des Erdöldiebstahls oder Preisdumpings. Erst in allerletzter Minute nahmen die Al Sabah die Existenzbedrohung wahr und boten Irak am 31. Juli 1990 während eines Treffens zwischen dem kuwaitischen Kronprinzen Sa'd al-Abdallah und dem irakischen Verhandlungsführer Izzat Ibrahim al-Duri in Djidda einen erneuten Pachtvertrag für Bubiyan und Warbah an. Die Einsicht kam viel zu spät, denn zu diesem Zeitpunkt hatten sich die Stoßkeile der irakischen Angriffstruppen längst in den Bereitstellungsräumen entfaltet.

Schon Wochen vorher war bei Saddam Hussein der Entschluß gefallen, die »Flucht nach vorn« anzutreten. Der Zugriff auf die erheblichen finanziellen Rücklagen Kuwaits (allein 100–120 Mrd. US-Dollar Auslandsinvestitionen) eröffnete ihm die faszinierende Möglichkeit, umgehend alle Kriegsschulden zu tilgen und danach immer noch über genügend Mittel zu verfügen, um seine hochfliegenden innen- und außenpolitische Ziele in Angriff zu nehmen. Die Eroberung Kuwaits versprach darüber hinaus den Besitz von 195 Mrd. Barrel Erdöl, das waren 20 Prozent der damals prospektierten Weltreserven. Der irakische Diktator sah sich als zweitgrößten Erdöleigner der Welt, der ein Viertel der Erdölförderung im Nahen und Mittleren Osten kontrollieren würde. Damit hätte er das irakische Vormachtstreben auch wirtschaftlich eindrucksvoll unterlegen können. Allerdings: Nicht nur das Verhalten der Al Sabah, sondern auch das der US-Regierung machte es ihm leicht.

Sie war im Frühjahr 1990 vor allem mit den Ereignissen in Europa und in der zerfallenden Sowjetunion beschäftigt. Die Umsetzung der UNO-Sicherheitsresolution Nr. 598 schien demgegenüber die Lage am Golf stabilisiert zu haben. Die US-Marine patrouillierte in den Golfgewässern, der iranische »Erzfeind« war geschwächt. Konnte Saddam Husseins »hohles Getöse« da nicht hingenommen werden? Selbst nach dessen unmißverständlicher Drohung, Israel auch mit chemischen Waffen anzugreifen, vertrat Präsident Bush die Meinung, die Anwendung der Chemical Weapons Convention und des Missile Technology Control Regimes gegenüber Irak seien ausreichend, um genau das zu verhindern. Außerdem seien die Dro-

hungen kaum ernster zu nehmen als die übliche – vor allem innenpolitischen Überlegungen folgende – antiisraelische Rhetorik. Die
Vorwürfe an die arabischen Nachbarn, einschließlich Kuwait, verdienten, weil gewöhnlicher »arabischer Bruderzwist«, noch weniger
Beachtung. Noch im Juli 1990 erklärte Colin Powell, damals Chef
der Vereinigten Stabschefs der US-Streitkräfte, nach einem Besuch
in der Region: »Krieg steht nicht auf der Agenda im Mittleren
Osten, trotz der militanten Töne.«[74] Die US-Regierung unternahm
weder einen ernsthaften Versuch, Saddam Hussein in die internatio-
nale Ordnung zu integrieren, noch ihn merkbar abzuschrecken.
Im Gegenteil, am 25. Juli 1990 versicherte US-Botschafterin April
Glaspie Saddam Hussein, daß ihre Regierung keine dezidierte Meinung zu innerarabischen Konflikten, wie etwa dem Streit zwischen
Irak und Kuwait, habe. Diese Botschaft sei ihr ausdrücklich von
Außenminister James Baker mitgegeben worden. Der irakische Präsident zeigte sich wenig überrascht, wähnte er sich doch seit der
Spätphase des 1. Golfkriegs sowieso als Partner der Amerikaner.
Deren bis dato gezeigtes Verhalten interpretierte er als Bereitschaft,
ihm in der Region eine dauerhafte Funktion zuzuerkennen, die der
früheren des Schahs in keiner Weise nachstand. Folglich wertete er
die Aussage Glaspies als Freibrief. Damit fielen die letzten Hemm-
schwellen für den Einmarsch in das Nachbarland.

Die Eroberung Kuwaits vollzog sich am 2. August 1990 innerhalb
weniger Stunden. Einerseits war die militärische Überlegenheit
Iraks erdrückend, andererseits brach der – schwache – reguläre Widerstand endgültig zusammen, als der Emir und seine Familie über
die Grenze nach Saudi-Arabien flohen. Kuwait wurde am 8. August
offiziell als 19. irakische Provinz annektiert. Der eilig zusammenge-
rufene UNO-Sicherheitsrat verurteilte die Annexion Kuwaits daraufhin in seiner Resolution Nr. 660 und forderte Irak auf, seine
Truppen umgehend zurückzuziehen und die Souveränität Kuwaits
wiederherzustellen. Die Folgeresolution Nr. 661 drohte im Weigerungsfall Sanktionen an. Spätere Resolutionen forderten sinngemäß
das gleiche, spezifizierten aber das Sanktionsregime. Verboten waren demnach sämtliche Importe aus und Exporte nach Irak, einschließlich der damit verbundenen Geldtransfers. Lediglich der
Handel mit Medikamenten und ähnlich lebenswichtigen Gütern
blieb gestattet. Saddam Hussein lehnte alle Resolutionen in Bausch
und Bogen ab. Nach den Signalen im Juli verstand er die Haltung der

USA und des Westens im August einfach nicht: eine folgenschwere Fehlkalkulation.

Die einmalige Bedeutung des Rohstoffs Erdöl für die energetische und funktionelle Basis der Industrienationen schloß aus der Sicht der USA aus, Saddam Hussein in der globalen Erdölversorgung eine Schlüsselfunktion zuzugestehen. Noch im August 1990 erklärte ein Berater von Präsident Bush, daß »jeder Dummkopf« das Prinzip verstehen müsse, daß wir Öl brauchen. Über Freiheit und Demokratie könne man trefflich plaudern, nur seien weder Kuwait noch Saudi-Arabien Demokratien. Wenn deren Hauptexportgüter Orangen gewesen wären, wäre Washington in den Urlaub gefahren.[75] Saddams Überfall auf Kuwait war aber nicht nur »notgedrungener« Anlaß zum Handeln. Er bot den USA und ihren Verbündeten vielmehr einen Anlaß, nunmehr ohne Rücksichtnahme auf die strategischen Interessen des zusammengebrochenen Ostblocks direkte Einflußmöglichkeiten im wichtigsten Erdölfördergebiet der Welt wiederzuerlangen und damit die durch die iranische Revolution von 1979 beigebrachte Niederlage auszugleichen. Zwar hatte Saddam Hussein die iranischen Revolutionäre geschwächt und damit einem Kalkül der USA entsprochen, aber im Zuge der Erfüllung dieser Aufgabe befehligte er nun selbst die stärkste Militärmacht in der Golfregion. Auch das übrige Potential Iraks (zweitgrößte Ölreserven der Region nach Saudi-Arabien, vergleichsweise große Bevölkerung mit relativ hohem Bildungsstand, ausgedehnte landwirtschaftliche Nutzflächen mit ausreichendem Süßwasservorrat usw.) versprach nach der Zurückdrängung Irans – zumindest mittelfristig – eine dominante Stellung in der Region. Damit stand er dem erwähnten Ziel der USA, am Golf direkten Einfluß auszuüben, im Wege. Ein starker Irak widersprach zudem den strategischen Interessen Israels, aber auch die konservativen Monarchien auf der Arabischen Halbinsel hatten Saddam Hussein nur gegen die als elementar empfundene Bedrohung durch Iran unterstützt und zeigten nur geringe Neigung, Irak als neue Führungsmacht hinzunehmen. Auch auf diese Bestrebungen und Befürchtungen gingen die USA bereitwillig ein, als sie im August dokumentierten, daß sie Saddam Hussein *nicht* als Garanten für die Sicherung ihrer langfristigen Interessen in der Region ansahen.

Der irakische Diktator hatte sich aber auch in der Reaktion der arabischen Welt getäuscht. Nicht nur die GKR-Mitglieder, sondern auch die übrigen arabischen Staaten lehnten eine dominante Stellung Iraks ab. Außerdem war ihm die Schwere seines Tabubruchs wohl verborgen geblieben, der darin bestand, daß ein arabisches »Bruderland« ein anderes militärisch annektiert hatte. Die Arabische Liga stand im Sommer 1990 vor einer ihrer härtesten Bewährungsproben, aber die Mitgliedsländer entschieden sich mehrheitlich für eine Unterstützung der UNO-Resolutionen. Der AKR brach auseinander, nur Jordanien und die PLO blieben an der Seite Iraks. Die Nagelprobe für die neue Haltung der arabischen Staaten ergab sich aber erst im November. Auf Initiative von Präsident Bush und des britischen Premiers Major verabschiedete der Sicherheitsrat am 29. November die Resolution Nr. 678, die Irak ultimativ aufforderte, den *status quo ante* bis zum 15. Januar 1991 wiederherzustellen. Im Weigerungsfall wurde die Durchsetzung der Resolution mit Waffengewalt angedroht. Unter dem blumigen Namen »Wüstenschild (Desert Shield)« gewann jetzt die schon am 7. August begonnene größte logistische Operation der USA seit dem Koreakrieg an Fahrt. Sie verlegten etwa 2 Mio. Tonnen militärischer Gerätschaften und Ausrüstungen an den Golf. In die Operation waren die gesamte militärische Lufttransportflotte, 40 internationale Seehäfen, 1000 Frachtschiffe und Stützpunkte in aller Welt einbezogen. Die meisten arabischen Länder beschlossen, sich sowohl wegen der eklatanten Verletzung der Charta der Arabischen Liga durch Irak als auch wegen des sich zunehmend abzeichnenden unipolaren Charakters der »Neuen Weltordnung« direkt oder indirekt an »Wüstenschild« zu beteiligen. Der ehemalige AKR-Partner Ägypten stellte mit 30 000 Mann das größte arabische Detachement innerhalb der sich sammelnden alliierten Streitmacht. Danach folgten die GKR-Staaten, angeführt von Saudi-Arabien. Aber selbst Syriens antiirakischer Impetus blieb trotz des Zwangs, sich mit den USA verbünden zu müssen, verläßlich: 4000 syrische Soldaten schlossen sich den Alliierten an. Marokko schickte 1200 Mann Spezialeinheiten.[76]

Am 11. Januar 1991 versuchte UNO-Generalsekretär Perez de Cuellar in Bagdad ein letztes Mal, Saddam Hussein davon zu überzeugen, die Resolution Nr. 678 zu erfüllen. Bei seiner Abreise mußte er einen Fehlschlag seiner Bemühungen einräumen. Das Ultimatum verstrich, am 16. Januar 1991 begann das Unternehmen »Wüstensturm (Desert Storm)«, die gewaltsame Vertreibung der irakischen Truppen aus Kuwait. Die alliierte Operation bestand zunächst nur aus Luftangriffen. Das bedeutete jedoch keinesfalls geringere Verluste. Die kurzfristig von 57 auf etwa 700 ausgeweitete Zahl von »strategischen Zielen« umfaßte auch Energieeinrichtungen, Brücken, Eisenbahn- und Straßenknotenpunkte, Fabriken, Raffinerien usw. Trotz des Einsatzes angeblicher Präzisionswaffen starben Zehntausende Zivilisten, wurden Schulen und Krankenhäuser getroffen. Bis zum Beginn des Bodenkriegs am 24. Februar flogen die Alliierten 110000 Angriffe und warfen eine Bombenlast von 85000 Tonnen ab.[77] In der ganzen Welt formierten sich Protestzüge gegen den Krieg, am nachhaltigsten jedoch in den arabischen Ländern. Hier kam es immer offensichtlicher zu einer tiefen Kluft zwischen den Regierungen, die sich an »Wüstensturm« beteiligten, und der Bevölkerung, die ein Ende des Leidens der »irakischen Brüder« forderte. Geschickt griff Saddam Hussein diese Stimmung auf und ließ knapp 40 Scud-Raketen auf Israel abfeuern. Auch wenn diese nur vergleichsweise geringen Schaden anrichteten, festigte die Aktion doch bis heute seinen Ruf beim arabischen »Mann auf der Straße«, als einziger Staatsführer nicht nur zu reden, sondern auch zu handeln.

In der Zwischenzeit versuchte Irak zu retten, was zu retten war. Am 15. Februar verkündete der RKR – nach Unterredungen mit dem sowjetischen Sondergesandten Primakow – die Annahme der ursprünglichen UN-Resolution 660. Präsident Bush, der argwöhnte, Saddam wolle »Zeit schinden«, gab ihm zwei Tage Zeit, seine Truppen aus Kuwait zurückzuziehen. Der irakische Diktator antwortete, er benötige 21 Tage. Bush setzte daraufhin mit dem 23. Februar ein letztes Ultimatum und ließ nach dessen Verstreichen am nächsten Tag die Bodentruppen angreifen. Es begann ein extrem ungleicher Kampf. »Eine Seite kämpfte mit dem Arsenal des späten 20. und des beginnenden 21. Jahrhunderts, die andere mit Waffen und Panzern aus den 1950er, 60er und 70er Jahren. Die technisch unterlegenen, inkompetent kommandierten und offensichtlich kriegsmüden Iraker hatten keine Chance.«[78] Am 28. Februar 1991 mußte Saddam Hussein kapitulieren, am 3. März unterzeichneten seine Generäle Sultan Haschim Ahmad und Salah Abd Muhammad die entsprechende Urkunde, die ihnen in einem Zelt bei Safwan vom alliierten Oberbefehlshaber, US-General Norman Schwartzkopf, im Beisein des saudischen Befehlshabers Khalid Ibn Sultan vorgelegt worden war. Der 2. Golfkrieg war beendet.

Umgekehrt proportional zur Kürze der Kampfhandlungen war

die Zahl der Opfer auf seiten der Unterlegenen. Unterschiedliche Quellen (Greenpeace, Arabische Organisation für Menschenrechte, Norman Schwartzkopf selbst u. a.) bezifferten die irakischen Verluste mit 200 000 bis 250 000 Toten, davon 150 000 Militärs. Der verstorbene türkische Präsident Özal meinte sogar über verläßliche Informationen zu verfügen, die die Zahl der irakischen Gesamtopfer im 2. Golfkrieg auf 400 000 festlegten.[79] Neben den kaum faßbaren menschlichen Opfern war Irak durch die eklatante Niederlage aber auch materiell hart getroffen. Das Land fiel nicht nur militärisch und ökonomisch weit vor die Ausgangsbedingungen selbst des 1. Golfkrieges zurück, auch die lange gewaltsam unterdrückten ethnischen und religiösen Differenzen drängten nun erneut zum Ausbruch. Äußerungen von Bush und Major wirkten dabei als Katalysator. Sie hatten nie einen Zweifel daran gelassen, daß die eigentliche Krönung des Sieges im Sturz Saddam Husseins bestehe, wofür sie allerdings kein Mandat besäßen. Nichts könne jedoch die Iraker im Angesicht der Niederlage ihres Unterdrückers daran hindern, die Angelegenheit selbst in die Hände zu nehmen.

Durch die Stimmen aus Übersee ermutigt, erhoben sich die Schiiten in Südirak am 3. März 1991. Wenige Tage später folgten die Kurden ihrem Beispiel. Mitte März versammelten sich die Führer einer Anti-Saddam-Koalition in Beirut, um ein Aktionsprogramm für »die Zeit danach« zu verabschieden. Spätestens zu diesem Zeitpunkt rächte es sich aber, daß die rasche Kapitulation dem irakischen Präsidenten erlaubt hatte, wichtige Einheiten seiner Streitkräfte, vor allem die Republikanische Garde, zu retten. Mit dem Rücken zur Wand stehend, setzte er dieses Potential mit äußerster Brutalität gegen die Aufständischen ein. Selbst die für Schiiten heiligen Städte Karbala und Nadjaf blieben von Verwüstungen nicht ausgenommen. Artillerie, Kampfpanzer und Flugzeuge trieben die Schiiten im Süden in unwirtliche Sümpfe und die Kurden im Norden zu Tausenden über die Grenze nach Iran und in die Türkei. Die Aufständischen hatten zu stark auf Hilfe aus dem Ausland vertraut, sie selbst waren nach den Jahrzehnten der Unterdrückung und dem spontanen, situationsbedingten Ausbruch der Kämpfe nicht in der Lage, den Sieg zu erringen. Trotz mehrerer Versuche gelang es nie, eine einheitliche Führung des Aufstandes zu formieren. Zu unterschiedlich zeigten sich nicht nur die Ambitionen der Kurden und Schiiten, auch innerhalb ihrer Gruppen existieren höchst verschiedene Zielvorstellungen, die von der jeweiligen Etablierung eigener Staaten über den Anschluß an andere Staaten (Iran) bis hin zu mehr Autonomie innerhalb Iraks reichten.

Der Westen sah sich in einem Dilemma. Die direkte Unterstützung der Aufstände wäre kaum mehr als eine Fortsetzung früherer Interventionspolitik gewesen. Um den Preis der Glaubwürdigkeit setzte er daher auf humanitäre Hilfe und militärische Aktionen unterhalb der Schwelle direkten Eingreifens. Mitte April 1991 proklamierten die Alliierten ihre Absicht, im Norden Iraks bis zum 36. Breitengrad eine Schutzzone für die Kurden bereitzustellen und deren Sicherheit selbst zu gewährleisten. Am 25. August 1992 richtete Präsident Bush auch südlich des 32. Breitengrades eine Flugverbotszone ein, um den Schutz der Schiiten zu verbessern. Da war Saddam Hussein aber immer noch an der Macht; seine Hauptprobleme lagen unterdessen auf anderen Feldern.

Die 1991/92 proklamierten Flugverbotszonen und die Hauptsiedlungsgebiete von Kurden, Sunniten und Schiiten

4. Mitgefangen, mitgehangen?

Kaum eine UNO-Entschließung hat so entscheidend in das Leben eines Volkes eingegriffen wie die am 3. April 1991 verabschiedete Resolution Nr. 687, die den 2. Golfkrieg offiziell beendete. Bis heute leben Irak und seine Bewohner unter dem Diktat der Bestimmungen dieser Resolution. Zu ihren wesentlichen Forderungen gehörten die Anerkennung der Souveränität Kuwaits durch Irak, die Rückgabe sämtlicher Kriegsbeute, Wiedergutmachungsleistungen, und – von zentraler Bedeutung – die kontrollierte Zerstörung aller Massenvernichtungswaffen innerhalb eines Jahres. Zu letztgenanntem Zweck schuf der Sicherheitsrat eigens eine Sonderkommission (United Nations Special Commission, UNSCOM), deren Mitglieder (Inspekteure) vor Ort für das Aufspüren und Vernichten atomarer, chemischer und biologischer Waffen sowie der dazugehörigen Trägermittel sorgen sollten. Die eigentliche Brisanz für das irakische Volk lag aber im Beschluß des Sicherheitsrats, die mit seiner Resolution Nr. 661 in Kraft gesetzten Sanktionen so lange fortzusetzen, bis Irak die Festlegungen der Resolution Nr. 687 erfüllt habe. Zum Glück für den Sicherheitsrat und zum Unglück für die Iraker ließ das Ende des Ost-West-Konflikts eine bis dahin nicht durchsetzbare Konsequenz in der Einhaltung des Embargos erwarten. So war es ein Novum, daß umgehend mehr als 150 Staaten der UNO ihre Bereitschaft zur Beteiligung an den Sanktionen übermittelten. Die bis dahin umfangreichste Studie über 115 Sanktionen seit dem Ersten Weltkrieg kam zu der Einschätzung, daß die Wirkungen unter den neuen Umständen etwa zwanzigmal größer sein müßten als im Durchschnitt bisheriger Embargos und mindestens dreimal größer als im bis dahin bekannten härtesten Fall. Es wurde angenommen, daß das irakische Bruttosozialprodukt (BSP) jährlich fast die Hälfte seines Volumens verlieren würde.[80] Wo es also eigentlich um den Wiederaufbau des hoch verschuldeten und nach zwei Kriegen in einem Jahrzehnt weitgehend verheerten Landes hätte gehen müssen, rissen die Sanktionen Irak noch tiefer in den Abgrund.

Was als Strafe und Unschädlichmachung eines aggressiven Regimes gedacht war, entwickelte sich so zur Plage für eine ganze Nation. Mittels der Sanktionen konnte der angeschlagene Diktator sein Volk als Geisel nehmen und seine Macht wieder festigen. Er kontrollierte die Verteilung von rationierten Waren und Dienstleistungen wie Lebensmittel, Medikamente, Energie usw., von denen mehr als 60 Prozent der Bevölkerung direkt abhängig sind, und konnte darüber hinaus den Westen und insbesondere die USA als Verantwortliche für die Entbehrungen anklagen. Die Iraker waren auf diese Weise nicht nur mitgefangen, sondern auch mitgehangen worden. Allerdings machte es der Sicherheitsrat, vor allem die fünf Vetomächte, Saddam leicht, diese Taktik der Machtsicherung umzusetzen. Anstatt die Bestimmungen der Resolution zu erfüllen, setzte er auf die Erosion des Sanktionsregimes, koste es sein Volk, was es wolle. Während nämlich die Sowjetunion bzw. Rußland, Frankreich und China den Sinn der Resolution Nr. 687 eher im Wortlaut des Textes sahen, hofften die USA und Großbritannien mehr oder weniger offen darauf, daß die Sanktionen zum Sturz des irakischen Regimes führen würden, und hatten deshalb keine Eile, das Embargo aufzuheben, bevor dieses Ziel erreicht war. Wenn die Iraker die Sache nicht selbst in die Hand nähmen und den Prozeß abkürzten, müßten die Sanktionen notfalls solange in Kraft bleiben, bis das Regime kollabiere.

Die erste Hälfte der 1990er Jahre verstrich in einer quälenden Pattsituation. Die Waffeninspekteure kamen nur mühsam voran, weil Saddam Hussein nur die Teile seines verbotenen Rüstungsprogramms zugab, die die UNSCOM ihm nachweisen konnte. UNSCOM-Chef Ekeus klagte einmal, Iraks Zusammenarbeit mit den Inspektoren stehe in umgekehrt proportionalem Verhältnis zu seinen Verpflichtungen.[81] Das paßte zu unbestätigten Berichten, denen zufolge Saddam Hussein gegenüber dem RKR erklärt haben soll, daß »UNSCOM eine temporäre Erscheinung ist. Wir werden sie hinters Licht führen, und die ganze Angelegenheit wird in wenigen Monaten erledigt sein.«[82] In seinen Zeitvorstellungen irrte er zwar, aber seine grundsätzliche Taktik konnte er trotzdem fortsetzen, weil er aufgrund der unterschiedlichen Haltung der Vetomächte nicht fürchten mußte, daß die Resolution Nr. 687 gewaltsam durchgesetzt würde. Es dauerte bis zum 10. November 1994, ehe er seinem Parlament gestattete, die Grenzen Kuwaits offiziell anzuerkennen. In der Zwischenzeit darbte das Volk. Aus Unterernährung erwuchsen Säuglingssterblichkeit und epidemische Krankheiten, die aus Mangel an medizinischer Versorgung und sauberem Wasser nicht wirksam bekämpft werden konnten. Internationale Schätzungen gingen bis zum Ende des Jahrzehnts von bis zu 1,4 Mio. Irakern aus, die dem Embargo zum Opfer gefallen waren.[83] Als der UN-Koordinator für humanitäre Fragen in Irak, Denis Halliday, seinen Posten aufgab, erklärte er, daß »wir dabei sind, eine ganze Gesellschaft zu zerstören«,[84] und der namhafte palästinensische Gelehrte Edward Said kam mit Kollegen zu dem Schluß: »Die Sanktionen gegenüber Irak sind selbst Massenvernichtungswaffen.«[85] Inhaltlich ähnlich, nur im Ton nüchterner, befanden Völkerrechtler: »Die Sanktionen gegen den Irak erfüllten ... objektiv den Tatbestand der Aushungerung von Zivilpersonen, der nach dem humanitären Völkerrecht als Methode der Kriegführung verboten ist.«[86]

Ehe das Sanktionsregime die Frage von Schuld und Sühne vollkommen umgekehrt hätte, entschloß sich der Sicherheitsrat zu einer Maßnahme, die die Not der irakischen Bevölkerung etwas lindern sollte. Am 14. April 1995 legte er in seiner Resolution Nr. 986 das »Öl-für-Nahrungsmittel«-Programm (Oil-for-Food-Program, OFFP) auf, das der irakischen Regierung erlaubte, innerhalb von jeweils 180 Tagen Erdöl im Wert von 2 Mrd. US-Dollar zu verkaufen und dafür – unter internationaler Kontrolle – humanitäre Hilfsgüter zu erwerben sowie die Kosten von UNSCOM zu tragen. Der Wirkung wegen lehnte Saddam zunächst ab. Seine Propaganda tönte, mit der Annahme der Resolution würde Irak wieder die Kontrolle über seine wichtigste Ressource, das Erdöl, verlieren und damit einen Zustand akzeptieren, der längst überwunden geglaubter britischer Bevormundung gleichkäme. Wenige Monate später konnte er sich diese Verweigerungshaltung allerdings nicht mehr leisten. Am 8. August 1995 setzten sich seine Schwiegersöhne Hussein Kamil und Saddam Kamil nach Jordanien ab. Während die Flucht Saddam Kamils, des Chefs seiner Leibwache, eher als symbolische Demütigung gewertet werden konnte, bedeuteten die Enthüllungen Hussein Kamils eine wirkliche Niederlage. Der ehemalige Minister für Industrie und Rüstungswirtschaft setzte seine Befrager aus Jordanien und den USA über ein umfangreiches Produktionsprogramm chemischer und biologischer Massenvernichtungswaffen in Irak in Kenntnis, dessen Existenz Bagdad bisher immer vehement geleugnet hatte. Saddam Hussein hielt es deshalb zunächst für ratsam, dem Sicherheitsrat Entgegenkommen zu signalisieren. Am 20. Juni 1996 verständigten sich Irak und die UNO in einem »Memorandum of Understanding« (MOU) über die Annahme des OFFP. Der Sicherheitsrat informierte Bagdad, daß über die Verlängerung des Programms alle sechs Monate entschieden werde. Das schloß die Möglichkeit ein, Veränderungen vorzunehmen. Resolution Nr. 1143 erhöhte z. B. den Warenwert des innerhalb von 180 Tagen zu verkaufenden Erdöls auf 5,2 Mrd. US-Dollar.

Die Schwiegersöhne Saddam Husseins ließen sich nach Irak zurücklocken und wurden am 23. Februar 1996 ermordet. Ihre Informationen verhalfen den Waffeninspekteuren zu spektakulären Funden, vertieften aber zugleich die Widersprüche im Sicherheitsrat. Während die USA und Großbritannien die schwerwiegende Verletzung von Resolution Nr. 687 feststellen wollten, um darauf militärisch zu antworten, verweigerten sich Frankreich, Rußland und China diesem Vorgehen. Rußland und China argumentierten, mit Blick auf die Notlage der irakischen Bevölkerung genüge es, die Sanktionen aufzuheben, weil UNSCOM die meisten Massenvernichtungswaffen zerstört habe. Kontrolle irakischer Rüstungsimporte sei zukünftig auch mit anderen Mitteln möglich. Frankreich stellte sich auf den Standpunkt, vor einem Abschlußbericht der Inspekteure verbiete sich jede Militäraktion. Für Saddam Hussein bot sich an, diese Unterschiede zu nutzen und zu vertiefen. Er versprach der russischen, französischen und chinesischen Regierung lukrative Geschäfte, wenn das Embargo erst gefallen sei. Natürlich war ihm klar, daß Rußland, dem er 8 Mrd. US-Dollar schuldete, und Frankreich, bei dem er mit etwa der Hälfte dieser Summe in der Kreide stand, ihrerseits wußten, daß sie die Mittel nur nach einem Ende der Sanktionen zurückerhalten würden.

Die Positionen Frankreichs, Rußlands und Chinas wurden von den meisten arabischen Staaten immer nachdrücklicher unterstützt. Länder wie die Vereinigten Arabischen Emirate, Syrien, Jordanien und Ägypten merkten an, das Embargo treffe seit langem die Falschen und bringe daher mehr Schaden als Nutzen. Sie und andere intensivierten deshalb die Wirtschaftskontakte mit Irak, immer noch meist inoffiziell (Schmuggel u. a.), immer öfter aber auch ganz offen. In der zweiten Hälfte der 1990er Jahre bildete sich so eine Koalition von Sanktionsgegnern heraus, denen entweder das Schicksal des irakischen Volkes oder ihr eigener Profit, oft aber auch beides gleichermaßen am Herzen lag. Mit diesem Faustpfand in der Hand wurde Irak de facto ein sechstes Mitglied im Sicherheitsrat mit Vetobefugnis.

Im Vollgefühl dieser Sicherheit ließ es Saddam Hussein 1997 auf eine weitere Kraftprobe ankommen und verweigerte Inspektionen der Präsidentenpaläste. Überläufer und Abtrünnige hatten berichtet, daß in den knapp tausend Räumen, die in den zahlreichen Prunkbauten zu finden waren, chemische und biologische Waffen lagerten. Saddam gewann das Kräftemessen; am 23.2.1998 versicherte UNO-Generalsekretär Kofi Annan dem irakischen stellvertretenden Ministerpräsidenten Tariq Aziz (Saddam war seit 1994 auch Ministerpräsident), daß die UNO nicht nur die Souveränität und territoriale Integrität Iraks respektiere, sondern auch seine Würde, womit er den Tabu-Status der Paläste akzeptierte. Trotzdem war das nur ein Pyrrhussieg für Irak. Saddam ahnte, daß, so fest er auch auf Frankreich, Rußland und China bauen konnte, die USA und Großbritannien jeden Antrag der drei, die Sanktionen aufzuheben, mit einem Veto belegen würden. Washington und London blieben bei ihrer ursprünglichen Haltung, das Embargo solange nicht zu beenden, wie er an der Macht war. Diese Erkenntnis bewog ihn, am 5. August 1998 jede Zusammenarbeit mit UNSCOM aufzukündigen. Er begründete den Schritt in erster Linie mit der Behauptung, Irak habe alle Verpflichtungen gegenüber der internationalen Staatengemeinschaft erfüllt und vor der UNSCOM nichts mehr zu verstecken. In zweiter Linie wurde das Argument verwendet, daß der neue Chefinspekteur, Richard Butler, nicht inspiziert, sondern spioniert habe. Entgegen seinem Mandat seien seine Informationen immer erst nach Washington und London gegangen, ehe sie im UNO-Hauptquartier in New York eingetroffen seien. Saddam forderte deshalb, das UNSCOM-Büro von den USA in die Schweiz (Genf) oder nach Österreich (Wien) zu verlegen.

Diesmal hatte er sein Blatt aber auch bei seinen »Freunden« überreizt. Einstimmig forderte der Sicherheitsrat die irakische Regierung auf, umgehend zu den Bestimmungen der Resolution Nr. 687 zurückzukehren. Tariq Aziz sagte das am 14. November zu, aber der Zwischenbericht, den Richard Butler dem Sicherheitsrat am 15. Dezember gab, fällte ein vernichtendes Urteil über die irakische Bereitschaft zur Zusammenarbeit. Unter den gegebenen Umständen, so urteilte er, sei »die Kontroll- und Abrüstungsaufgabe, zu der er von der UNO ermächtigt worden ist, nicht durchführbar«.[87] Einen Tag nach dieser Einschätzung verließ das gesamte UNSCOM-Personal Irak. Die USA und Großbritannien nutzten den Butler-Bericht, um ab dem 19. Dezember – ohne Zustimmung der drei anderen ständi-

gen Mitglieder des Sicherheitsrats – vier Tage lang schwere Luftangriffe gegen Irak zu fliegen (Operation »Wüstenfuchs – Desert
Fox«). Bagdad erklärte daraufhin, die Flugverbotszonen nicht mehr
anzuerkennen, wodurch die britischen und amerikanischen Kampfflugzeuge das Flugverbot ab dem 27. Dezember 1998 erzwingen
mußten.

Das Scheitern von UNSCOM ließ ein Ende des Embargos in noch
weitere Ferne rücken. Um das Heft des Handelns wieder an sich zu
ziehen, beschloß der Sicherheitsrat am 17. Dezember 1999 Resolution Nr. 1284, die zu den bedeutenderen der über 50 Resolutionen
gehört, die er seit 1990 zu Irak verabschiedete. Ihre Bestimmungen
sahen vor, daß Irak unter Aufsicht der UNO fortan unbegrenzt Erdöl exportieren dürfte. Außerdem wurde die »UN Monitoring Veri-
fication and Inspection Commission« (UNMOVIC) unter Leitung
von Hans Blix als Nachfolgerin von UNSCOM ins Leben gerufen.
Sollte diese nach einem Jahr Tätigkeit in Irak den dortigen Behörden
ein günstiges Zeugnis über ihre Kooperationsbereitschaft ausstel-
len, beinhaltete 1284 zum ersten Mal seit 1991 die Möglichkeit, das
Embargo auszusetzen. Nichtsdestotrotz lehnte die irakische Regierung ab, weil sie auf einem Ende und nicht dem Aussetzen der Sanktionen beharrte. Da die Weigerung ohne Antwort blieb, bewertete
Bagdad das Embargo als faktisch gescheitert.

Die Entwicklung in den folgenden Monaten schien die Einschätzung zu bestärken. Parallel zu den wachsenden internationalen Protesten nahmen auch die politischen, wirtschaftlichen und diplomatischen Kontakte zu Irak erheblich zu. Das Embargo wurde löchrig
wie ein Schweizer Käse. In Bagdad fand eine internationale Han-
delsmesse statt, der zivile Flughafen der Hauptstadt nahm seinen
Betrieb wieder auf, ausländische Politiker und Geschäftsleute gaben
sich die Klinke in die Hand und hinter den Kulissen erreichte der
Schmuggel Dimensionen einer »zweiten Außenwirtschaft«. Experten schätzten, daß Irak aus dem Schmuggel jährliche Einnahmen von
2,5 bis 3 Mrd. US-Dollar erzielte,[88] deren Verwendung sich jeder
Kontrolle entzog. Die UNO reagierte nur noch, sie agierte nicht
mehr. Ausdruck dessen war im Jahr 2000 auch Resolution Nr. 1330,
die das OFFP zugunsten Iraks wie folgt veränderte: 59 Prozent der
im Rahmen des Programms erzielten Erlöse sollten für Lebensmittel, medizinische und humanitäre Versorgung des arabischen Lan-
desteils verwendet werden, 13 Prozent für die kurdischen Regie-

rungsbezirke, 25 Prozent für den Entschädigungsfonds der Vereinten Nationen, 2,2 Prozent für administrative Kosten, die der UNO aus der Verwaltung des Programms selbst entstanden, und 0,8 Prozent für die Kosten der UNMOVIC. Die Geschäftspartner für die Verwendung der Erlöse von 59 Prozent durfte die irakische Regierung nach eigenem Gutdünken auswählen.

Als Präsident George W. Bush im Januar 2001 sein Amt antrat, stand auf seiner außenpolitischen Agenda auch eine intensivere Beschäftigung mit dem Embargo gegen Irak. Der neue Außenminister Colin Powell stellte die Überlegungen in einem – kaum adäquat übersetzbaren – Konzept der »klugen Sanktionen« (smart sanctions) vor. Demnach sollte der Handel mit zivilen Gütern faktisch vollkommen freigegeben, gleichzeitig aber die Kontrolle von Rüstungsgütern weiter verschärft werden. Durch die Einengung der dem Embargo unterliegenden Warengruppen wäre auch die Unterbindung des Schmuggels leichter. Der Sicherheitsrat einigte sich in Resolution Nr. 1352 vom 1. Juni 2001 grundsätzlich auf dieses Konzept. Streit gab es lediglich über die »Dual Use«-Liste, das Verzeichnis der Waren, die sowohl militärischen als auch zivilen Zwecken dienen können. Vor allem Rußland und Frankreich war diese Liste viel zu lang. Die Terroranschläge des 11. September unterbanden den Prozeß der Etablierung von »smart sanctions« abrupt. Präsident Bush schloß Irak in seiner Rede zur Lage der Nation am 29. Januar 2002 in die »Achse des Bösen« ein und erklärte das Land damit zu einem legitimen Ziel im Krieg gegen den Terror. Mit Mühe gelang es den anderen Mitgliedern des Sicherheitsrats am 29. November 2001 noch, Resolution Nr. 1382 durchzudrücken, die eine Verlängerung des OFFP garantierte. Das Schicksal Saddam Husseins und seines Regimes wurde aber am 8. November 2002 mit Resolution Nr. 1441 verknüpft, die ihm eine »letzte Chance« auf Vernichtung der verbotenen Waffenarten und damit die seit elf Jahren verzögerte Erfüllung von Resolution Nr. 687 einräumte.

5. Sezierung einer Diktatur

Im Grunde genommen befindet sich die irakische Gesellschaft seit 1980 im Krieg oder kämpft mit den Folgen von Kriegen. Ob im 1. Golfkrieg tatsächlich 200 000 Menschen ihr Leben lassen mußten und im 2. Golfkrieg 250 000, oder ob die Sanktionen bisher wirklich

1,4 Millionen Opfer kosteten, ist für die Beantwortung der folgenden Fragestellung nicht von primärer Bedeutung. Wichtig ist die Dimension, und die spricht von schier unvorstellbaren Opfern der Diktatur Saddam Husseins seit 1979. Wie muß also ein System beschaffen sein, das sich trotz dieses Grauens an der Macht halten kann?

Saddam Husseins Herrschaft zeigt alle Merkmale einer persönlichen Diktatur. Er ist Präsident und Ministerpräsident der Republik, Vorsitzender des RKR als höchstem legislativen und exekutiven Organ Iraks, Oberbefehlshaber aller Streitkräfte, Generalsekretär der Ba'thpartei und ihres Militärbüros. Am besten trifft das Bild von der Spinne im Zentrum des Machtnetzes die Realität, das Modell einer Pyramide dagegen weniger. Eine durchgängige, graduell ansteigende Hierarchie der Macht existiert in Irak nicht. Es wäre eine baufällige Pyramide, weil Saddam Hussein an der Spitze nicht auf einem festen Fundament ruht, sondern nach ihm zunächst einmal ein diffuses Vakuum herrscht. Weit unter ihm kämpfen verschiedene Konkurrenten um ihren Anteil an der verbleibenden Macht, wobei sie sich aber jeden Moment darüber im klaren sind, daß Saddams Machtmonopol den Rahmen ihres Handelns setzt. Alle Wettbewerber haben von seiner langen Herrschaft – wenn auch in unterschiedlichem Maße – materiell profitiert und wissen, daß Wohlstand und Prestige mit dem Tag verschwinden, an dem das System auseinanderbricht: ihr stärkstes aller möglichen Motive für Loyalität. Trotz oder gerade wegen seiner Allmacht weiß der irakische Diktator aber auch, daß er auf diese Loyalität angewiesen ist. Ba'thpartei, Militär, Sicherheitsapparat, ausgewählte Stämme, Sippen und Familien, dabei natürlich besonders die eigene, vor allem in Person seiner beiden Söhne Uday und Qusay, transportierten seine Macht und flankierten sie gleichzeitig. Sie bildeten die wichtigsten Puffer bzw. Verbindungsglieder seiner Herrschaft zur Basis. Mit diesem Machtsystem überlebte Saddam Hussein zwei verheerende Kriege, ein Dutzend Jahre internationaler Embargomaßnahmen und zahllose Attentatsversuche. Die Standfestigkeit der Tyrannei fußt vor allem auf zwei Ursachen:

Zum einen ein außerordentlich effizientes System persönlicher Sicherheit, das den Präsidenten in Gestalt von fünf konzentrischen Kreisen umgibt, die aus einer Kombination von Militär und Sicherheitsapparat bestehen. Den äußersten bildet die reguläre Armee, gefolgt von der Republikanischen Garde. Der dritte Kreis wird von der Speziellen Republikanischen Garde gestellt, nach innen abgelöst durch verschiedene sich gegenseitig kontrollierende Sicherheits- und Geheimdienste. Der fünfte, innere Kreis ist die handverlesene Leibgarde.

Zum anderen fußt die Tyrannei auf dem Fehlen jeglicher Skrupel beim Einsatz von Gewalt und Brutalität gegen kleinste Anzeichen von Widerstand und Opposition. Durch die systematische Verfolgung und physische Vernichtung Tausender Regimegegner hat Saddam Hussein selbst embryonale Strukturen von organisiertem Widerstand gegen sein Regime in Irak zerschlagen. Sowohl durch diesen Terror als auch durch die Auswirkungen der internationalen Sanktionen sind die Bewohner Iraks so geschwächt und desillusioniert, daß sie aktive Auflehnung gegen ihren Unterdrücker weitgehend aufgegeben haben.

Obwohl personell häufig deckungsgleich und auch sonst alles andere als strikt getrennt agierend, kann doch zwischen eher militärischem und eher zivilem Machtapparat unterschieden werden. Wie bereits angedeutet, sind dabei nicht alle Bereiche des militärischen Machtapparats von gleicher Bedeutung für das Regime. Saddam Hussein mißtraut seinem äußersten Sicherheitskreis, der regulären Armee. Allein nach dem 2. Golfkrieg gab es hier mehrere größere und kleinere Rebellionen. Der Aufstand, der im März 1991 14 der 18 Provinzen Iraks erfaßte, begann mit Protestaktionen demobilisierter und demoralisierter Soldaten. Der August 1996 sah eine weitere spektakuläre Auflehnung, als eine Gruppe von Offizieren – allerdings vergeblich – versuchte, Saddam Hussein zu stürzen. Hinter dem Putschplan stand der »Irakische Nationale Einklang« *(al-wifaq al-watani al-iraqi)*, eine von Jordanien aus operierende und von der CIA unterstützte Organisation von emigrierten irakischen Militärs. Sie besaßen exzellente Verbindungen zu ihren Kameraden in der Heimat, aber Saddams Geheimdienste waren besser. Die Putschisten wurden ausgehoben, 30 Offiziere exekutiert und etwa 100 eingekerkert. Während der Operation »Wüstenfuchs« erschütterte im Dezember 1998 eine Meuterei das 3. Armeekorps in Basra, auch in den Kasernen Mossuls gärte es. Saddam Hussein reagierte wie immer: Loyale Einheiten der Republikanischen Garde intervenierten, die Rädelsführer wurden ermordet, die übrigen Kommandoposten ausgetauscht bzw. neu besetzt. Dieses Muster existiert spätestens seit dem Ende des 2. Golfkriegs.

140

In den Massenaufständen der Kurden und Schiiten im März 1991 bewies die Republikanische Garde, nicht die Armee, daß sie das Fortbestehen der sie privilegierenden Diktatur Saddam Husseins den Ungewißheiten einer Machtübernahme durch die Rebellen vorzog. Seitdem wurde die Republikanische Garde gegenüber der Armee materiell und technisch noch besser gestellt und zudem mit dem Schutz von Iraks Grenzen betraut. Außerdem postierte das Regime die Garde zwischen Bagdad und den Kasernen der regulären Armee, so daß Auffangstellungen existieren, wenn es doch einem Regiments- oder Divisionskommandeur gelingen sollte, seine Panzer in Richtung Hauptstadt in Bewegung zu setzen. Damit die Sicherheit nicht zu stark von der Republikanischen Garde abhängig wurde, löste das Regime aus dieser Truppe Spezialeinheiten, die »Spezielle Republikanische Garde«, heraus. Diese Sondertruppen stehen in Bagdad selbst und in der unmittelbaren Umgebung, d.h. sie schützen die Hauptstadt, wenn auch die Republikanischen Garden versagen sollten. Drei je 1300 bis 1500 Mann starke Bataillone bilden die eigentliche Prätorianergarde Saddam Husseins. Der »Spezielle Schutzapparat« *(djihaz al-himayya al-khass)* bildet den innersten der Schutzringe und bewacht den Präsidenten und seine Familie sowie deren zahlreiche Paläste. Ein typischer Leibwächter stammt aus einer eingesessenen, aber armen Familie in der Kleinstadt Takrit. Familienbande und hoher Sold erzeugen ein belastbares Band der Loyalität.

Zwischen erstem und drittem Verteidigungsring und gleichzeitig auch in einer Zwitterstellung zwischen militärischem und zivilem Machtapparat befinden sich die Sicherheits- bzw. Geheimdienste. Obwohl im allgemeinen in Zivil gekleidet, sind ihre Mitarbeiter doch in der Regel bewaffnet. Die älteste dieser Einrichtungen ist der bereits an anderer Stelle erwähnte »Allgemeine Sicherheitsdienst« *(al-amn al-amm)*, der bereits unter der Monarchie bestand und von Saddam Hussein ab 1968 mit eigenen Leuten besetzt wurde. Die etwa 8000 Mitarbeiter des Dienstes führen das Heer von Spitzeln und Zuträgern im Inland. Aus dem RKR-Geheimdienst *(maktaba al-amn al-qaumi)* wurde nach Saddams Machtübernahme der »Allgemeine Geheimdienst« *(al-mukhabarat al-amma)*, dem neben der Überwachung der Ba'thmitglieder auch das Verfolgen von organisierter Opposition im In- und Ausland und damit zusätzlich die Auslandsspionage obliegt. Am Ende des 1. Golfkriegs entstand mit dem »Speziellen Sicherheitsdienst« *(al-amn al-khass)* ein etwa 5000 Mitarbeiter zählender weiterer Geheimdienst zur Kontrolle der vorgenannten beiden. Er untersteht heute Saddams zweitem Sohn Qusay, der zusätzlich dazu die Spezielle Republikanische Garde und den Speziellen Schutzapparat führt. Damit fungiert er praktisch als Geheimdienstkoordinator. Der älteste Sohn Uday befehligt dagegen – seinem Naturell entsprechend – mit den »Märtyrerkämpfern Saddams« *(fedayyin al-Saddam)* einen wüsten Schlägerhaufen, mit dem tatsächlich oder vermeintlich Unbotmäßige eingeschüchtert werden. Eine gewisse Sonderrolle innerhalb der Sicherheits- und Geheimdienste spielen die »Märtyrer des Volkes« *(modjahedin-e khalq)*, iranische bewaffnete Gegner der Mullahs in Teheran. Die Modjahedin gehörten zu den Verlierern des nachrevolutionären Machtkampfs in Iran und nahmen an der Seite Saddam Husseins bis 1988 am Krieg gegen ihre Landsleute teil. Je nach politischer Konjunktur, ließen sie sich auch später für Übergriffe und Attentate in Iran einsetzen. Damit befinden sie sich heute »zwischen allen Stühlen« und müssen ihr Überleben von dem Saddams abhängig machen.

Die Ba'thpartei nimmt immer noch eine wichtige Position innerhalb des zivilen Machtapparats ein. Ihre Bedeutung hat zwar im Vergleich zu der Periode zwischen 1968 und 1979 deutlich abgenommen, aber Saddam Hussein schätzt weiterhin ihre mobilisierende und kontrollierende Funktion; immerhin zählt die Partei gegenwärtig etwa 1,5 Mio. Mitglieder und Kandidaten. Obwohl Massenorganisationen existieren, stehen ihre rund eine Million Mitglieder ebenfalls unter strenger Kontrolle der Ba'thpartei, die damit de facto alle Institutionen absorbiert hat, die ansonsten eine Zivilgesellschaft ausmachen: weitere Parteien und politische Organisationen, Gewerkschaften, Berufsvereinigungen, Handels- und Industriekammern, eine unabhängige Presse usw. Darüber hinaus ist sich der Diktator der Tatsache bewußt, daß die geringer werdende Zahl von Vertrauten – neben der Familie – fast nur noch in den Spitzengremien der Partei zu finden ist. Deshalb hätte er sie zwar nicht als unabhängige Instanz neben sich geduldet, ihr aber wohl doch einen ihrer Funktion gemäßen prominenten Platz in der Machthierarchie eingeräumt, wenn sie nicht im Aufstand vom März 1991 in seinen Augen so jämmerlich versagt hätte. Nicht Parteizellen und ihre Mitglieder stellten – im Zusammenwirken mit den Republikanischen

Garden – die Diktatur in Nord- und Südirak wieder her, sondern loyale Stämme. Das war besonders paradox, weil die Partei nach ihrer Machtübernahme 1968 eine permanente politische Kampagne gegen die Stammesstrukturen unternahm, in der sie diese als »Sammelbecken des Rückschritts und der Reaktion«[89] bezeichnete. Saddam Hussein, bei dem Machterhalt schon immer vor jeglicher Ideologie gestanden hatte, vollzog als Konsequenz eine komplette Kehrtwendung.

Bei etwa 75 Prozent der Einwohner Iraks läßt sich die Herkunft auf einen der 150 Stämme und Clans zurückführen, die in mehreren Wellen, vor allem von der Arabischen Halbinsel kommend, auf der Suche nach Wasser in Irak fündig und seßhaft wurden. Viele der Normen und Regeln des Stammeslebens blieben verinnerlicht erhalten, auch wenn sie sich zunächst durch das seßhafte Leben, später durch wirtschaftlichen und sozialen Wandel, die schwindende Bedeutung der Landwirtschaft, den Erdölboom u. a. änderten. Die Kampagne der Ba'thpartei nach 1968 führte allerdings eher wieder zu einer Revitalisierung der Stammes- und Familienbeziehungen, weil die Menschen darin den einzigen verbliebenen Fluchtpunkt vor dem Allmachtsanspruch der Partei ausmachten. Wenn auch viele Städter sich ihrer jeweiligen Stammes- und Sippenherkunft deutlicher bewußt geworden waren, waren es 1991 doch die eher traditionellen Verbände auf dem flachen Land, die Saddam retteten. Er belohnte ihre Führer fürstlich und ließ Elogen drucken, wonach die Stämme »das irakische Volk und seine Prinzipien am reinsten repräsentieren«.[90] In einigen Landesteilen, vor allem im Süden, wurden loyale Stammesführer den örtlichen Ba'thfunktionären gleichgestellt. Insgesamt kann festgehalten werden, daß die Stämme außerhalb Bagdads zur wichtigsten zivilen Machtbasis Saddam Husseins avancierten: eine Kombination aus Söldnerarmee, Lokalregierung und »loyalem Klub«, bezahlt und beschützt, um »Recht und Ordnung« aufrechtzuerhalten. Die Rückbesinnung auf die propagandistische Hervorhebung der Stämme besaß noch einen willkommenen Nebeneffekt. Jetzt fiel es leichter, die prominente, ja dominante Stellung von Familienmitgliedern in der Führung Iraks zu begründen.

Familie meint in dieser Hinsicht vor allem den Bidjat-Clan innerhalb des Bu-Nasir-Stammes, dessen zehn Sub-Clans bzw. Großfamilien in und um Takrit siedeln. Zwischen 1968 und seiner Demission, 1979, war die al-Bakr-Sippe des Präsidenten die mächtigste der zehn. Danach erhielt die Abu-Khattab-Großfamilie den prominentesten Platz. Zu ihr gehören Saddam Hussein und seine drei Halbbrüder mütterlicherseits, Barzan, Sibawi und Wathban, sowie die al-Madjid-Familie, insbesondere seine Cousins väterlicherseits. Werden dann noch Saddams Söhne Uday und Qusay in ihren Funktionen hinzugezählt, vermittelt Irak eher das Bild eines Familienunternehmens als eines modernen Staates. Zu den unzweifelhaften Stärken eines derartigen Unternehmens zählt die Kohäsion zwischen den Mitgliedern. Saddams Großfamilie weiß, daß sie entweder mit ihm zusammen herrscht oder untergeht. Gleichzeitig hat die Familienherrschaft in Irak aber auch zwei elementare Nachteile. Zum einen schwächt die Konzentration auf die Familie – wie in kommunizierenden Röhren – die Verbindungen zur übrigen Bevölkerung. Was sich also kurzfristig als Gewinn erweisen mag, ist langfristig sicher ein Nachteil. Zum anderen konserviert eine Familienherrschaft natürlich auch alle bis dahin wirksamen Gebrechen der Stammes- und Sippenstruktur: will heißen, den dauernden Zwist. Mit Saddams Privilegierung der Stämme tauchten in den 1990er Jahren auch die Fehden wieder auf, die seit dem Zweiten Weltkrieg als überwunden galten. Nicht immer erhoben sich Stämme wie die Al Djubur, die 1992 und 1993 glaubten, bei der Verteilung der Pfründe leer ausgegangen zu sein, sondern auch Formationen, die das Regime bis dahin sicher an seiner Seite wähnte. Im Januar 1995 putschten Offiziere der Dulaimi-Familie, weil Uday Hussein die Tochter eines prominenten Mitglieds vergewaltigt hatte. Die Putschisten wurden – wie üblich – liquidiert, aber der Vorfall verunsicherte auch loyale Stämme zutiefst. Zudem war Uday, einmal mehr, destabilisierend wirksam geworden.

Uday steht hinter der Tageszeitung »Babil«, über die Meinungen und Sichtweisen des Regimes lanciert werden, die seriöseren – wiewohl ebenfalls zentral gelenkten – Presseorganen zu »heiß« sind. Er steht dem Olympischen Komitee und der Fußballföderation seines Landes vor und befehligt – wie ausgeführt – eine eigene Miliz, die *Fedayyin al-Saddam*. Im Jahr 2000 wurde er mit 99,99 Prozent der Stimmen ins Parlament gewählt, aber sein Vater verweigerte ihm den Posten des Parlamentspräsidenten: Dieser ist automatisch Mitglied des RKR. Dafür war seine Liste der »Missetaten« einfach zu lang. Es waren Udays persönliche Angriffe, die seine Schwäger Hussein und Saddam Kamil samt seinen Schwestern nach Jordanien getrieben

hatten. Es war Uday, der seinen Onkel Wathban bei einem Familien-
streit in den Fuß schoß. Seine zahllosen Morde und Vergewaltigun-
gen betrafen nicht die engere Familie, aber sie sind fester Bestandteil
des Alltagswissens in Irak. Auch wenn es viele Indizien gibt, ist bis
heute unbekannt, wer hinter dem Anschlag vom Dezember 1996
stand, dem Uday nur knapp entkam und der ihn bis heute behindert.
Saddam begrenzt seinen unberechenbaren ältesten Sohn deshalb auf
eher inoffizielle bzw. zeremonielle Bereiche, während er den jüngeren Qusay ganz bewußt zum Nachfolger aufbaut. Daß er Uday den-
noch nicht längst gänzlich »aus dem Verkehr gezogen« hat, paßt zur
Denkweise Saddam Husseins und seines Regimes. Die unverhoh-
lene Rivalität zwischen den beiden Brüdern gewährleistet, daß
Qusay, trotz aller Förderung, nicht zu autonom wird.

Qusay fungiert faktisch als Geheimdienstkoordinator und besitzt
damit eine Macht, die er auf seiner Ebene wohl nur noch mit dem
persönlichen Sekretär Saddams, Abd al-Hamid Mahmud, teilen
muß. Mahmud ist die Person, die bei jedem öffentlichen Auftritt
Saddams schräg hinter ihm auszumachen ist. Als einziger in der unmittelbaren Umgebung des Diktators besitzt er die Befugnis, eine
geladene Pistole zu tragen. In seiner Funktion als Sekretär und persönlicher Leibwächter kommt er Qusay allerdings nicht in die
Quere. Seit August 1999 vertritt dieser seinen Vater auch als Oberbefehlshaber der Streitkräfte und zeichnete bis zur Einteilung Iraks
in vier unabhängige Militärzonen Anfang März 2003 auch für die
»Nördliche Militärzone« verantwortlich, eine euphemistische Um-
schreibung der kurdischen Siedlungsgebiete. Bis auf die Außenpolitik kontrolliert Qusay alle entscheidenden Sicherheitsinstrumente
des Regimes im Inland. Ohne Übertreibung: nicht eine größere Einheit der irakischen Streitkräfte bewegt sich ohne seine persönliche
Erlaubnis. 2001 wurde er auch in die Führung der Ba'thpartei beru-
fen. Qusay gilt als effizient, hart und skrupellos, insgesamt aber nur
als blasser Klon seines Vaters. Ähnlich wie im benachbarten Syrien
wäre der Machtübergang vom Vater zum Sohn in einem Ba'thregime
vielleicht auch in Irak möglich gewesen. Der 11. September 2001 und
die darauf folgende Aufnahme Iraks in die »Achse des Bösen«
machte dieses Szenario ein für allemal zunichte. Qusay wird nicht in
die Fußstapfen seines Vaters treten, sondern mit ihm untergehen.

IV. Das neue Jahrhundert:
Irak im Visier des Anti-Terror-Kriegs der USA

Obwohl oder gerade weil sich das Ba'thregime seit Jahren primär auf Kontrolle und Terror stützt, steht es heute auf tönernen Füßen. Personell ruht seine Macht letzten Endes nur noch auf der Großfamilie Saddam Husseins, einigen privilegierten Stammesführern und den seit Jahrzehnten agierenden führenden Ba'thfunktionären. Dazu kommt eine etwas größere Gruppe von wirtschaftlichen Nutznießern des Sanktionsregimes. In früheren Jahrzehnten konnten irakische Zentralregierungen von einem Konsens mit der Mehrheit der sunnitischen Araber ausgehen. Aber auch der steht jetzt vor dem Ende, weil große Teile von ihnen, vor allem in den wichtigen Mittelschichten – Intellektuelle, Fachleute und Spezialisten –, durch die schmale Herrschaftsschicht nicht mehr repräsentiert werden. Damit kommt am Ende doch das früher verworfene Beispiel der Machtpyramide ins Bild: nur steht diese jetzt auf dem Kopf. Ein derartiges Gebilde ist selbstverständlich viel eher aus dem Gleichgewicht zu bringen als seine normale Erscheinungsform.

Die irakische Opposition sollte also leichtes Spiel haben, die Balance zu stören. Bis zum 11. September vermittelte sie aber den Eindruck, dieser Aufgabe nicht gewachsen zu sein. Nicht nur Unterdrückung und Dezimierung durch das Regime hatten sie geschwächt, sondern auch ihre chronische Zerstrittenheit. Es gelang ihr nach der Machtübernahme der Ba'thpartei 1968 und insbesondere seit dem Beginn der Diktatur Saddam Husseins im Jahr 1979 nicht, eine mehrheitlich anerkannte Alternative – sei es institutionell oder individuell – zu formieren. Es fehlte ein Äquivalent zu Lenin im Exil oder Mandela im Gefängnis, das den Widerstand verkörpert.[91] Im Gegenteil, die irakische Opposition – und hier ist aufgrund der Diktatur natürlich nur die im Exil gemeint – leistete sich 400 Sprecher in 60 bis 70 verschiedenen Organisationen,[92] hinter denen unterschiedliche soziale, politische, ethnische und konfessionelle Kräfte innerhalb und außerhalb Iraks und häufig genug auch andere Länder standen, die eigene Interessen verfochten. Keine noch so intensive materielle, logistische oder diplomatische Unterstützung hatte es jedoch bis zum Sommer 2001 vermocht, die Exilopposition so nachhaltig zu stärken, daß sie allein in der Lage gewesen wäre, Saddam Hussein zu stürzen. Dazu bedurfte es offensichtlich einer massiven militärischen Intervention durch eine fremde Macht. Aus mehreren Gründen deutete sich schon vor dem 11. September an, daß diese Macht nur die USA (eventuelle Verbündete einbezogen) sein könnten.

Die USA standen immerhin an der Spitze der UNO-Allianz im 2. Golfkrieg und waren seit 1991 der härteste Verfechter einer kompromißlosen Durchsetzung des Sanktionsregimes mit dem unausgesprochenen Vorsatz, es bis zum Sturz Saddam Husseins fortzusetzen. Insgesamt scheute Präsident Clinton aber davor zurück, einen offenen Krieg – vielleicht sogar im Alleingang – für die Realisierung dieses Ziels zu führen. Schon im Januar 2001 deutete sich aber mit der Übernahme des Präsidentenamts durch George W. Bush an, daß es mit dieser Zurückhaltung bald vorbei sein würde. Immerhin waren viele der 40 Kongreßabgeordneten, die Clinton 1998 zur Unterzeichnung des »Iraq Liberation Act« noch beinahe zwingen mußten, nun in Positionen gelangt, um ihre unnachsichtigere Haltung gegenüber Irak in praktische Politik umzusetzen. Prompt gehörte Verteidigungsminister Donald Rumsfeld nach dem 11. September zu den ersten Spitzenpolitikern der Bush-Administration, die über mögliche Querverbindungen zwischen den Terroristen um Muhammad Atta und den irakischen Geheimdiensten spekulierten und forderten, den Krieg gegen den Terror eher über kurz als über lang auf Irak auszudehnen. Er wußte sich darin eins mit seinem Stellvertreter Paul Wolfowitz und Richard Perle, dem Vorsitzenden des Verteidigungsausschusses des Kongresses. Aber auch andere der genannten 40 Abgeordneten wie McCain, Lieberman, Helms, Shelby und Lott reichten im November 2001 eine Petition ein, die die »Eliminierung der irakischen Bedrohung« forderte.[93] Diese Sichtweise erreichte schließlich auch die Spitze der Pyramide.

Vizepräsident Richard Cheney mußte nicht lange überzeugt werden, er gehörte schon immer zu den »Falken« im Umgang mit Irak; sein enger Draht zu George W. Bush führte aber am 29. Januar 2002 auch zu einer eindeutigen Positionierung des Präsidenten. In seiner an diesem Tag gehaltenen Rede zur Lage der Nation schloß er Irak – zusammen mit Iran und Nordkorea – zu einer »Achse des Bösen«

zusammen und erklärte das Zweistromland damit offiziell zu einem legitimen Ziel im Kampf gegen den Terror. Sofortige militärische Aktionen gegen Irak wurden daraus aber – im Gegensatz zu Afghanistan – nicht abgeleitet. Das ist vor allem auf drei Ursachen zurückzuführen. Zum ersten war sich die US-Administration über das weitere Vorgehen nicht einig. Während das Pentagon, Teile des Kongresses und das Büro des Vizepräsidenten für ein rasches militärisches Zuschlagen plädierten, wollten State Department, CIA und Vereinigte Stabschefs zunächst noch der Politik Vorrang einräumen bzw. mehr Zeit für die Vorbereitung des Militärschlags haben. Zum zweiten fand sich trotz intensiver Suche keine direkte Verbindung zwischen dem Ba'thregime und der Terrorgruppe um Usama bin Ladin, die einen überzeugenden Anlaß für eine militärische Revanche abgegeben hätte. Zum dritten gaben fast alle wichtigen Verbündeten der USA in Europa und im Nahen Osten den Werbern für ein militärisches Vorgehen einen Korb. Der erbitterte Kampf der Fraktionen um das Ohr des Präsidenten endete im Spätsommer 2002 schließlich mit einem Kompromiß.

In einer Rede vor der UNO-Vollversammlung erklärte Bush am 12. September, daß er der Weltgemeinschaft und insbesondere dem Sicherheitsrat Gelegenheit geben wolle, für die kompromißlose Umsetzung aller Irak betreffenden eigenen Resolutionen selbst zu sorgen. Wenn die UNO sich dazu aber nicht in der Lage zeige, behalte sich die USA das Recht vor, Irak auch in eigener Verantwortung zu entwaffnen. In den folgenden Wochen machte er keinen Hehl aus seiner Absicht, Irak nicht nur schlechthin abzurüsten, sondern das Regime zu entmachten. Dazu paßten Meldungen in den Medien, die doch eine Querverbindung zwischen al-Qa'ida und der irakischen Führung entdeckt haben wollten. Anfang Oktober 2002 mutmaßte auch Bushs Sicherheitsberaterin, Condoleeza Rice, über Lieferungen chemischer Waffen aus irakischen Beständen an Vertrauensleute der al-Qa'ida.[94] Das Timing paßte verdächtig gut; spätestens seit seinem Auftritt in Cincinnati am 7. Oktober 2002 gehört die Forderung nach »Regimewechsel« in Bagdad zum festen Repertoire der Reden George W. Bushs. Zuvor erledigte aber der Sicherheitsrat seine »Hausaufgaben« und verabschiedete am 8. November einstimmig Resolution Nr. 1441, die Irak eine »letzte Chance« einräumte, seine früheren Verpflichtungen zu erfüllen und damit deren militärischer Durchsetzung zu entgehen. Inspekteure der UNMOVIC unter ihrem Chef Hans Blix und der internationalen Atomenergiebehörde unter Mohammad El-Baradei nahmen noch vor dem Jahresende ihre Tätigkeit – nach fast genau vierjähriger Unterbrechung – wieder auf.

Der Paradigmenwechsel in der amerikanischen Außenpolitik nach dem 11. September änderte auch den Status der irakischen Exilopposition grundlegend. Sie sah sich jetzt als selbstverständlichen Bestandteil der internationalen Front gegen den Terrorismus und durfte damit zum ersten Mal seit der Machtübernahme Saddam Husseins 1979 darauf hoffen, auf »gleicher Augenhöhe« mit ihm zu kämpfen. Eine hektische Reisetätigkeit der verschiedenen Exilführer nach Washington setzte ein, Absprachen für »die Zeit danach« wurden getroffen, alte Koalitionen belebt und neue geschlossen. Mitte Dezember 2002 trafen in London Vertreter von mehr als 50 Exilorganisationen zusammen, um eine gemeinsame Plattform zur Bildung einer künftigen Regierung zu erarbeiten. Deren Grundlage war das Arbeitspapier »Transition to Democracy in Iraq«, das eine Gruppe (Democratic Principles Working Group) von 30 – überwiegend in den USA lebenden – irakischen Wissenschaftlern um Kanan Makiyya (alias Samir al-Khalil, »The Republic of Fear«) auf Anregung des State Department erstellt hatte. Die Konferenzteilnehmer sprachen sich zum Abschluß ihrer Zusammenkunft für die Schaffung eines demokratischen, pluralen, föderalen Staates innerhalb der bestehenden Grenzen Iraks aus. Damit wäre er nicht länger »arabisch« im Sinne der Ba'thpartei, sondern er hätte in Arabern und Kurden zwei gleichberechtigte »Staatsvölker«. Die Konferenz lehnte darüber hinaus die sofortige Bildung einer Exilregierung ab, weil sie befürchtete, daß dann »Postenschacher« von dringlicheren Aufgaben ablenken könnte. Statt dessen einigte man sich auf die Bildung eines »Übergangskomitees«, dessen 65 Mitglieder die wichtigsten Gruppen vertreten sollten.

In den ersten Monaten des Jahres 2003 setzte sich das Tauziehen um die richtige Lösung der Irakkrise fort. Die regelmäßigen Arbeitsberichte von Blix und El-Baradei vor dem Sicherheitsrat waren so sachlich und nüchtern gehalten, daß sich jede Seite die Argumente herausfiltern konnte, die sie benötigte. US-Außenminister Colin Powells groß angekündigte Beweisführung vor dem Sicherheitsrat über die Verbrechen des Ba'thregimes, seine Verstrickung in den Terror und seine nach wie vor existierenden Massenvernichtungswaffen entfaltete im Februar nur geringe Wirkung, weil sie nicht geeignet war, vorher bestehende Meinungen zu erschüttern. So spaltete die Irakkrise die UNO, den Sicherheitsrat, die NATO, die EU und den Nahen Osten. In der Zwischenzeit ging der Truppenaufmarsch der USA in der Region unvermindert weiter, Präsident Bush schien fest entschlossen, seine Ziele – ob mit oder ohne Mandat der UNO – durchzusetzen. Das mußte auch die irakische Opposition erfahren.

Als das Übergangskomitee am 22./23. Februar 2003 im nordirakischen Arbil zusammentrat, herrschte noch Optimismus unter den Mitgliedern. Es leistete deshalb rasche Arbeit. Mit einem sechsköpfigen Rat bekannter Oppositionspolitiker entstand quasi ein »Notkabinett«, ein dreiköpfiger »Souveränitätsrat« (ein Kurde, ein Schiit und ein Sunnit) sollte sofort nach dem Sturz Saddam Husseins kollektiv Aufgaben eines Staatsoberhaupts übernehmen. Bevor auch noch ein »Übergangsparlament« mit 200 Mitgliedern ernannt werden konnte, holte jedoch die Realität die optimistischen Planer ein.

Der US-Sonderbotschafter für die irakische Opposition, Zalmay Khalilzad, unterrichtete sie noch vor Kriegsbeginn am 20. März knapp, daß seine Regierung schon am 20. Januar beschlossen habe, Irak nach dem Sieg zunächst unter eigene Verwaltung zu stellen. Zu diesem Zweck sei die Bildung eines »Büros für Wiederaufbau und humanitäre Hilfe« (engl. ORHA) unter Führung des demissionierten Generalleutnants Jay Garner beschlossen worden. Iraker würden bestenfalls zu Konsultationen hinzugezogen. Die »Väter« der Übergangsverfassung, allen voran Kanan Makiya, sahen sich folgerichtig um die Früchte ihrer Arbeit betrogen und bezeichneten jeden Iraker als »Quisling«, der sich für dieses Szenario zur Verfügung stellen würde. Der Protest verhallte im Chaos nach der »Stunde Null« am 9. April, als in Bagdad und anderen Städten Iraks die Statuen Saddam Husseins fielen, seine Paläste geplündert wurden und sowohl Beteiligten als auch bloßen Beobachtern das Ende der grausamen Ba'th-Herrschaft klar war.

Das ORHA zeigte sich außerstande, seinen Aufgaben nachzukommen und Nachkriegsirak zu verwalten. Das Alltagsleben kam nicht in Gang, die Kriminalität nahm verheerende Ausmaße an. Die Oppositionellen fürchteten nun fast einhellig, mit dem ORHA in Verbindung gebracht zu werden. Später mögen sie diese Verweigerungshaltung bedauert haben, denn Jay Garner hatte seine Aufgabe

150

in einer relativ raschen Übergabe der Verfügungsgewalt über Irak an einheimische Politiker gesehen. Am 5. Mai hatte er für Mitte des Monats angekündigt, daß dann die Konturen einer Regierung »mit irakischem Gesicht« als verantwortlicher Partner der ORHA sichtbar werden würden. Aber zwei Tage später war er entmachtet und durch Paul Bremer ersetzt worden. Vordergründig reagierten Garners Chefs in Washington auf dessen offensichtliche Unfähigkeit, Ordnung und Sicherheit in Irak wiederherzustellen. Im Hintergrund personifizierte Paul Bremer jedoch das Vorhaben, Irak zunächst auf unbestimmte Zeit ausschließlich selbst zu regieren. Der UN-Sicherheitsrat sanktionierte am 22. Mai – gewollt oder ungewollt – diesen Plan, indem er in seiner Resolution 1483 den USA und Großbritannien die Pflichten einer Besatzungsmacht auferlegte und nicht die sofortige Machtübertragung an eine irakische Regierung forderte. Das ORHA nannte sich ab sofort »Provisorische Behörde der Koalition« (engl. CPA).

Bis zur Übertragung der vollständigen Souveränität an gewählte irakische Volksvertreter sollte ein »Provisorischer Regierungsrat« (engl. IGC) seines Amtes in Irak walten. Nachdem das Gremium am 13. Juli seine Arbeit aufgenommen hatte, wurde aber schnell offensichtlich, daß es lediglich als Fassade für die amerikanische Herrschaft gedacht war, denn die CPA besaß ein Vetorecht über jede seiner Entscheidungen. Damit blieb die mangelnde Legitimität das Hauptproblem beider Planvarianten der USA. Die Amerikaner und ihre Alliierten wurden immer weniger als Befreier und immer deutlicher als Besatzer wahrgenommen. Allenthalben formierte sich Widerstand, der immer gewalttätigere Formen annahm. Hunderte Ausländer und Iraker starben seit der pathetischen Verkündung des Sieges durch Präsident Bush auf dem Flugzeugträger »Abraham Lincoln« am 1. Mai. Innerhalb von zehn besonders unruhigen Tagen wurden am 19. August der UNO-Gesandte Sergio Viera de Mello und am 29. August der Schiitenführer Ajatollah Muhammad Baqr al-Hakim Opfer terroristischer Gewaltakte. Die Zahl der seit dem 1. Mai getöteten GIs übersteigt die der in direkten Kampfhandlungen zwischen dem 20. März und dem 1. Mai gefallenen mittlerweile bei weitem: Tendenz steigend. In den USA werden Erinnerungen an Vietnam wach.

Dazu muß es jedoch nicht zwangsläufig kommen. Entscheidend ist die Übertragung der externen Hauptverantwortung bei der Rekonstruktion Iraks an die UNO und der internen an die Iraker. Je schneller und überzeugender die »Irakisierung« gelingt, desto rascher wird die Wahrnehmung im Land zwischen Euphrat und Tigris schwinden, daß Irak etwas mehr als achtzig Jahre nach seiner Gründung wieder da steht, wo es begonnen hat – als Mündel einer ausländischen, westlichen Macht.

Anmerkungen

1 Übersetzt zitiert in Sluglett, Peter: Britain in Iraq, 1914–1931. London 1976, S. 104.
2 Übersetzt zitiert in Brockway, Fenner (Hrsg.): Saddam's Iraq: Revolution or Reaction? London 1986, S. 3.
3 Übersetzt zitiert in Sluglett, Peter: Britain . . ., a.a.O., S. 28.
4 Vgl. Ireland, Philip: Iraq: A Study in Political Development. New York 1938, S. 147.
5 Vgl. Mann, James S. (Hrsg.): An Administrator in the Making: J.S. Mann, 1893–1920. London 1921, S. 182.
6 Vgl. Longrigg, Stephen: Iraq, 1900–1950. London 1950, S. 123.
7 Vgl. Sluglett, Peter: Britain . . ., a.a.O., S. 78.
8 Übersetzt zitiert in ebenda, S. 125.
9 Vgl. Tarbush, Muhammad A.: The Role of the Military in Politics: A Case Study of Iraq to 1941. London 1982, S. 77.
10 Siehe ebenda, S. 94.
11 Übersetzt zitiert aus Djaridat al-bilad, Bagdad, 6.9.1936.
12 Vgl. Haschimi, Taha al-: *Mudhakkirati*, 1919–1943 (Meine Erinnerungen, 1919–1943). Beirut 1967, S. 372f.
13 Übersetzt zitiert aus Batatu, Hanna: The Old Social Classes and the Revolutionary Movements of Iraq: a Study of Iraq's Old Landed and Commercial Classes and of its Communists, Ba'thists, and Free Officers. Princeton 1978, S. 546.
14 Vgl. Statut der Arabischen Sozialistischen Ba'thpartei: *Nidal al-Ba'th*. Damascus 1978, S. 222.
15 Vgl. Devlin, John F.: The Ba'th Party: A History from its Origins to 1966. Washington D.C. 1966, S. 60f.
16 Vgl. Johnson, Paul: Journey into Chaos. London 1958, S. 83.
17 Vgl. Batatu, Hanna: The Old . . ., a.a.O., S. 743.
18 Übersetzt zitiert aus New Statesman, London, 19.7.1958.
19 Vgl. Batatu, Hanna: The Old . . ., a.a.O., S. 782.
20 Übersetzt zitiert aus Public Papers of the Presidents of the United States: Dwight D. Eisenhower, 1957. Washington D.C. 1958, S. 6.
21 Übersetzt zitiert aus Brockway, Fenner (Hrsg.): Saddam's . . ., a.a.O., S. 24.
22 Übersetzt zitiert aus Cox, Idris: End Terrorism in Iraq. London 1962, S. 6.

23 Übersetzt zitiert aus Batatu, Hanna: The Old ..., a.a.O., S. 802.

24 Vgl. Langley, Kathleen: Iraq: Some Aspects of the Economic Scene. In: Middle East Journal, Washington D.C. 18 (1964), S. 184.

25 Vgl. Penrose, E./Penrose, E.F.: Iraq: International Relations and National Development. London 1978, S. 137–162.

26 Vgl. Education in Iraq. Arab Information Center, New York 1966, S. 32.

27 Vgl. Gabbay, Rony: Communism and Agrarian Reform in Iraq. London 1978, S. 134.

28 Vgl. Jabbar, Faleh A./Shikara, Ahmad/Sakei, Keiko: From Storm to Thunder; Unfinished Showdown Between Iraq and US. Tokyo 1998, S. 1.

29 Vgl. Dann, Uriel: Iraq under Qassem; A Political History. London 1969, S. 36.

30 Vgl. Batatu, Hanna: The Old ..., a.a.O., S. 898.

31 Zitiert aus: Neue Zeit, Berlin, 17.1.1992.

32 Vgl. Stork, Joe/Lesch Anne M.: Why War? In: Middle East Report (MERIP), Washington D.C., November/Dezember 1990, S. 10ff.

33 Vgl. Moss Helms, Christine: Iraq, Eastern Flank of the Arab World. Washington D.C. 1984, S. 75.

34 Vgl. Abu Jaber, Kamal S.: The Arab Socialist Baath Party. Syracuse 1966, S. 43f.

35 Vgl. u. a. Bayati, Hamid al-, Der Putsch des 8. Februar 1963 in Irak. London 1966, S. 163 (arabisch).

36 Vgl. Protokoll der Vereinigungsgespräche. Al-Ahram-Insitut, Kairo 1963, S. 143.

37 Vgl. dazu u.a. Kerr, Malcolm: The Arab Cold War. Oxford 1971, S. 44–95.

38 Vgl. Batatu, Hanna: The Old ..., a.a.O., S. 1012.

39 Vgl. Ismael, Tareq/Ismael, Jacqueline, The Republic of Iraq. In: Dies. (Hrsg.): Politics and Government in the Middle East and North Africa. Gainsville 1991, S. 166.

40 Vgl. Farouk-Sluglett, Marion/Sluglett, Peter: Iraq Since 1958; From Revolution to Dictatorship. London: I.B. Tauris 2001, S. 118.

41 Vgl. Ismael, Tareq/Ismael, Jacqueline, The Republic ..., a.a.O., S. 171.

42 Übersetzt zitiert aus: Lawrence, David A.: A Shaky De Facto Kurdistan. In: Middle East Report, Washington D.C., 215 (2000) Summer, S. 29.

43 Übersetzt zitiert aus: Parasiliti, Andrew/Antoon, Sinan: Friends in Need, Foes in Heed: The Iraqi Military in Politics. In: Middle East Policy, Washington D.C., 7(2000)4, S. 134.

44 Vgl. The Economist, London, 24.–30.6.1978, S. 78.

45 Vgl. Baram, Amatzia: Mesopotamian Identity in Baathi Iraq. In: Middle Eastern Studies, London, 19 (1983) 4, S. 426–455.

46 Vgl. Marr, Phebe: The Modern History of Iraq. Boulder: Westview Press 1985, S. 241.

47 Vgl. Ebenda.
48 Vgl. Ismael, Tareq/Ismael, Jacqueline, The Republic ..., a.a.O., S. 169.
49 Vgl. Brockway, Fenner (Hrsg.): Saddam's ..., a.a.O., S. 47.
50 Ebenda.
51 Vgl. Batatu, Hanna: The Old ..., a.a.O., S. 432.
52 Ebenda, S. 1078.
53 Vgl. Rahe, Jens-Uwe: Irakische Schiiten im Londoner Exil. Eine Bestandsaufnahme ihrer Organisationen und Untersuchung ihrer Selbstdarstellung, 1991–1994. Würzburg 1996, S. 68f.
54 Übersetzt zitiert aus: Brockway, Fenner (Hrsg.): Saddam's ..., a.a.O., S. 48.
55 Vgl. The Observer, London, 3.8.1979.
56 Vgl. Stork, Joe: Class, State and Politics in Iraq. In: Berberoglu, Berch (Ed.): Power and Stability in the Middle East. London 1989, S. 41.
57 Vgl. Brockway, Fenner (Hrsg.): Saddam's ..., a.a.O., S. 51.
58 Übersetzt zitiert aus: Djumhuriyye Eslami, Teheran, 19.4.1980.
59 Die Zahlenangaben schwanken zwischen ca. 15 000 (Hiro, Dilip: Chronicle of the Gulf War. In: MERIP-Report, Washington D.C., (1984) 125/126, S. 5) und 42 542 (War against Revolution. Teheran 1981, S. 48f.).
60 Vgl. Handelsblatt, Düsseldorf, 2.7.1979 und 2.2.1981.
61 Vgl. Rondot, Pierre: Irak gegen Iran: Krieg ohne Entscheidung. In: Europaarchiv (EA), Bonn, (1981) 3, S. 68.
62 Vgl. Korschunow, Juri: Persischer Golf – Explosive Lage. In: Neue Zeit, Moskau, (1987) 21, S. 9.
63 Vgl. Wirth, Eugen: Irak und seine Nachbarn. In: Die Golfregion in der Weltpolitik. Stuttgart u. a. 1991, S. 33.
64 Vgl. Monday Morning, Beirut, (1985) 670, S. 26f.
65 Vgl. Salameh, Ghassan: Checkmate in the Gulf War. In: Middle East Report (MERIP), a.a.O., S. 18.
66 Übersetzt zitiert aus: Wallstreet Journal, New York, 11.4.1984.
67 Zitiert in Süddeutsche Zeitung, München, 28.1.1985.
68 Vgl. Kuwait Times, Kuwait, 18.10.1987.
69 Vgl. War in the Persian Gulf: The U.S. takes sides. A Staff Report to the Committee on Foreign Relations, United States Senate. Washington D.C., October 1987, S. 5.
70 Vgl. Arabia, The Islamic World Review. London, (1985) 52, S. 60.
71 Zahlenangaben aus: Mofid, Kamran: Economic Reconstruction of Iraq: Financing the Peace. In: Third World Quarterly, London, (1990) 1, S. 53 und ders.: The Economic Analysis of the Gulf War. London 1990, S. 13.
72 Zitiert aus: Sharif, Issam A.: Saddam Hussein; Produkt einer ungerechten Weltordnung. Wien 1991, S. 189.
73 Vgl. International Herald Tribune, Paris, 2.8.1990.
74 Übersetzt zitiert aus: Ebenda, 16.11.1990.

75 Vgl. Time Magazine, Washington D.C., New York, 20.8.1990, S. 4.

76 Vgl. Ismael, Tareq/Ismael, Jacqueline, The Republic ..., a.a.O., S. 184.

77 Vgl. Brittain, Victoria (Ed.): The Gulf between us. London 1991, S. 53.

78 Ege, Klaus: Der Kolonialkrieg der Zukunft. In: Blätter für deutsche und internationale Politik, Bonn, (1991)5, S. 521.

79 Vgl. Frankfurter Rundschau, Frankfurt am Main, 10.6.1991.

80 Vgl. Hufbauer, Gary C./Schott, Jeffrey R./Elliott, Kimberley A.: Economic Sanctions Reconsidered, Washington D.C. 1990, S. 93, 283–296; siehe auch Dowty, Alan: Zwiespältige Erfahrungen mit Sanktionen – das Beispiel Irak, in: Europa-Archiv, a.a.O., (1994) 11, S. 315ff.

81 Vgl. Ekeus, Rolf: From UNSCOM to UNMOVIC: The Future of Weapons Inspections in Iraq. In: Peacewatch/Policywatch Anthology 2000. Washington D.C. 2001, S. 334ff.

82 Übersetzt zitiert aus Cockburn, Andrew/Cockburn, Patrick: Out of the Ashes; The Resurrection of Saddam Hussein. London 2000, S. 96.

83 Vgl. u. a. Baram, Amatzia: The Effect of Iraqi Sanctions: Statistical Pitfalls and Responsibility. In: Middle East Journal, Washington D.C., (2000) 2, S. 196.

84 Übersetzt zitiert aus »The Independent«, London, 15.10.1998.

85 Übersetzt zitiert aus Chomsky, Noam/Said, Edward/Zinn, Howard u. a.: Sanctions are Weapons of Mass Destruction, in: Arnove, Anthony (Ed.): Iraq under Siege; The deadly impact of sanctions and war. Cambridge 2000, S. 181.

86 Starck, Dorothee: Die Rechtmäßigkeit von UNO-Wirtschaftssanktionen in Anbetracht ihrer Auswirkungen auf die Zivilbevölkerung. Grenzen und Kompetenzen des Sicherheitsrates am Beispiel der Maßnahmen gegen den Irak und die Bundesrepublik Jugoslawien. Berlin 2000 (Schriften zum Völkerrecht; 139), S. 292.

87 Übersetzt zitiert aus Tarzi, Amin: Contradictions in U.S. Policy on Iraq and it's Consequences. In: Middle East Review of International Affairs (MERIA), Bar Ilan, 4(2000)1, S. 2.

88 Vgl. Dodge, Toby: Dangerous Dead Ends. In: The World Today, Toronto, 57 (2001) 7, S. 8.

89 Übersetzt zitiert aus Dawisha, Adel: Identity and Political Survival in Saddam's Iraq. In Middle East Journal, Washington D.C., 53 (1999) 4, S. 563.

90 Ebenda, S. 564.

91 Vgl. Farouk-Sluglett, Marion/Sluglett, Peter: Iraq ..., a.a.O., S. 304f.

92 Vgl. Francke, Rend Rahim: The Opposition. In: Halliday, Fred (Ed.): Iraq since the Gulf War: Prospects for Democracy. London 1994, S. 155f.

93 Vgl. Gulf States Newsletter, 26 (2002) 677, S. 8f.

94 Vgl. Arab News, London, 3.10.2002.

Literaturhinweise

1. Allgemeine und Überblicksdarstellungen

Abduljabar, Faleh (Ed.): Ayatollahs, Sufis and Ideologues: State, Religion and Social Movements in Iraq. London: Routledge, 2002.

Abdulrahman, Abdul-Jabbar: Iraq. Oxford: Clio Press, 1984.

Axelgard, Frederick W. (Ed.): Iraq in transition. A political, economic and strategic perspective. Boulder: Westview Press, 1986.

Batatu, Hanna: The Old Social Classes and the Revolutionary Movements of Iraq: a Study of Iraq's Old Landed and Commercial Classes and of its Communists, Ba'thists, and Free Officers. Princeton: Princeton University Press, 1978.

Bleaney, C. Heather: Iraq. Oxford: Clio, 1995.

Dudley, William (Ed.): Iraq. San Diego: Greenhaven Press, 1991.

Gunter, Michael M.: The Kurds of Iraq. Tragedy and hope. New York: St. Martin's Press, 1992.

Gunter, Michael M.: The Kurdish predicament in Iraq. A political analysis. New York: St. Martin's Press, 1999.

Heine, Peter: Schauplatz Irak. Hintergründe eines Weltkonflikts. Freiburg u. a.: Herder, 2002.

Ibrahim, Ferhad: Die kurdische Nationalbewegung im Irak. Eine Fallstudie zur Problematik ethnischer Konflikte in der Dritten Welt. Berlin: Schwarz, 1983.

Ibrahim, Ferhad: Konfessionalismus und Politik in der arabischen Welt. Die Schiiten im Irak. Münster: Lit, 1997.

Iraq. In: The Middle East and North Africa. Lfd. Bde. London : Europa Publications.

Jarman, Robert R.: Political diaries of the Arab world: Iraq. Slough: Archive Editions, 1998.

Marr, Phebe: The modern history of Iraq. Boulder: Westview Press, 1985.

McLachlan, Keith Stanley/Schofield, Richard N.: A bibliography of the Iran-Iraq borderland. Cambridgeshire: Middle East and North African Studies, 1987.

Morony, Michael G.: Iraq after the Muslim conquest. Princeton: Univ. Press, 1984.

Moss Helms, Christine: Iraq: eastern flank of the Arab world. Washington/ D.C.: The Brookings Institution, 1984.

Mostyn, Trevor: Major political events in Iran, Iraq and the Arabian Peninsula 1945–1990. New York: Facts on File, 1991.

Mufti, Malik: Sovereign creations: pan-Arabism and political order in Syria and Iraq. Ithaca; London: Cornell University Press, 1996.

Nakash, Yitzhak: The Shi'is of Iraq. Princeton: Princeton University Press, 1994.

Nirumand, Bahman (Hrsg.): Die kurdische Tragödie. Reinbek bei Hamburg: Rowohlt Taschenbuch Verl., 1991.

Rahe, Jens-Uwe: Irakische Schiiten im Londoner Exil. Eine Bestandsaufnahme ihrer Organisationen und Untersuchung ihrer Selbstdarstellung, 1991–1994. Würzburg: Ergon, 1996.

Sluglett, Peter/Farouk-Sluglett, Marion: Der Irak seit 1958. Von der Revolution zur Diktatur. Frankfurt/M.: Suhrkamp, 1991.

Tripp, Charles: A history of Iraq. Cambridge: Cambridge Univ. Press, 2000.

Wiley, Joyce N.: The Islamic movement of Iraqi Shi'as. Boulder: Rienner, 1992.

2. Literatur zu Kapitel I

El-Solh, Raghid: Britain's Two Wars with Iraq, 1941, 1991. Reading: Ithaca Press, 1996.

Elliot, Matthew: »Independent Iraq«: the monarchy and the British influence, 1941–58. London; New York: I.B. Tauris, 1996.

Gat, Moshe: The Jewish exodus from Iraq, 1948–1951. London: Cass, 1997.

Gerke, Gerwin: Angloamerikanische Politik und die sozioökonomische Entwicklung in Ägypten und im Irak 1945–1952. o.O., o.J.

Haj, Samira: The making of Iraq, 1900–1963: capital, power and ideology. Albany: State University of New York Press, 1997.

Longrigg, Stephen: Iraq, 1900–1950. London: I.B. Tauris, 1950.

Lukitz, Liora: Iraq: the search for national identity. London: Cass, 1995.

Silverfarb, Daniel: The twilight of British ascendancy in the Middle East. A case study of Iraq, 1941–1950. New York: St. Martin's Press, 1994.

Simon, Reeva S.: Iraq between the two World Wars. The creation and implementation of a nationalist ideology. New York: Columbia Univ. Press, 1986.

Sluglett, Peter: Britain in Iraq, 1914–1931. London: I.B. Tauris, 1976.

Tarbush, Muhammad A.: The Role of the Military in Politics: A Case Study of Iraq to 1941. London: Zed Books, 1982.

Tauber, Eliezer: The formation of modern Syria and Iraq. Newbury Park: Cass, 1995.

3. Literatur zu Kapitel II

Dann, Uriel: Iraq under Qassem; A Political History. London: Cass, 1969.

Devlin, John F.: The Ba'th Party: A History from its Origins to 1966. Washington D.C.: Georgetown University Press, 1966.

Fernea, Robert A. (Ed.): The Iraqi revolution of 1958. London: I.B. Tauris, 1991.

Finnie, David H.: Shifting lines in the sand: Kuwait's elusive frontier with Iraq. London: I.B. Tauris, 1992.

Hashim, Jawad: Capital formation in Iraq, 1957–1970. Surbiton: LAAM, 1990.

Khalil, Samir al-: Republic of fear. Saddam's Iraq. London: Hutchinson Radius, 1990.

Kienle, Eberhard: Ba'th v Ba'th. The Conflict between Syria and Iraq 1968–1989. London: Routledge, 1990.

Mullen, Thomas William: Elites, continuity and change in the Baathist regimes of Syria and Iraq, 1968–1979. A comparative analysis. Ann Arbor: Univ. Microfilms Internat., 1984.

Rahman, Hassan: The making of the Gulf War: origins of Kuwait's long-standing territorial dispute with Iraq. Reading: Ithaca Press, 1997.

Saji, Majid J. al-: Ba'th socialism and the Iraqi strategy for growth and development. A study of the Iraqi development effort since 1921. Ann Arbor: Univ. Microfilms Internat., 1987.

Schofield, Richard N.: Kuwait and Iraq. Historical claims and territorial disputes. A report compiled for the Middle East Programme of the Royal Institute of International Affairs. London: Royal Institute of International Affairs, 1993.

4. Literatur zu Kapitel III

Aburish, Said K.: Saddam Hussein. The politics of revenge. London: Bloomsbury, 2000.

Ali, Omar: Crisis in the Arabian Gulf: an independent Iraqi view. Westport, London: Praeger, 1993.

Anderson, Ewan: Iraq and the continuing Middle East crisis. New York: St. Martin's Press, 1991.

Arnove, Anthony (Ed.): Iraq under Siege; The deadly impact of sanctions and war. Cambridge: Cambridge University Press, 2000.

Azhary, Mohammad S. al- (Ed.): The Iran-Iraq War. New York: St. Martin's Press, 1984.

Bahjat, Sarbest: Die politische Entwicklung der Kurden im Irak von 1975 bis 1993 unter besonderer Berücksichtigung von Saddam Husseins Kurdenpolitik. Berlin: Schwarz, 2001.

Baram, Amatzia/Rubin, Barry: Iraq's road to war. Houndsmills: Macmillan, 1994.

Baram, Amatzia: Building toward crisis. Saddam Hussayn's strategy for survival. Washington/D.C.: Washington Institute for Near East Policy, 1998.

Bengio, Ofra: Saddam's word. Political Discourse in Iraq. Oxford: Oxford University Press, 1998.

Cockburn, Andrew/Cockburn, Patrick: Out of the Ashes: The Resurrection of Saddam Hussein. New York, London: Verso, 2000.

Cordesman, Anthony H./Hashim, Ahmed S.: Iraq: sanctions and beyond. Boulder: Westview Press, 1997.

Coughlin, Con: Saddam Hussein. Porträt eines Diktators. München: List, 2002.

Davies, Charles (Ed.): After the war: Iran, Iraq, and the Arab Gulf. Chichester: Carden Publications, 1990.

Fürtig, Henner: Der Irakkrieg. Katalysator für Demokratisierung in Nahost? Hamburg: Deutsches Orient-Institut (DOI-Focus; 11), 2003.

Graham-Brown, Sarah: Sanctioning Saddam: The Politics of Intervention in Iraq. London: I.B. Tauris, 1999.

Hafez, Kai/Schäbler, Birgit. (Hrsg.): Der Irak. Ein Land zwischen Krieg und Frieden. Heidelberg: Palmyra, 2003.

Hazelton, Fran (Ed.): Iraq since the Gulf war. Prospects for Democracy. London: Zed Books, 1994.

Henderson, Simon: Instant empire. Saddam Hussein's ambition for Iraq. San Francisco: Mercury House, 1991.

Hopwood, Derek (Ed.): Iraq: power and society. Reading: Ithaca Press, 1993.

Hottinger, Arnold: A lasting evil. Irak since the end of the Kuwait war. Geneva: Programme for Strategic and International Security Studies, 1997.

Iraq's crime of genocide. The Anfal campaign against the Kurds. Human Rights Watch, Middle East. New Haven: Yale Univ. Press, 1995.

Jentleson, Bruce W.: With friends like these: Reagan, Bush, and Saddam, 1982–1990. New York; London: Norton, 1994.

Johnstone, Ian: Aftermath of the Gulf War: an assessment of UN action. Boulder; London: Lynne Rienner, 1994.

Karsh, Efraim: The Iran-Iraq war. Basingstoke: Macmillan, 1989.

Khalil, Samir al-: The monument. Art, vulgarity and responsability in Iraq. Berkeley: Univ. of California Press, 1991.

Miller, Judith/Mylroie, Laurie: Saddam Hussein. Biographie eines Diktators und die Geschichte seines Landes. München: Greil, 1991.

Musallam, Ali M.: The Iraqi invasion of Kuwait; Saddam Hussein, his state and international power politics. London: British Academic Press, 1996.

Oxenstierna, Rosario F.: Saddam Hussein in the Post-Gulf War. The phoenix of Iraq. London: Gulf Centre for Strategic Studies, 1992.

Saikal, Amin: Emerging powers. The cases of China, India, Iran, Iraq and Israel. Abu Dhabi: The Emirates Center for Strategic Studies and Research, 1997.

Sharif, Issam A.: Saddam Hussein: Produkt einer ungerechten Weltordnung. Wien: Sharif, 1991.

Simons, Geoffrey Leslie: The scourging of Iraq; sanctions, law, and natural justice. Houndsmills: Macmillan, 1996.

Stefoff, Rebecca: Saddam Hussein. Brookfield: Millbrook Press, 1995.
Wurmser, David: Tyranny's Ally: America's Failure to defeat Saddam Hussein. Washington D.C.: AEI Press, 1999.

Abkürzungen

AIOC	Anglo Iranian Oil Company
AKR	Arabischer Kooperationsrat
APOC	Anglo-Persian Oil Company
BPC	Basra Petroleum Company
FNE	Front der Nationalen Einheit
GKR	Golf-Kooperationsrat
IKP	Irakische Kommunistische Partei
INOC	Iraq National Oil Company
IPC	Iraq Petroleum Company
KDP	Kurdische Demokratische Partei
MPC	Mossul Petroleum Company
NRRK	Nationaler Rat des Revolutionären Kommandos
OFFP	Oil-for-Food-Program
OPEC	Organization of Petroleum Exporting Countries
PLO	Palestine Liberation Organization
PPNF	Progressive Patriotische Nationale Front
PUK	Patriotische Union Kurdistans
RKR	Revolutionärer Kommandorat
TPC	Turkish Petroleum Company
UNMOVIC	United Nations Monitoring Verification and Inspection Commission
UNSCOM	United Nations Special Commission
UNSR	UN-Sicherheitsratsresolution
VAE	Vereinigte Arabische Emirate
VAR	Vereinigte Arabische Republik

Zeittafel

ab 10 000 v. Chr.	Übergang zu Ackerbau und Viehzucht.
ab 7000 v. Chr.	Erste dauerhaft besiedelte Ortschaften in Mesopotamien.
um 3000 v. Chr.	Herausbildung der sumerischen Hochkultur, Stadtstaaten Ur, Uruk, Lagasch, Umma u. a.
Um 2300 v. Chr.	Sargon von Akkad eint Mesopotamien erstmals in einem Reich.
2000–1500 v. Chr.	Altbabylonisches Reich.
6. Jh. v. Chr.	Eroberung durch persische Dynastie der Achämeniden.
331 v. Chr.	Alexander der Große erobert Babylon.
140 v. Chr.–220	Partherherrschaft.
220–637	Dynastie der Sassaniden.
637	Sieg der Araber bei Qadisiyya, Beginn der Islamisierung.
750–1258	Kalifat der Abbasiden.
762	Gründung Bagdads durch Kalif al-Mansur.
1258	Mongolenherrscher Hülägü erobert Bagdad.
1400	Verwüstung durch Armeen Timurs.
1508–1534	Herrschaft der persischen Safawiden.
1534–1918	Irak ist Bestandteil des Osmanischen Reiches (persisches Interregnum 1623–1638).
1914–1917	Besetzung durch britische Truppen im Ersten Weltkrieg.
30.10.1918	Kapitulation des Osmanischen Reiches bei Mudros.
25.4.1920	Der Völkerbund überträgt Großbritannien das Mandat über Irak.
Aug.–Nov.1920	Aufstand gegen die Mandatsherrschaft.
27.8.1921	Irak wird Monarchie unter britischem Mandat, der Haschemit Faisal Ibn Hussein erster König.
10.10.1922	Britisch-irakischer »Bündnisvertrag« schreibt indirekte britische Herrschaft für zwei Jahrzehnte fest.
16.12.1925	Der internationale Gerichtshof spricht Irak die strittige Provinz Mossul zu.
1927	Erste bedeutende Erdölfunde bei Kirkuk. Die Turkish Petroleum Company (TPC) benennt sich in Iraq Petroleum Company (IPC) um. Deren Royalties werden zur wichtigsten Devisenquelle des Staates.

1927–1936	Sporadische Aufstände der Kurden für mehr Autonomie.
1.11.1930	Das irakische Parlament ratifiziert einen neuen Vertrag mit Großbritannien, der London auch nach der formalen Unabhängigkeit Iraks bedeutende Rechte sichert.
3.10.1932	Die Aufnahme Iraks in den Völkerbund beendet formal die britische Herrschaft.
8.9.1933	Tod König Faisals I. in Genf. Nachfolger wird sein Sohn Ghazi.
1934	Gründung der Irakischen Kommunistischen Partei (IKP).
Jan.–Juli 1935	Schiitischer Aufstand in Südirak.
29.10.1936	Erster Militärputsch des modernen Irak unter Generalleutnant Bakr Sidqi. Die linksgerichtete *Ahali*-Partei beteiligt sich an der Regierung.
18.4.1937	Saddam Hussein wird in Takrit geboren.
11.8.1937	Ermordung Bakr Sidqis in Mossul.
3.4.1939	Tod König Ghazis nach einem Autounfall. Für seinen vierjährigen Sohn Faisal II. übernimmt Cousin und Schwager Abd al-Ilah am 6.4. die Regentschaft.
1.4.1941	Vier pan-arabische Offiziere (Goldenes Quadrat) putschen. Sie rufen eine »Regierung der Nationalen Verteidigung« unter Raschid Ali al-Gailani aus. Sofortige Anerkennung durch die Achsenmächte und Flucht pro-britischer Politiker.
29.4.–19.5.1941	Die Putschisten unterliegen einem britischen Expeditionsheer.
29.5.1941	Flucht des Goldenen Quadrats und al-Gailanis. Bei antisemitischen Ausschreitungen (*Farhud*-Pogrom) werden in Bagdad Hunderte Juden ermordet.
1.6.1941	Wiederherstellung der Regentschaft Abd al-Ilahs.
4.4.1947	Gründung der pan-arabischen Ba'th (Wiedergeburts)partei in Damaskus. Michel Aflaq wird erster Generalsekretär.
16.1.–4.2.1948	Massenaufstand gegen einen in Portsmouth unterzeichneten Knebelvertrag mit Großbritannien. Die IKP wird zum Hauptorganisator.
Mai 1948	Beteiligung am 1. Nahostkrieg gegen Israel.
14./15.2.1949	Öffentliche Hinrichtung von IKP-Chef Jusuf Sulaiman Jusuf (Fahd) und anderen führenden Kommunisten.
1950	Eine »regionale Sektion« der Ba'thpartei etabliert sich in Irak.
Mai 1953	Faisal II. erreicht die Volljährigkeit und besteigt den

	Thron. Die eigentliche Macht ruht aber weiterhin beim Regenten und vor allem beim mehrmaligen und langjährigen probritischen Ministerpräsidenten Nuri al-Saʻid.
1955	Gründung der prowestlichen »Middle East Treaty Organization« in Bagdad (Bagdadpakt). Irak bleibt einziges arabisches Mitglied.
1956	Als Mitglied des Bagdadpakts beteiligt sich Irak am 2. Nahostkrieg gegen Ägypten (Suezkrise).
Dez. 1956	Gründung einer Geheimorganisation national orientierter Offiziere (Freie Offiziere) nach ägyptischem Vorbild.
Febr. 1957	Bildung eines ersten Bündnisses von Oppositionsparteien unter Einschluß der Baʻthpartei und der IKP (Front der Nationalen Einheit).
14.2.1958	Bildung der »Arabischen Föderation« mit Jordanien als Antwort auf die Gründung der »Vereinigten Arabischen Republik« zwischen Ägypten und Syrien.
14.7.1958	Die »Freien Offiziere« unter Abd al-Karim Qasim und Abd al-Salam Arif stürzen die Monarchie und rufen die Republik aus. König Faisal II., Regent Abd al-Ilah und Ministerpräsident Nuri al-Saʻid werden ermordet. Qasim wird Ministerpräsident und Verteidigungsminister (in Personalunion mit dem Oberbefehlshaber der Streitkräfte), Arif stellvertretender Ministerpräsident und Innenminister. Ein dreiköpfiger »Souveränitätsrat« übernimmt die Funktion eines kollektiven Staatsoberhaupts, das diskreditierte Parlament wird als Institution abgeschafft. Austritt aus und damit Auflösung der »Arabischen Föderation«.
30.9.1958	Machtkampf zwischen Qasim und Arif endet mit Niederlage Arifs, der aller Ämter enthoben wird.
7./8.3.1959	Ein Putschversuch der Armee gegen Qasim in Mossul wird mit Hilfe der IKP vereitelt.
März 1959	Austritt aus dem Bagdadpakt, die letzten britischen Truppen verlassen Irak (24.3.), damit ist die volle Souveränität erreicht.
1.5.1959	In landesweiten Kundgebungen demonstriert die IKP ihre Macht. In Bagdad setzen eine Million Demonstranten die Aufnahme von drei Kommunisten in die Regierung durch.
7.10.1959	Ein von der Baʻthpartei organisiertes Attentat gegen Qasim schlägt fehl. Zu den Teilnehmern zählt auch Saddam Hussein.

Juni 1961	Qasim versucht vergeblich, Kuwait nach dem Ende des britischen Mandats zu annektieren.
Sept. 1961	Beginn des Bürgerkriegs gegen die Kurden, der – mit Unterbrechungen – zunächst bis 1975 dauert.
Nov. 1961	Qasim amnestiert politische Gegner, darunter Abd al-Salam Arif und Raschid Ali al-Gailani.
9.2.1963	Mit Arif als Galionsfigur stürzt und ermordet die Ba'thpartei Abd al-Karim Qasim. Errichtung einer Schrekkensherrschaft bis November.
18.11.1963	Unter Ausnutzung von Fraktionskämpfen innerhalb der Ba'thpartei übernimmt Abd al-Salam Arif selbst die Macht.
Febr. 1964	Michel Aflaq schlägt die Aufnahme Saddam Husseins in die irakische Regionalführung der Ba'thpartei vor.
Mai–Juli 1964	Einigungsbemühungen mit Ägypten kulminieren in der Schaffung von gemeinsamen Institutionen und einem Verstaatlichungsgesetz (14.7.).
21.9.1965	Mit Abd al-Rahman al-Bazzaz übernimmt zum ersten Mal seit 1958 ein Zivilist das Amt des Premierministers. Er leitet Reformen ein und versucht, den Kurdenkrieg zu beenden.
16.4.1966	Tod Abd al-Salam Arifs bei einem Hubschrauberabsturz. Nachfolger als Präsident wird sein Bruder Abd al-Rahman.
6.8.1966	Mit Nadjib Talib wird wieder ein Offizier Ministerpräsident.
Juni 1967	Begrenzte Teilnahme am 3. Nahostkrieg (Sechs-Tage-Krieg) an der Seite Syriens. Abbruch der diplomatischen Beziehungen zu den USA.
17.7.1968	Mit Hilfe befreundeter Militärs stürzt die Ba'thpartei Präsident Abd al-Rahman Arif.
30.7.1968	Die Ba'thpartei entfernt Nichtmitglieder aus der neuen Staatsführung. Oberstes Staatsorgan wird der Revolutionäre Kommandorat (RKR). Dessen Chef, Ahmad Hassan al-Bakr, ist zugleich auch Staatspräsident, Parteichef und Oberster Befehlshaber. In der Mehrzahl dieser Funktionen fungiert Saddam Hussein als zweiter Mann.
11.3.1970	Unterzeichnung eines Abkommens mit Kurdenführer Mullah Mustafa Barzani (Manifest vom 11. März), das den Bürgerkrieg unterbricht.
9.4.1972	Der sowjetische Ministerpräsident Kossygin unterzeichnet in Bagdad einen »Vertrag über Freundschaft und Zusammenarbeit«.

1.6.1972	Das Gesetz Nr. 61 verstaatlicht die Iraq Petroleum Company (IPC).
17.7.1973	Mit der Annahme der »Charta der Nationalen Aktion« beginnt eine Einheitsfront aus Ba'thpartei und IKP (Progressive Patriotische Nationale Front, PPNF).
Okt. 1973	Irak zieht Truppenkontingente im Krieg gegen Israel aus Syrien zurück, weil es den Waffenstillstand mißbilligt.
April 1974	Wiederaufflammen des Bürgerkriegs mit den Kurden. Mullah Barzani erhält massive Militärhilfe vom iranischen Schah.
6.3.1975	Unterzeichnung eines Abkommens mit Iran in Algier (Algier-Abkommen), das Iran – gegen das Zugeständnis der Talweglinie am Schatt al-Arab – zur Beendigung der Hilfe für die Kurden verpflichtet. Der Bürgerkrieg endet daraufhin mit einer empfindlichen Niederlage der Kurden und drakonischen Vergeltungsmaßnahmen der Ba'thpartei.
31.5.1978	Exekution von 31 Kommunisten. Die IKP-Vertreter in der PPNF werden verhaftet, die Einheitsfront bricht auseinander. Verschlechterung des Verhältnisses zum Ostblock.
Okt. 1978	Ajatollah Khomeini wird aus seinem Exilort Nadjaf nach Frankreich ausgewiesen.
11.2.1979	Sieg der islamischen Revolution in Iran.
16.7.1979	Präsident Ahmad Hassan al-Bakr tritt zugunsten von Saddam Hussein von allen Ämtern zurück.
6.8.1979	Ein Parteigericht erläßt 22 Todesurteile gegen Parteiführer und Rivalen Saddam Husseins. Im Juli und August werden ein Drittel der RKR-Mitglieder und insgesamt ca. 500 Parteimitglieder hingerichtet.
1980	Schiitenunruhen in Südirak.
9.4.1980	Hinrichtung von Schiitenführer Muhammad Baqr al-Sadr. Verfolgung und Deportation Zehntausender von Schiiten.
20.6.1980	Wahl des ersten Parlaments seit 1968.
Sommer 1980	Zunahme der Spannungen mit Iran.
22.9.1980	Mit dem irakischen Truppeneinmarsch in Iran beginnt der 1. Golfkrieg (bis 1988).
19.12.1980	Maximum irakischer Geländegewinne.
1981	Stellungskrieg.
Febr.–Mai 1982	Erfolgreiche iranische Gegenoffensive.
20.6.1982	Befehl Saddam Husseins an seine Truppen, sich binnen

	10 Tagen hinter die internationalen Grenzen zurückzu-ziehen.
Mitte 1982–1987	Stellungskrieg sowie »Krieg der Städte« und »Krieg der Tanker«.
Dez. 1984	Wiederaufnahme diplomatischer Beziehungen zu den USA.
1987	Internationalisierung des Krieges durch Umflaggen ku-waitischer Tanker unter US-Hoheit.
20.7.1987	Der UNO-Sicherheitsrat verabschiedet die Waffenstill-standsresolution 598, die Irak umgehend anerkennt.
16.3.1988	Durch Giftgaseinsatz sterben im kurdischen Halabdja etwa 5000 Zivilisten.
18.7.1988	Iran nimmt Resolution 598 an.
20.8.1988	Unterzeichnung des Waffenstillstands mit Iran.
25.8.1988	Seit Februar sind dem Rachefeldzug gegen die Kurden (Operation *anfal*) mindestens 150000 Menschen zum Opfer gefallen. Mehr als 1200 Dörfer in Kurdistan wer-den zerstört.
2.8.1990	Irakische Truppen besetzen Kuwait, Beginn des 2. Golf-kriegs. UNSR 660 verlangt den sofortigen Rückzug.
6.8.1990	UNSR 661 verhängt Wirtschaftssanktionen gegen Irak.
7.8.1990	Beginn der alliierten Operation »Wüstenschild« (Desert Shield) zur Eindämmung des irakischen Angriffs.
8.8.1990	Irak annektiert Kuwait als 19. Provinz.
29.11.1990	Der Sicherheitsrat ermächtigt die Alliierten in Resolu-tion 678 zum Einsatz militärischer Gewalt, um Kuwait zu befreien.
16.1.1991	Mit alliierten Luftangriffen beginnt Operation »Wü-stensturm« (Desert Storm).
24.1.1991	Beginn der alliierten Bodenoffensive.
28.2.1991	Kapitulation Iraks.
3.3.1991	Ende des 2. Golfkriegs
März 1991	Schiiten- und Kurdenaufstände werden von der Repu-blikanischen Garde niedergeschlagen.
3.4.1991	UNSR 687 (Waffenstillstandsresolution) verpflichtet Irak zur Anerkennung der Souveränität Kuwaits, der Rückgabe sämtlicher Kriegsbeute, Wiedergutma-chungsleistungen und zur kontrollierten Zerstörung aller Massenvernichtungswaffen innerhalb eines Jahres. Dazu wird eine Sonderkommission (United Nations Special Commission, UNSCOM) eingerichtet. Die mit UNSR 661 in Kraft gesetzten Sanktionen werden erst beendet, wenn UNSR 687 vollständig erfüllt ist.

6.4.1991	UNSR 688 richtet nördlich des 36. Breitengrads eine Schutzzone für die Kurden ein.
25.8.1992	Ohne formale Beschlußfassung durch den Sicherheitsrat setzen die USA und Großbritannien eine Schutzzone für die Schiiten südlich des 32. Breitengrads in Kraft.
April 1993	Während eines Besuchs von Ex-Präsident Bush in Kuwait plant der irakische Geheimdienst angeblich ein Attentat.
Mai 1994	Saddam Hussein übernimmt auch den Posten des Ministerpräsidenten. Militärische Auseinandersetzungen zwischen KDP und PUK fordern etwa 2000 Opfer.
10.11.1994	Offizielle Anerkennung der Souveränität Kuwaits.
14.4.1995	UNSR 986 beschließt das »Öl-für-Nahrungsmittel«-Programm (Oil-for-Food-Program, OFFP).
8.8.1995	Saddams Schwiegersöhne Hussein Kamil und Saddam Kamil fliehen nach einem Familienstreit nach Amman. Sie enthüllen ein bisher verborgenes Rüstungsprogramm chemischer und biologischer Waffen.
23.2.1996	Nachdem Saddams Schwiegersöhne mit Amnestieversprechen nach Irak zurückgelockt wurden, werden sie von Familienmitgliedern ermordet.
Aug. 1996	Saddam Hussein greift zugunsten der KDP in den innerkurdischen Krieg ein. Ein Putschversuch des »Irakischen Nationalen Einklang« (*al-wifaq al-watani al-iraqi*, englisch: Iraqi National Accord, INA) scheitert.
12.12.1996	Ein Anschlag auf Saddams ältesten Sohn Uday mißlingt, fügt diesem aber schwere Verletzungen zu.
Febr. 1998	Schwerer Konflikt mit dem UNO-Sicherheitsrat wegen der Inspektion von Präsidentenpalästen.
Aug. 1998	Aufkündigung der Zusammenarbeit mit UNSCOM.
16.12.1998	UNSCOM verläßt Irak.
19.12.1998	Beginn viertägiger massiver Luftangriffe der USA und Großbritanniens (Operation »Wüstenfuchs – Desert Fox«).
17.12.1999	UNSR 1284 beschließt, daß Irak fortan – unter Aufsicht – unbegrenzte Mengen Erdöl exportieren darf. Die »UN Monitoring Verification and Inspection Commission« (UNMOVIC) unter Leitung von Hans Blix tritt die Nachfolge der UNSCOM an.
2000	UNSR 1330 modifiziert das OFFP.
1.6.2001	UNSR 1352 beschließt »smart sanctions«, die Mitglieder des Sicherheitsrats können sich aber nicht auf eine Liste

	von »dual use«-Gütern einigen. Irak lehnt die Resolution ab.
11.9.2001	Terroranschläge in New York und Washington D.C.
29.1.2002	US-Präsident Bush schließt Irak – zusammen mit Iran und Nordkorea – in eine »Achse des Bösen« ein und fordert, später mehrmals wiederholt, einen »Regimewechsel« in Bagdad.
12.9.2002	In einer Rede vor der UNO-Vollversammlung erklärt Präsident Bush, daß er dem Sicherheitsrat Gelegenheit geben wolle, für die Umsetzung seiner Irak betreffenden Resolutionen selbst zu sorgen. Wenn er sich dazu nicht in der Lage zeige, behalte sich die USA das Recht vor, Irak auch in eigener Verantwortung zu entwaffnen.
8.11.2002	Verabschiedung von UNSR 1441, die das OFFP durch eine Negativliste vereinfacht. Hauptinhalt ist aber die dringende Aufforderung an Irak, UNMOVIC-Inspektionen umgehend wiederzuzulassen und durch die freiwillige Offenlegung und Vernichtung verbotener Waffenarten eine »letzte Chance« auf die seit elf Jahren verzögerte Erfüllung von UNSR 687 wahrzunehmen.
27.11.2002	Wiederaufnahme von Waffeninspektionen in Irak.
7.12.2002	Irak legt einen Bericht über den Erfüllungsstand von UNSR 687 vor.
12.12.2002	In London trifft die irakische Exilopposition zusammen, um ein gemeinsames »Übergangskomitee« zu gründen und ein Aktionsprogramm anzunehmen (Transition to Democracy in Iraq).
27.1.2003	Hans Blix berichtet dem Sicherheitsrat erstmals über die Arbeit von UNMOVIC in Irak.
5.2.2003	US-Außenminister Colin Powell legt dem Sicherheitsrat seine Version der »permanenten Verletzung« von UNSR 1441 durch Irak dar.
26.2.2003	Präsident Bush erklärt einen »Regimewechsel« in Bagdad zum Beginn und zur Voraussetzung einer umfassenden Demokratisierung Nordafrikas und des Nahen und Mittleren Ostens.
7.3.2003	Hans Blix legt dem Sicherheitsrat einen weiteren Zwischenbericht vor.
20.3.2003	Mit Luftangriffen auf Bagdad beginnt der 3. Golfkrieg.
9.4.2003	US-Truppen erobern Bagdad, Saddam Hussein und die Spitzen seines Regimes fliehen, die Macht geht an eine amerikanische Zivilverwaltung (engl. ORHA) unter Jay Garner über.

1.5.2003	US-Präsident Bush erklärt auf dem Flugzeugträger »Abraham Lincoln« das erfolgreiche Ende der Militärmission.
7.5.2003	Paul Bremer löst Jay Garner als oberster Zivilverwalter ab, die zugehörige Behörde benennt sich in »Provisorische Behörde der Koalition« (engl. CPA) um.
22.5.2003	Der UN-Sicherheitsrat überträgt den USA und Großbritannien in Resolution 1483 Rechte und Pflichten von Besatzungsmächten.
13.7.2003	Ein provisorischer irakischer Regierungsrat (engl. IGC) nimmt seine Arbeit auf. Seine 25 Mitglieder sind – nach striktem ethnischen und konfessionellen Proporz – von der CPA ernannt.
19.8.2003	Bei einem Terrorangriff auf das UNO-Gebäude in Bagdad sterben der Gesandte Sergio Viera de Mello und Dutzende weiterer Menschen.
29.8.2003	In Nadjaf fällt der Schiitenführer Muhammad Baqr al-Hakim einem Anschlag zum Opfer.
30.9.2003	Das mit der Konstituierung einer verfassunggebenden Versammlung betraute Gremium gibt das Mandat ohne Ergebnis an den IGC zurück.
15.11.2003	Die US-Regierung kündigt die Rückgabe der Souveränität an eine gewählte irakische Übergangsregierung für Juni 2004 an.
14.12.2003	Die USA nehmen Saddam Hussein in der Nähe von Tikrit gefangen.

Register

Abdallah, Sa'd al-, kuwaitischer
Kronprinz 125
Abdullah, Tariq Hamad al- 101
Abu 'l-Timman, Dja'far 33
Aflaq, Michel 46, 66, 70, 75 f., 81,
161, 163
Ahmad, Ibrahim 61
Ahmad, Sultan Haschim 129
Alexander der Große 12, 160
Ali, vierter Kalif 12
Ali, Muhammad, mamluckischer
Gouverneur von Ägypten 13
Ali, Salah Umar al- 82
Amin, Abd al-Wahhab 51
Ammash, Salih Mahdi 70, 75, 82 f.,
85
Annan, Kofi 136
Arif, Abd al-Rahman 51, 76, 79, 82,
163
Arif, Abd al-Salam 51, 54-57, 62,
64, 69, 72, 75-80, 82 f., 162 f.
Arif, Rafiq 51
Arzuzi, Zaki 46
Askari, Dja'far al- 15, 23, 33
Assad, Hafiz al- 101
Atasi, Djamal al- 70
Atatürk, Mustafa Kemal 26, 33
Aziz, Tariq 105

Bachtiar, Schahpur 107, 110
Baker, James 126
Bakr, Ahmad Hassan al 70, 72,
74-76, 81-85, 87, 100, 163 f.
Banisadr, Abolhassan 112
Baradei, Mohammad el- 8, 149

Barazandji, Mahmud 28
Barrak, Fadhil al- 84
Barzani, Mas'ud 95
Barzani, Mullah Mustafa 61, 72, 78,
86 f., 91, 93, 95, 163 f.
Basim, Zaki 45
Bazzaz, Abd al Rahman al- 79 f., 87,
163
Bell, Gertrude 23
Bitar Salah al-Din al- 46, 81
Blix, Hans 8, 137, 148, 166 f.
Bremer, Paul 151, 171
Brinton, Crane 104
Brzezinski, Zbigniew Kazimierz
117
Bush, George 125, 127-131, 166
Bush, George W. 8 f., 138, 147 f.,
150 f., 169-171
Butler, Richard 136

Cheney, Richard 147
Churchill, Winston 18, 22
Clinton, Bill 147
Cornwallis, Charles 37
Cox, Percy 21, 23, 68

Darradji, Abd al-Latif al- 55
Da'ud, Ibrahim al- 82 f.
Din, Yussuf Izz al- 33
Djabr, Salih 42 f.
Djasim, Ali 105
Djaudat, Ali 15, 39
Djazrawi, Taha al- (Taha Yasin
Ramadan) 82
Dulles, John Foster 48

172

Duri, Izzat Ibrahim al- 101, 125

Eisenhower, Dwight D. 52
Ekeus, Rolf 133

Faisal, Ibn Hussein 20–24, 27, 31 f.,
    160 f.
Faisal II. (Ibn Ghazi) 35, 48, 55,
    161 f.
Fauzi, Ahmad 34 f.
Fukaiki, Hani al- 74

Gailani, Raschid Ali al- 35–39, 63 f.,
    69, 161, 163
Gailani, Sayyid Abd al-Rahman al-
    22
Garner, Jay 150 f., 170 f.
Ghazi (Ibn Faisal) 32–35, 55, 66, 68,
    101, 124, 161
Glaspie, April 126
Gouraud, Antoine 21
Grobba, Fritz 35, 38
Gulbenkian, Cecil S. 18

Habib, Muhsin Hussein 51
Haddad, Naim 101
Hadithi, Murtadha al- 82
Hafiz, Amin al- 75 f.
Hakim, Muhammad Baqr al- 151,
    171
Halliday, Denis 134
Hamid, Muhi al-Din Abd al- 51
Hammurapi, König von Baby-
    lonien 11
Haschimi, Abu Talib al- 74
Haschimi, Taha al- 37
Haschimi, Yasin al- 15, 32 f.
Hassan, Sohn von Kalif Ali 12
Helms, Richard 147
Hitler, Adolf 38 f.
Hülägü, Mongolenherrscher 13
Hussein, Sohn von Kalif Ali 12
Hussein, Großscherif von Mekka 17

Hussein, König von Jordanien 48,
    53
Hussein, Barzan 144
Hussein, Qusay 139, 142, 144 f.
Hussein, Saddam 7–9, 12, 63, 66,
    81–87, 95, 98, 100–103, 105–107,
    110–114, 116–118, 121 f., 124–
    127, 129–131, 133–136, 138–141,
    144–147, 149 f., 164–170
Hussein, Sibawi 144
Hussein, Uday 139, 142, 144 f., 166
Hussein, Wahtban 144 f.
Husseini, Hajj Amin al- 36, 38

Ibrahim, Abd al-Fattah 40 f.
Ilah, Abd al- 36 f., 39, 41 f., 45, 48,
    55 f., 161 f.

Jusuf, Jusuf Sulaiman (alias Fahd)
    40, 43, 45, 161

Kamil, Hussein 134, 144, 166
Kamil, Saddam 134, 144, 166
Khadirchi, Djamil 33
Khairallah, Adnan 100
Khalilzad, Zalmay 150
Khaqani, Scheich 111
Khazal, Scheich 109
Khomeini, Ajatollah 104 f., 111–
    113, 118, 122, 164
Kossygin, Andrej 163
Kubbah, Muhammad Mahdi 44,
    55

Ladin, Usama bin 148
Latif, Abd al-Sattar Abd al- 70, 74
Lawrence, Thomas Edward
    (Lawrence von Arabien) 17
Lenin, Wladimir Iljitsch 146
Lieberman, Joseph 147
Lloyd, Selwyn 53
Lott, Trent 147

Mahmud, Scheich 20
Mahmud, Abd al-Hamid 145
Mahmud, Nur al-Din 48
Major, John 128, 130
Makiyya, Kanan (alias Samir al-
Khalil) 149f.
Ma'mun, al-, abbasidischer Kalif 12
Mandela, Nelson 146
Mansur, al-, abbasidischer Kalif 12,
160
Mashhadi, Muhi Abd al-Hussein
101f.
McCain, John 147
Midfai, Djamil 15, 34f., 37, 39
Mirdjan, Mahmud 52
Misri, Aziz Ali al- 14
Mossadegh, Mohammad 47, 58f.
Muhammad, Salah Abd 129
Mukhlis, Maulud 15
Mu'tassim, al-, abbasidischer Kalif
12

Nabulsi, Fu'ad 52
Nadjib, Ali Muhammad 47
Naqshbandi, Khalid al- 55, 61
Nasser, Gamal Abd al- 47, 49, 52,
62, 73f., 76, 78, 80
Nayif, Abd al-Razzaq al- 82f.
Nebopolassar, König von Babylon
11
Nixon, Richard 92

Özal, Turgut 130

Pahlawi, Mohammad Reza Schah
33, 93, 95, 104, 109
Pascha, Dawud, mamluckischer
Gouverneur von Bagdad 13
Pascha, Midhat, mamluckischer
Gouverneur von Bagdad 14
Pascha, Talib 14
Perez de Cuellar, Javier 128
Perle, Richard 147

Picot, Charles François Georges 17,
19, 22
Powell, Colin 126, 138, 149, 167

Qasim, Abd al-Karim 51, 54–59,
61f., 64, 66, 69–73, 76, 78f., 86,
94, 124, 162f.
Qazanchi, Kamil 65

Radhi, Hussein Ahmad al- (Salam
Adil) 71
Radi, Muhsin al-Shaik 74
Ramadan, Taha Yasin 100
Raschid, Harun al-, abbasidischer
Kalif 12
Razzaq, Abd al- 79
Reagan, Ronald 117
Rice, Condoleeza 148
Rikabi, Fu'ad al- 50, 64, 81
Rubay'i, Nadjib al- 55
Rumsfeld, Donald 147, 150

Sabah, Al, kuwaitische Herrscher-
familie 67f., 124f.
Sabah, Mubarak Al 53, 67
Sab'awi, Yunis al- 39f.
Sabbagh, Salah al-Din al- 35, 40
Sa'di, Ali Salih al- 69f., 72, 74,
81f.
Sadr, Muhammad Baqr al- 43f., 97,
104f., 164
Sa'dun, Abd al-Muhsin 27
Safawi, Isma'il al- 108
Sa'id, kurdischer Scheich 26
Said, Edward 134
Sa'id, Fahmi 35, 40
Sa'id, Nuri al- 15, 23, 27f., 33–37,
39, 41–45, 48–50, 53f., 56, 66, 69,
162
Salman, Mahmud 35, 40
Samarrai, Abd al-Khaliq al- 102
Sargon, Herrscher von Akkad 11,
160

Sa'ud, Al, saudi-arabische Herr-
scherfamilie 68
Scharaf, Scherif 37
Schaukat, Nadji 15
Schirazi, Sayyid 113
Schwartzkopf, Norman 129
Shabib, Kamil 35, 40
Shabibi, Hussein Muhammad al-
45
Shaik, Ali Mahmud al- 39
Shakir, Sa'dun 100
Sham'un, Mar 30
Shawwaf, Abd al-Wahhab al- 64f.
Shelby, Richard 147
Sidqi, Baqr 31, 33f., 36, 62, 86, 161
Sirri, Rif'at al-Hajj 51, 64f.
Stalin, Josef 105
Sulaiman, Hikmat 32, 34
Sultan, Khalid Ibn 129
Suwaidi, Taufiq al- 41f.
Sykes, Mark 17, 19, 22

Tabaqdjali, Nazim al- 64f.

Takriti, Hardan al- 70, 74–76, 81–
83, 85
Talabani, Djalal 72, 86, 95
Talib, Nadjib 51, 54, 57, 80, 163
Thabit, Ayyad Sa'id 66
Timur 13, 160
Townshend, Sir Charles 15
Tulfah, Khairallah 63

Umari, Arschad al- 39, 42

Viera de Mello, Sergio 151, 171

Wandawi, Mundhir al- 70, 74f.
Wilson, Arnold 19, 21
Wilson, Woodrow 19
Wolfowitz, Paul 147

Yahya, Tahir 64, 72, 74–76, 79, 82

Zahirnedjad, Sepehr 113
Zaki, Amin 39

Islamische Welt

Werner Ende / Udo Steinbach (Hrsg.)
Der Islam in der Gegenwart
Unter redaktioneller Mitarbeit von Gundula Krüger.
4., neubearbeitete und erweiterte Auflage. 1996. 1016 Seiten mit
15 Abbildungen und 1 Karte. Leinen

Navid Kermani
Schöner neuer Orient
Berichte von Städten und Kriegen
2., durchgesehene Auflage. 2003. 240 Seiten mit 6 Abbildungen.
Gebunden

Reinhard Schulze
Geschichte der islamischen Welt im 20. Jahrhundert
2., durchgesehene Auflage. 2003. 477 Seiten mit 6 Karten.
Broschierte Sonderausgabe

Monika Gronke
Geschichte Irans
Von der Islamisierung bis zur Gegenwart
2003. 127 Seiten mit 2 Karten. Paperback
Beck'sche Reihe Band 2321
C.H.Beck Wissen

Dietmar Herz
Palästina
Gaza und Westbank. Geschichte, Politik, Kultur
5., völlig überarbeitete und aktualisierte Auflage. 2003.
252 Seiten mit 9 Abbildungen und 13 Karten. Paperback
Beck'sche Reihe Band 1433

Conrad Schetter
Kleine Geschichte Afghanistans
2004. Etwa 160 Seiten mit 5 Karten. Paperback
Beck'sche Reihe Band 1574

Verlag C. H. Beck München